作者简介

晁金典 男，汉族，山东嘉祥人，法学副教授兼律师。先后发表核心期刊论文二十余篇，出版著作三部，主持、参与国家、省部级课题六项，代理诉讼和非诉讼案件数百件，有一定的法律实战经验和较厚实的法学素养，曾任教于上海交通大学思源进修学院、井冈山大学政法学院，现任教于浙江越秀外国语学院网络传播学院。与本书有关的学术成果主要有，《网络不正当竞争法律规制再考量》法律适用杂志社（南大版核心期刊）2014（7）出版；《网络传播法律前沿问题研究》上海交通大学出版社出版2016ISBN978-7-313-15222-02论著（独著）；江西省级人文课题《网络法律规制若干问题研究》QA2014004；浙江省级人文课题《网络传播与法治之契合研究》Yc2016010

光明社科文库

GUANGMING SOCIAL
SCIENCE LIBRARY

网络法治化治理
研究与思辨

晁金典◎著

光明日报出版社

图书在版编目（CIP）数据

网络法治化治理研究与思辨 / 晁金典著 . -- 北京：
光明日报出版社，2018. 10（2023. 1 重印）
ISBN 978 - 7 - 5194 - 4706 - 9

Ⅰ.①网… Ⅱ.①晁… Ⅲ.①互联网络—应用—社会
主义法制—建设—研究—中国 Ⅳ.①D920.0

中国版本图书馆 CIP 数据核字（2018）第 232851 号

网络法治化治理研究与思辨

WANGLUO FAZHIHUA ZHILI YANJIU YU SIBIAN

著　者：晁金典	
责任编辑：庄　宁	责任校对：赵鸣鸣
封面设计：一站出版网设计部	责任印制：曹　诤

出版发行：光明日报出版社

地　　址：北京市西城区永安路 106 号，100050

电　　话：010 - 63131930（邮购）

传　　真：010 - 67078227，67078255

网　　址：http://book. gmw. cn

E - mail: gmrbcbs@ gmw. cn

法律顾问：北京市兰台律师事务所龚柳方律师

印　　刷：三河市华东印刷有限公司

装　　订：三河市华东印刷有限公司

本书如有破损、缺页、装订错误，请与本社联系调换，电话：010 - 67019571

开　　本：170mm×240mm	
字　　数：222 千字	印　　张：14.5
版　　次：2018 年 10 月第 1 版	印　　次：2023 年 1 月第 2 次印刷
书　　号：ISBN 978 - 7 - 5194 - 4706 - 9	
定　　价：68. 00 元	

序

互联网是把"双刃剑",它既是一个信息"宝库",又是一个信息"垃圾场"。"用得好,它是阿里巴巴的宝库,里面有取之不尽的宝物;用不好,它便是潘多拉的魔盒,给人类自己带来无尽的伤害"。① 当前,网络泄密、网络病毒、网络攻击、网络盗窃、诈骗、色情、赌博、洗钱、贩毒、网络不正当竞争、电子讹诈、网上走私、网上非法交易、网上毁损商誉、网络侮辱、毁谤、网上侵犯商业秘密、网上组织邪教组织、在线间谍、网上刺探、提供国家机密的犯罪等违法犯罪活动日益猖獗。"这是一个最好的时代,也是最坏的时代"。

"没有规矩,不成方圆",网络空间绝非"法外之地",亦需扎紧法治的"牢笼"。"要依法严厉打击网络黑客、电信网络诈骗、侵犯公民个人隐私等违法犯罪行为,切断网络犯罪利益链条,持续形成高压态势,维护人民群众合法权益。要推动依法管网、依法办网、依法上网,确保互联网在法治轨道上健康运行"。② 只有积极推动网络社会的法治化建设,让法治的阳光普照网络空间,坚持依法治网、多管齐下,才能真正净化网络环境,维持网络秩序,把网络打造成为传递"法治正能量"的平台。

---

① 2015 年 12 月 16 日,习近平在第二届世界互联网大会开幕式上的讲话。
② 2018 年 4 月 20 日,习近平在全国网络安全和信息化工作会议上的讲话。

　　"网络春风正当时"。借助网络大国向网络强国迈进的春风，强化网络法治恰逢其时。本书紧扣网络法治热点和司法裁判案例，对"微信"红包法律风险分析、网络运营商、产品服务提供商侵权责任归责原则、网络不正当竞争法律完善、网络知识产权保护法律思辨、网络公民个人信息的法律保护、网络淫秽电子信息入罪、网络犯罪新变种法律规制、网络诈骗法律构成思辨、网络空间法治化法理分析、网络综合治理与法律治理路径研究、网络法律体系宏观构建与微观治理互动思辨等方面的网络法治热点问题和深层次法理问题进行深入思考和研究。

　　笔者认为，网络运营商、产品、服务提供商对网络安全负有"必要的注意义务"，在特定情况下还应负有高于普通网民的"更高的注意义务"，网络侵权过错的认定更应坚持主客观相统一的原则，以求在激发网络活力与网络生态良好之间寻求二者的共生点，以求在网络法律规制与网络活力与创新之间寻求二者的平衡点。完善网络不正当竞争立法，要列举典型的网络不正当竞争行为的同时要增加兜底性条款，以扩大打击网络不正当竞争新行为和新变种。应妥善界定网络运营商和网络产品、服务提供商的角色，区别对待二者在不正当竞争中的责任和义务。在处理网络知识产权侵权纠纷中，对网络运营商、网络产品、服务提供商"明知"或"应知"的情形，应当结合多种因素综合认定其是否尽到合理的注意义务；从中国网络发展的具体国情，综合运用"红旗原则"、"避风港原则"，避免忽左忽右，以合理协调和平衡著作权人、网络运营、服务商、社会公众的利益。在个人信息的刑法保护上，要对极端的"人肉搜索"行为、黑客行为、帮助行为入罪，扩大犯罪主体的范围，增设侵犯公民个人信息犯罪的刑事自诉程序，在实行"网络实名制"的同时，又为合理地披露公民个人信息的行为设立"避风港"。微信红包滞留资金及利息法律归属存在法律及监管空白，使得微信红包所涉及的巨大资金流，有涉嫌逃避纳税之嫌，而红包接龙也涉嫌赌博，同时，微信贿赂也极易引发"微腐败"。为此，应建立健全微信红包滞留资金专有账户监管机制，同时借鉴美国对于滞留资金的处理方式是设立专有无息账户，明确滞留资金的法律关系和法律性质，依法规范微信红包各主体的法律边界，严厉打击微信红包犯罪。网络诈骗势头猖獗，要集中警力，联合作战，快速联动，跨区域联合作战。健全刚性的问责机制，细化分解各项指标。营造浓厚的整治氛围，强化防治网络诈骗犯罪的社会联动机制，集中开展打击网络诈骗专项整治活动。科学把握网络淫秽电子信息的属性、本质，淫秽电子信息是刑法上所指的淫秽品，本质上是以电磁等形式存储固定下来的可独立存在的电子对象。淫秽电子信息的判断标准应是动态的，要正确区分淫秽电子信息犯罪与传播低俗电子信息。淫秽电子信息犯罪可能触犯的其他罪名及立法路径应多向选择。网络空间犯罪，冲击着刑法基础理论，特别是云技术背景下网络犯罪的新形态及对刑法的提出新挑战，为此应突破传统刑法反应模式，树立网络思维模式，在刑法中增设网络犯罪专门章节，有针对性地打击网络犯罪，在现行立法框架内，增强刑事诉讼程序设置的科学性，加大打击网络犯罪力度。当务之急，应明确网络犯罪与涉网犯罪的界限，多点布控，明确网络犯罪案件的管辖权，强化并案处理，提高网络犯罪办案效率，强化预备行为的实行化和共犯行为的正犯化刑法理念，最大程度上遏制网络犯罪。本书还探讨了构建网络空间命运共同体法律框架、网络虚拟财产法律属性界定、网络技术中立与网络犯罪思辨、人工智能法律前瞻等问题上展开探讨，以求抛砖引玉之效。

目 录
CONTENTS

第一章

法律人工智能化与人工智能法律化思辨

（浙江越秀外国语学院　晁金典　312000）

（山东省济宁市人民检察院　王建波①　272400）

内容摘要："新一代人工智能"深刻改变着人类社会生活、改变着世界，迫切需要人们深入研究和探索法律与人工智能关系走向。这包括两个方面，一方面法律人工智能化，另一方面人工智能法律化。法律人工智能化是科技发展的必然趋势，人工智能法律化是捍卫人类尊严和价值观的必然要求。制定促进人工智能发展的法律法规和伦理规范，为人工智能设定法律和道德边界，已成当务之急。

关键词：人工智能、法律、趋势、问题

人类跨入信息时代，人工智能势不可挡。机器人酷炫跳舞、阿尔法狗战胜天才围棋少年柯洁、刷脸支付、无人驾驶、机器人医生、机器人索菲亚美女公民等等，在演绎着人工智能传奇。在这次信息技术革命中，中国不再是追随者，而是领跑者。中国渴望在 2020 年，人工智能核心产业规模超过1500 亿元，带动相关产业规模超过 1 万亿元；到 2025 年，这两组数字为4000 亿元和 5 万亿元；而到了 2030 年，大约又要翻一番。②"新一代人工智能"在从 1.0 向 2.0 的迈进，并深刻改变人类社会生活、改变世界。当前，在移动互联网、大数据、超级计算、传感网、脑科学等新理论新技术以及经济社会发展强烈需求的共同驱动下，人工智能加速发展，呈现出深度学习、

---

① 王建波，山东省济宁市人民检察院检察官，现于济宁市纪检委工作，本科。

② 2017 年 7 月 8 日，国务院关于印发《新一代人工智能发展规划》的通知。

跨界融合、人机协同、群智开放、自主操控等新特征。大数据驱动知识学习、跨媒体协同处理、人机协同增强智能、群体集成智能、自主智能系统成为人工智能的发展重点，受脑科学研究成果启发的类脑智能蓄势待发，芯片化硬件化平台化趋势更加明显，人工智能发展进入新阶段，正在引发链式突破，推动经济社会各领域从数字化、网络化向智能化加速跃升。人工智能已成为国际竞争的新焦点，成为经济发展的新引擎。

法律与人工智能关系问题，正是在此背景下发生和发展的，这个问题包括两个方面，一方面法律人工智能化，另一方面人工智能法律化。

一、法律人工智能化

就法律人工智能化方面而言，无论是律所和律师，还是法院，抑或当事人和终端消费者，基于人工智能和机器人技术的"智能交互界面"将成为法律系统的主要进入点。对于律师而言，未来的法律实践比如法律检索、案件管理、法律写作等将主要通过具有智能交互界面的法律机器人和人工智能系统来完成。对于法院而言，司法审判的数字化和在线化，意味着类案检索、裁判文书写作、证据分析和推理等也将在法律人工智能的辅助下进行，甚至为其所取代。对于终端用户而言，交互性的、基于互联网的问答系统可以以文本或者语音对话的形式同用户交流，并生成所需的法律信息，或者指导其完成基本的法律文件和格式。

当前，人工智能和机器人取代律师的报道不绝于报端，全球法律科技上市公司的数量也呈爆发式增长。国内法律科技市场也开始从"互联网＋法律"向"人工智能＋法律"转变，法律人工智能创业成为人工智能创业的重要组成部分，面向 B 端或者 C 端的法律人工智能产品逐步进入公众视野。人工智能技术已经在改造整个法律行业并呈现出如下趋势：

（一）法律检索智能化、自动化

法律文本、裁判文书等法律资料的数字化如 West law、北大法宝等法律数据库服务一般基于传统的关键词检索，利用这些数据库进行法律检索，实在费时费力。然而，基于自然语言处理和深度学习的语义检索和法律问答已经使得法律检索省时省力。比如，世界首个机器人律师的 ROSS 就是基于 IBM 的 Watson 系统的智能检索工具，利用强大的自然语言处理和机器学习技术向律师呈现最相关、最有价值的法律回答。ROSS 的本质是一款人工智能软件，它使用具有超强计算能力的 IBM Watson 来梳理巨量的数据信息，并且，随着时间推移，它拥有的机器学习能力让它可以从过去的法律案例和与人类的互动当中，不断提升自己的答疑能力。有了 ROSS，律师们的能力可以成倍放大，并得以介入和服务那些现在无人涉足的巨大法律市场。因为客户不需要为昂贵的人工服务付费，通过使用像 ROSS 这样的机器人律师，律所不但可以大幅降低收费，还可以制定出更多高性价比的计划来服务穷人。另外，语义技术，文本分析和自然语言处理，以及图像和视频技术已经为商标和专利检索以及版权监测等知识产权法律工作的自动化提供了可能性，这意味着系统自身可以理解一段事实陈述并自动识别其中的法律问题，然后完成检索并提供最佳法律信息，并几乎不需要人类律师的深度参与。Trademark Now 是自动法律检索的典范。

（二）法律文件自动化

像新闻写作机器人的崛起将给新闻业带来一场巨变一样，法律文件自动化趋势也是如此。比如，法律文件审阅自动化。无论是调查取证、尽职调查，还是合同分析、合规审查，都需要对法律文件进行审查、分析和研究。基于 NLP、TAR（技术辅助审阅）、机器学习、预测性编程等技术的法律文件自动化程序显著提高了工作效率，且准确性不输人类。一个典型例证，德勤（Exploited）借助机器学习合同分析系统 Kara Systems，只要 15 分钟就可以读完原本需要人类律师花费 12 小时才能审阅完的合同。再如，法律文件生成自动化。未来 15 年，智能机器辅助也许能起草大部分的交易文件和法律文件甚至起诉书、备忘录和判决书，律师的角色将从起草者变成审校者。举个例子，硅谷一家律所 Fen wick&West 开发的一个程序可以为准备上市的创业公司自动生成所需文件，这将律师的账单时间从 20 至 40 个小时减少到了几个小时，当需要准备大量文件的时候，这一程序可以使所需时间从数天、数周减少到数小时，大大提高了工作效率。机器智能的优势还在于随着数据的积累，可以不断自我学习和改进，并且由于数据的互相关联性，计算机可以将特定合同与所有与之相关的法院判决关联起来，形成持续改进法律格式的动态关系。

（三）法律服务标准化、商品化，法律人工智能预测将深刻影响当事人的诉讼行为和法律纠纷的解决

在线法律服务、机器人法律服务等替代性商业模式可以直接向终端用户提供一般法律咨询服务，比如遗嘱、婚姻咨询、交通事故咨询，等等。面向终端消费者的法律机器人可以协助用户自主完成对交通罚单的申诉材料准备和提交工作。这有望使法律服务标准化、商品化。商品化意味着法律服务的提供不再主要依赖于特定的人类律师的专业素养，而可以以自动化的方式提供，且以较低成本使人人都可以获得法律服务，帮助消除法律资源不对称的问题。

另外，与法律服务标准化、商品化相伴生的案件预测更能帮助当事人形成最佳的诉讼策略，从而节约诉讼成本，更能帮助法官实现同案同判，使得司法确保公平正义。计算机在强大算法的支持下，可以以超强的运算能力，处理几乎可以获取的所有数据。计算机的全数据处理，相比人类的样本数据分析，使得案件预测结果更为可靠。这意味着当事人不会冒着极大的败诉风险继续推进诉讼或者上诉，而是会选择和解、放弃诉讼等其他纠纷解决方式。当前，案件预测技术在研究上取得进展。

比如：在欧洲，科学家们打造出了一台人工智能计算机"法官"。这位"法官"已经能够准确预测欧洲人权法庭大多数的裁定，或许在未来还能对案件做出重要裁定。它能够评估法律证据，同时考虑伦理问题，然后决定案件应当如何判决，其背后的算法参考了584个关于折磨、侮辱、公平审判和隐私的案例数据库。当遇到一个新的案件时，这名"法官"能够审查相关信息，然后做出自己的决定，在大多数案件中，这些决定都和欧洲高级法官们的判决相符。科学家表示，人工智能法官对案件预测的准确性达到了百分之七十九。

再如，Ex China公司提供的服务，通过对成千上万份判决书进行自然语

言处理，来预测案件结果，其软件可以确定具体法官倾向于支持原告，基于对方律师过去处理的案件来形成相应的诉讼策略，针对某个特定法院或者法官形成最有效的法律论证等等。目前，Ex China 的技术已经用在了专利案件中。

（四）智慧法院、人工智能法律援助，将极大降低诉讼成本，消除司法鸿沟

百姓常言，法院大门朝南开，有理没钱别进来。司法审判系统的低效率、程序拖沓、成本高昂等问题历来为人们所诟病。但在大数据背景下，在线身份识别、音视频技术以及人工智能技术等已经为在线法院的建设提供了技术支持，并极大降低了诉讼成本、人为干扰。

例如，随着电子商务的兴起和繁荣，在线争议解决机制（ODR）开始流行，在电子商务 eBay 上，通过 ODR 系统在线提交事实陈述和证据，使纠纷在线得到处理，甚至不需要人类律师介入，很多案件也根本不会进入法院审判阶段。再如，以浙江智慧法院（浙江法院电子商务网上法庭）每年处理的交易、著作权等纠纷多达两万三千件，可以直接对接淘宝、天猫等多个平台，提供在线矛盾纠纷多元化解决平台，其他辅助措施包括案件结果预判、网上司法拍卖、智能语音识别、类案推送、当事人信用画像等也极大促进了矛盾纠纷的解决。当前，中国正在大力推动的智慧法院建设。还如，杭州互联网法院主要审理网络购物合同纠纷、网络购物产品责任纠纷、网络服务合同纠纷、在互联网上签订、履行的金融借款合同纠纷和小额贷款合同纠纷、网络著作纠纷等五类案件，并极大促进了公共法律服务的供给，消除了司法鸿沟。

（五）法律市场评价透明化，法律职业新型化

法律市场作为一个双边市场，其评价体系在很大程度上是不透明的，很难搭建有效的评价机制。然而，人工智能、大数据等正在改变这一状况。以律师市场评价为例，当前，律师推荐已经成为法律科技的核心领域之一，国内外都在持续涌现律师推荐和评价类的产品和服务。律师市场评价相当于将律师置于阳光之下，明星律师、普通律师、不合格律师等的区分将透明化，结果可能带来律师市场的"马太效应"，明星律师业务增多，收入增多，而

普通律师、资历浅的律师将遭到相反的待遇。这呼吁律师转型，即以技术化的低成本模式提供法律服务。

另外，随着人工智能与法律不断融合，这一领域的研究、开发和应用将不断增强，法律人工智能职业将作为法律行业的新兴职业而不断涌现，脑科学家、心理学家、计算机科学家、数学家、法官、律师等均为法律人工智能化的参与者。使得这些积极拥抱新技术的参与者们已经成为律所、公司法务部门、法院、法律数据库公司等法律机构的新型法律职业者。可以预见，未来法律科技公司更是需要既懂法律又懂技术的复合型人才。

（六）计算法律、算法裁判，或将成为法律的重要形态

法律人工智能化对将对司法裁判带来冲击，计算法律、算法裁判，或将成为法律的重要形态。计算法律学是人工智能与法律的核心研究方向之一，重在探索用计算逻辑和代码来表达法律。虽然，计算法律当前在计税等某些领域在应用，但更多则是一种学术研究。放眼未来，计算法律将可能在各领域普及。届时，系统将会自动执行法律，不需要律师，甚至也不需要法官。换言之，算法裁判即人工智能可以代替法官直接做出裁判并非不可能，未来20年法律行业将可能迎来这场巨变。

二、人工智能法律化

人工智能带来社会建设的新机遇的同时，也带来新挑战。以音源库和全息投影技术为支撑的"二次元"虚拟偶像上台劲歌热舞，人工智能用人脸识别技术与深度学习能力挑战人类记忆高手，"阿尔法狗"击败各国围棋大师，攻占了人类智力游戏的高地等等，这些都迫使人们深入思考人工智能有没有失控风险？未来的机器会不会挑战人类社会的秩序，甚至获得自主塑造和控制未来的能力？

当前，各国政府如美国、英国，以及一些社会公共机构已开始积极关注人工智能的法律、伦理、社会、经济等影响，以应对人工智能这项颠覆性技术可能带来消极性后果。比如，麻省理工学院媒体实验室和哈佛大学伯克曼·克莱因互联网与社会研究中心合作推出了 AI 伦理研究计划，微软、谷歌等巨头也因人工智能的发展风险而成立了 AI 伦理委员会。许多机器人专家呼吁，在机器人和自动化系统上安装"道德黑匣子"以记录机器的决定与行为。这是因为人工智能欠缺了法律职业活动必不可少的要素：价值观、道德感、情感、审时度势的创造能力、辩证思维能力、具体问题具体分析能力等。为此，在未来构建人机关系格局上，既要用文明和伦理赋予其更多开放的弹，也要通过法律和政策予以规范，为人工智能设定法律和道德的边界。一句话，人工智能需要法律来规制，才能体现人类的价值观，才不会出现机器人控制、奴役人类，即人工智能法律化。当前，人工智能法律化迫切需要解决的问题，主要有：

（一）人工智能犯罪问题

2015 年 7 月，德国大众汽车制造厂发生了一起"机器人杀人"事件：一名 21 岁的工人正在安装和调制机器人，后者突然"出手"击中工人的胸部，并将其碾压在金属板上。2016 年 2 月，Google 无人驾驶汽车在美国加州山景城测试时，与一辆公交大巴发生碰擦。美国高速公路安全管理局认为，根据美国联邦法律，用于自动驾驶的人工智能系统可以被视为司机，是交通肇事违法犯罪的主体。另外，人工智能购买毒品、机器人警卫误伤小孩、浙江绍兴"快啊"打码平台犯罪等事件层出不穷，引发了公众对于人工智能的恐慌和专家学者对相关法律法规完善的思考和争辩。通常，利用人工智能技术这一工具实施犯罪，可以用传统刑法来制裁。但是，人工智能"自主决定"实施的犯罪行为不是人的行为，机器的行为能否让人来负责？让谁来负责？如果要归责于机器人的制造者，制造者对于其产品导致危害后果要承担的刑事责任的边界在哪里？与传统的产品刑事责任是否适用同样的规则？怎么来证明制造商在主观上有故意或者过失？是否要对故意或者过失重新解释？是否引入严格责任？当机器人能像人一样'思考'、一样地决定犯罪的时候，我们怎样去追究一个机器人的刑事责任？即使我们'定罪'了，我们又如何处罚一个机器人？

（二）人工智能生成物是否具有知识产权问题

微软小冰可以写诗，腾讯的 Dream Writer 里约奥运会期间写了 800 篇新闻报道，今日头条的 AI 算法实现了千人千面的推荐，Alpha、腾讯绝艺等实现了人工智能在单一领域的人类超越，人工智能已经能写诗、作画、创作小说、剪辑电影、制作创意海报，但却带来一个新问题——人工智能生成物是否具有知识产权？根据现行法律，知识产权成果是指"人类创造出来的成果"，人工智能并不能成为知识产权意义上的权利主体。但是，如果把人工智能生成物视为通过人工智能创造的智慧成果，那么人工智能生成物又确实具备'知识产权作品'的某些属性。目前学界对这一问题主要有"工具"和"虚拟人"两种观点。"工具"即把人工智能视为人的创造物和权利客体；"虚拟人"是法律给人工智能设定一部分"人"的属性，赋予其能够享有一些权利的法律主体资格。可是，即便承认人工智能生成物具有知识产权，其权利归属如何明确？人工智能"虚拟人"的生成物是否可以看作民法意义上的"孳息"？

此外，创造人工智能生成物，往往会通过一些程序进行"深度学习"，其中可能收集、储存大量的他人已享有的知识产权信息，这就可能构成对他人知识产权的侵害，那么究竟应当由谁承担责任？如果将人工智能作为辅助工具，则生成物的权利可归属于设计开发者，或者所有权人，或者使用权人，或者人工智能自身以及以上几位权利人共同所有。在判断生成物的归属问题时，可以依据创作主义、契约主义、投资主义。创作主义由谁创作了作品，则权利归属于谁；契约主义是指在创作之前先约定好权利的归属，而后依据契约来判断权利的归属；投资主义是指创作的过程是由谁投资的，则权利归属于投资人。如果将人工智能作为"虚拟人"，我们可以把人工智能的生成物看成是民法学意义上的"孳息"。关于孳息的分类，目前还不太适合将生成物明确为法定孳息或者是自然孳息。如此一来，人工智能的生成物应当归属于其所有人。如果将人工智能作为"独立的主体"，则其生成物应当被看成为公共物品。然而，从投资主义的角度来看，生成物进入公共领域，势必会与投资者的出发点相悖；并且，生成物一旦被成就，从法律意义上来讲，也应当属于"独立的个体"。总之，关于生成物的权利归属问题，目前还存在较大的研究空间，相关的法律制度也应该尽快制定与完善。

（三）人工智能是否可以替代司法者的问题

利用人工智能数据采集、整理、分析、综合，促进了司法者依法、全面、规范收集和审查证据，统一了司法尺度、助力了司法公正这是不争的事实。比如，2016 年 12 月，名为"睿法官"的北京法院智能研判系统上线，为法官提供办案规范和量刑分析等精准信息，用大数据推进法律适用和裁判尺度的统一；2017 年 5 月，全国首个"刑事案件智能辅助办案系统"在上海诞生，在对上海几万份刑事案件的卷宗、文书数据进行"深度学习"后，已具备初步的证据信息抓取、校验和逻辑分析能力……但这是否意味着人工智能将替代司法者，实现独立断案？

当前，主流观点认为人工智能只是实现司法正义的辅助手段，不能代替人的裁判。理由在于，在案件事实曲折、人际关系复杂、掺杂伦理和感情因素的场合，如何依据法理、常识和人情做出判断并进行妥善裁决，其实是一种微妙的艺术，需要依靠法官的理性综合分析。即使人工智能嵌入了概率程序，具有深度学习能力，也难以保证做出公正合理、让人信服的个案裁判。但是，人工智能毕竟以其精准预测性显示了其在司法裁判中的无穷生命力，法律上如何精准定性之？评价之？适度应用之？这些问题尚在探讨。相信科学技术的生命力或能改变传统认知。

（四）人工智能侵权责任问题

2018 年 3 月，在美国亚利桑那州，一辆 huber 在路试时与一名骑自行车的妇女相撞，该起事故导致了骑车妇女的死亡，据悉，这是全球首例因为无人驾驶车辆导致的死亡的交通事故，有消息称发生该起事故时，参与测试的工程师并没有在驾驶席上，工程师可能在后排座位操作，导致无法及时按止停按键。而此前一部 Buber 自动驾驶汽车与另一辆汽车于 2 月 24 日在匹兹堡发生相撞事故。人员受轻伤，但车辆损伤严重。当无人驾驶汽车造成他人损害侵权时，是由驾驶人、机动车所有人担责，还是由汽车制造商、自动驾驶技术开发者担责？法律是否有必要为无人驾驶汽车制定专门的侵权责任规则？

从现行法律上看，侵权责任主体只能是民事主体，人工智能本身还难以成为新的侵权责任主体。通常认为，谁是人工智能的所有者，就应当由谁负责。然而，人工智能的具体行为受程序控制，发生侵权时，到底是由所有者还是软件研发者担责？事实上，人工智能侵权责任的归责原则，可能更多涉及危险责任或无过错责任。例如无人驾驶汽车致害，无论从产品责任还是机动车交通事故责任上看，都可以适用无过错责任。但未来需要考虑的是，人工智能技术的运用，其本身是否属于高度危险作业，从而决定了是否适用高度危险作业致害责任。当前，人工智能侵权责任中的因果关系、过错等要件的判断也变得日趋复杂。

（五）人工智能与人的伦理挑战问题

人与人工智能的关系包括：人工智能的研发边界、人工智能的行为边界、人工智能的道德边界（性爱、婚姻、生育、情感、家庭关系）等。在当今社会，人与人的相处方式有着一定的基础，比如我们都同属于人类，我们有共同的语言，基本相同的特性，遵守着规定，但是机器人的出现，打破了这种所谓的平衡，语言、思维、规则都不一样。人类存在七类感情（好、恶、乐、哀、惧、怒、惊），在超人工智能阶段，人工智能也可能会产生这些情感。这客观需要为人工智能的研发限定边界，但是，人工智能的研发边界在什么地方呢？又比如有人提出人类可以和人工智能机器人结合繁衍后代，因为人造子宫技术也已经成熟。但是这对人类社会产生很多挑战，比如如何界定他们的孩子在法律地位和三者之间的身份关系？人工智能的道德边界在哪里？它会像人类一样赡养父母吗？在人工智能主导的世界里，人类之间的身份关系还是否存在？

（六）人工智能的数据保护问题

数据库是企业的"隐私"和最为宝贵的财富来源。数据库的保护问题已成焦点。那么，我们需要什么样的"数据权"？"数据权"设定的有效路径是什么？适用何种法律制度安排来保护数据权？

有人认为，公共领域才真正是'数据权'法的前提和基础，离开了公共领域，人类根本无法容忍'数据权'制度的存在。那么"数据权"的公共领域是什么？"数据权"的边界在哪里？当前，基于用户权利考虑，隐私权利、用户遗忘权、数据可携权、数据安全等在国内外立法实践中均有讨论，并已分别在《欧盟通用数据保护条例》《网络安全法》《民法总则》等国内外立法中有所体现。比如，我国《民法总则》征求意见稿的最初文本将"数据信息"一体纳入"知识产权"进行保护，后遭多数专家反对，最终全国人大将数据信息与虚拟财产单列进行财产概括性保护，这是我国立法在"数据权"设定方面的谨慎尝试，也反映了数据与知识产权的复杂关系。从域外经验来看，欧盟委员会通过《数据库指令草案》确立了数据库权。数据库权衍生于版权体系，以保护实质投资为目的，赋予数据库控制者对抗他人对数据库内容提取的排他权利，并存在着若干平衡性安排，如对合法利用人的非实质性部分的提取或再利用行为进行限制性排除，并规定了若干"法定许可"，虽存争议，但仍可为借鉴之有益经验。但是，数据权如果寻求我国《著作权法》的保护，则先天不足。按照我国版权法的要求，如果数据要获得版权的保护，需要数据库内容的选择或者编排体现独创性，而人工智能的算法可以在海量数据甚至非结构性的数据找到所需要的信息并进行计算，数据库的独特性将会越来越淡化，这就使得数据库很难再获得版权的保护。

综上所述，针对人工智能带来的新问题、新挑战，在法律制度的研究方面未雨绸缪，将为以后的司法实践赢得主动。人工智能法律化的当务之急，就是制定促进人工智能发展的法律法规和伦理规范。加强人工智能相关法律、伦理和社会问题研究，建立保障人工智能健康发展的法律法规和伦理道德框架。开展与人工智能应用相关的民事与刑事责任确认、隐私和产权保护、信息安全利用等法律问题研究，建立追溯和问责制度，明确人工智能法律主体以及相关权利、义务和责任等。重点围绕自动驾驶、服务机器人等应用基础较好的细分领域，加快研究制定相关安全管理法规，为新技术的快速应用奠定法律基础。[1]

---

[1] 2017 年 7 月 8 日，国务院关于印发《新一代人工智能发展规划》的通知。

第二章

网络版权侵权思辨

（浙江越秀外国语学院　晁金典　312000）

（上海恭鑫资产管理有限公司　刘　畅① 200804）

内容摘要： 如何把握网络版权"保护与促进相协调"的立法意旨，平衡个体权利与公共利益的冲突是知识产权裁判的一个难题。本文从网络著作侵权典型行为、诉讼主体认定、网络服务商侵权责任认定等方面进行系统阐述和分析，并力求在某些层面上进行理论和观点创新，以求抛砖引玉之效。这主要包括，在确认被告身份时应当避免以网络服务提供者（ISP）与网络内容提供者（ICP）身份入座，而应根据其侵权角色和责任确认；对网络服务商"明知"或"应知"的认定，应当严格把握过错原则；网络服务提供者是否尽到合理的注意义务应当坚持主客观标准的统一等。

关键词： 网络；版权权；网络服务商；归责原则

随着互联网的快速发展，网络著作权（版权）纠纷案件呈急剧上升趋势，如何在司法裁判中准确理解和适用法律并结合司法实践不断进行理论创新，成为当务之急。法院在审理网络著作权侵权纠纷案件时如何把握"保护与促进相协调"的立法意旨，平衡个体权利与公共利益的冲突成为知识产权审判的一个难题。本文从知识产权法的基本法理出发结合著作权纠纷司法裁判实践，从网络著作侵权典型行为、诉讼主体认定、网络服务商侵权责任认定等方面进行阐述和分析。

---

① 刘畅，女，中国人民大学法律本科，主要从事知识产权法研究。

一、网络版权侵权典型行为

当前，网络著作侵权日益增多而且侵权方式及对象也呈多样化，主要有：

（一）侵犯信息网络传播权的行为

随着互联网、移动通信网以及电视网等网络技术的迅速发展和人民群众精神生活质量的提高，影视作品网络传播行业日益繁荣，成为网络新媒体中的重要新兴产业。由于网络的虚拟性和跨时空性，侵犯影视作品信息网络传播权纠纷也不断增加，这严重损害了权利人的合法权益，也阻碍了网络文化产业的健康有序发展，并给司法实践提出了诸多新问题。据统计，2010 年，上海法院受理涉及影视作品信息网络传播权案件 566 件，占一审网络著作权纠纷案件总数的 71.3%。侵权形式多样，案件认定复杂。

案例 1：正东唱片有限公司诉北京世纪悦博科技有限公司侵犯录音制品制作者权纠纷案原告正东唱片有限公司（简称正东唱片公司）诉称：2003 年 8 月 12 日，原告发现被告在其经营的音乐极限网站（网址为 www. chinamp3. com）上向公众提供了陈慧琳演唱的专辑《闪亮每一天 DISK 1》《闪亮每一天 DISK 2》和《爱情来了》等 36 首歌曲的下载服务。原告系上述 35 首歌曲的录音制品的制作者。被告在未经原告许可的情况下，在互联网上传播原告制作的录音制品的行为，严重侵犯了原告的合法权益，并给原告造成了重大经济损失，故诉至法院。

被告北京世纪悦博科技有限公司简称世纪悦博公司辩称：1. 世纪悦博公司在音乐极限网站上提供的是链接，不是下载服务。被告作为大型音乐网站，主要是向用户介绍有关歌手的新闻、音乐专辑等公开的相关信息，为网络用户提供免费服务。世纪悦博公司事先通过网络搜索系统，检索到其他网站编排的，与涉案歌曲有关的网站建立链接，并将该链接保留在特定页面。同时，在"下载"链接页中，被告声明了"下载"只是链接，不提供本地下载，通过点击"下载"，用户将被链接到其他网站，并与其他网站产生数据交换。互联网上的链接实质是起到通道作用。对于设置、使用这种链接，并不会导致被链接内容在世纪悦博公司的服务器中产生复制品，也就不存在未经著作权人许可复制或传播涉案歌曲的行为。2. 世纪悦博公司作为网络内容服务的提供者，其在自己经营的网站上设置链接只起到通道的作用。我国目前的法律并没有对链接设置者的注意义务进行明确规定，没有要求链接设置者审查被链接内容来源的合法性以及用户使用链接目的合法性，而且本案中，正东唱片公司并没有提供证据，证明被链接网站提供涉案歌曲下载服务是侵犯著作权的行为。因此，世纪悦博设置涉案歌曲的"下载"链接不违反法律规定。3. 世纪悦博公司不具有侵犯著作权的主观过错，在我国网络法规不完善、网络内容服务提供商注意义务不明确的情况下，应依据最高人民法院《关于审理涉及计算机网络著作权纠纷案件适用法律若干问题的解释》第五条的规定，通过向网络内容服务提供商发出确有证据的书面证明，来判断网络内容服务提供商的行为是否构成侵权。世纪悦博公司在收到起诉书后已经断开了与涉案歌曲的全部链接，因此，世纪悦博公司不具有侵犯著作权的主观过错。因此，被告的行为不构成侵权，不应承担侵权的法律责任，故请法院驳回原告诉讼请求。

经审理，法院认为：本案争议的焦点系被告通过互联网链接的方式，向公众传播涉案作品，其链接行为是否构成对原告权利的侵犯。（1）被告属于深层次链接：分析被告的链接方式及行为性质，是解决本案纠纷的关键。被告为在更大范围内向用户提供服务，通过网络搜索的方式，收集到有关音乐网站的信息，并将其信息进行选择、编排、整理，如地区、歌手、歌单、歌词及网站等信息。并其提供的歌单中，同时提供了下载的选项。再通过其网站页面设置的"下载1、下载2……"与其选定的网站建立了深度的对应关系，按其设定的步骤，一步一步地引导用户下载。用户可以通过被告的网站，就可以完成下载的操作。从被告链接的方式可以确认如下事实：第一，在被告网站的页面上，提供了下载服务；第二，被链接下载的网站也是被告事先选定并推荐给网络用户的；第三，下载的操作步骤是被告逐层递进引导的；第四，所下载作品是被告事先通过搜索选编、并整理的。由此可以认定，被告的链接行为，已经不是提供链路通道服务，而是直接参与了相关信息的加工处理，并对加工处理后的信息通过异站进行深层次的链接。（2）被告有过错：第一，被告是一家专业性的音乐网站。从其商业角度看，该音乐网站涉及的区域越广、时域越宽、覆盖面越大、歌手越知名，对用户就越具有吸引力，该网站就越活跃，点击率越高，其经济效益就越明显。因此，被告网站商业目的是明显的。第二，从被告网站和被链接网站资源之间的关系看，被告对被链接对象的资源做了进一步的加工处理，其加工结果以逐层递进的菜单形式引导用户选择，形成了与被链接网站系统资源的相互对应的深层次的链接关系。该链接关系如同前台与后台之间的服务关系，两者之间已经形成了一种深度链接和密切偶合的对应关系。第三，从被告网站提供的服务看，用户下载时，界面仍显示为 www.chianmp3.com 网站标志，并以其页面为主要内容。虽然在下载时，在被告网页上覆盖了一下载小框，但是，歌曲下载的过程并未显示被链接网站的页面，而是通过被告的网站的页面实施并完成的。而且在被告网站的页面上，还提供了引导下载的可行的具体操作方法、步骤及在下载时可能遇到各种问题的处理方法。第四，从被告网站的工作状态看，用户只需通过被告的网站，而无须通过被链接网站，即可满足其搜索和下载的需求，而被链接网站在该项服务中起到异站存储或外置存储器的作用。被告网站却始终处于信息传播的在线状态。第五，被告以其网站的名义，帮助用户选定了下载的网站，并控制着被链接网站的资源。基于上述事实，被告作为专业性的大型音乐网站，理应对其选定网站歌曲下载服务的合法性负有注意义务，然而本案中，被告以其网站的名义，在其网站页面上向公众传播其搜索、选定并编排整理的网站，使用被链接网站的信息资源，却疏于对被链接网站资源的合法性进行合理审查，其主观上具有过错。

综上，被告未经原告许可，为其商业目的，对原告享有录音制作者权的音乐作品通过互联网的方式，向公众传播的行为，主观上具有过错，客观上给原告的权利造成了损害后果，构成了对原告权利的侵犯，应当承担停止侵权、赔偿损失等相应的民事责任。被告以其只是提供网络链接、没有与其服务器产生数据交换，且在其服务器中未产生复制作品为由，称其行为不构成侵权，不应当承担法律责任的抗辩理由，不能成立，法院不予支持。

案例 2：北京传奇时代影视文化传播有限责任公司诉中娱互动科技（北京）有限公司侵犯信息网络传播权案

原告北京传奇时代影视文化传播有限责任公司（简称传奇时代公司）诉称：原告在全球范围内享有杨湛（笔名都梁）创作并授权的小说《亮剑》的信息网络传播等权利的专有使用权，并有权以自己名义向第三方维权。原告发现被告中娱互动公司未经许可，在其经营的卓阅中文网（网址为 www.91ibook.com）上向公众提供上述作品的在线阅读服务，该行为严重侵犯了原告享有的著作人身权和信息网络传播权，故诉至法院。被告中娱互动公司答辩称：被告是网络服务提供者，为网络用户提供信息存储空间，涉案作品系由网络用户上传，并非被告上传，被告仅存在审查不严的责任；被告在收到起诉状之后就已经关闭了涉案网站，并就相关信息进行了封存，请求法院予以驳回。法院认为：经小说《亮剑》的作者杨湛授权，传奇时代公司取得了该书的信息网络传播权等权利的专有使用权，并有再许可权和维权的权利。卓阅中文网系专业的电子图书网站，中娱互动公司是该网站的经营者，向用户提供涉案图书的在线阅读服务。中娱互动公司辩称涉案图书属于网络用户上传，并不可信，因为在涉案公证书相关页面上无法看到任何网络用户上传信息，且该小说被置于卓阅中文网"小说/军事"栏目之下，分类明确，且配有图书封面、内容及作者介绍等详细信息。因此法院认定涉案小说《亮剑》系中娱互动公司自行上传到卓阅中文网，使公众可以在自行选定的时间和地点获得该作品，故侵害了传奇时代公司所享有的专有信息网络传播权，中娱互动公司依法应当承担停止侵害、赔偿损失的民事责任。

从上述二案例可知，侵犯影视作品信息网络传播权的行为具有多样化、隐蔽性、技术性强的特点。有的网络运营商在互联网视频网站上，提供在线播放或者下载涉案影视作品，明显构成直接侵权；有的提供信息存储空间服务和提供搜索、链接服务，点击涉案影视作品后直接在本网站次级页面下播放；有的是点击涉案影视作品后跳转至第三方网站页面并在该页面下播放；有的是通过"加框链接"的形式进行播放。加框链接是指设链网站将第三方网站上存储的内容嵌套进自己的网页中，在从设链网站读取第三方网站上存储的内容时，是在设链网站的页面中读取，显示的网络地址也是设链网站的网络地址。一般情况下，会让网络用户误认为读取的内容储存在设链网站上；还有的是通过下载特定软件并通过该软件进行播放；有的是网吧与网络软件平台服务商合作经营或向服务商购买后为网民提供的视频点播服务。

（二）侵权性链接行为

链接是指使用超文本标记语言 HTML 编辑包含标记指令的文本文件，在两个不同的文档或同一文档的不同部分之间建立联系，从而使得访问者可以通过一个网站访问不同网站的文件或通过一个特定的栏目访问同一站点上的其他栏目，它被视为互联网得以运行的基础性特征，使得我们可以方便地遨游在浩如烟海的互联网信息中，它被誉为互联网上的导航工具与路标。对于链接行为是否构成侵权，颇有争议。但是，在商业网站上，深度链接、加框链接、隐形链接等行为往往能够引起侵权。

案例 1：小说作家诉搜狐网侵权案

李学兵是小说《上海相亲情人》作者，2006 年 3 月在网上发表该小说。此后，他在搜狐网的"都市情感"栏目中发现有该小说的链接，同时在其网站的啃书一族论坛中也发现该小说的相关链接。李学兵遂于 2007 年 1 月将搜狐网的运营商北京搜狐互联网信息服务有限公司告上法庭。法院经审理后认为：被告未经许可在网站登载涉案小说，其行为侵犯了原告李学兵享有的信息网络传播权，判处被告赔偿原告经济损失人民币 4 万元，并在其网站刊登致歉声明。

从上述案例可知，对网络链接是否构成侵犯著作权，应当具体问题具体分析。网络之间链接，按方式分为外链（HREF）、加框链接（FRAME）和内链（IMG）。外链是设链者存储了被链材料的网址，用户点击该网址，就要求浏览器按照这一网址去访问该材料，直接链接到被链网站，这种方式不影响被链网站的任何信息，通常不会侵权。加框链接把一个网页分成若干个视窗，设链接的网站或网页在不离开本网站的情况下，把被链接的网页链接到自己的网页上。内链是设链者直接链接到被链的网页上的文章、图像、音乐片段等信息，使设链文件在展示给用户时，将这些被链信息也融合进来，像是设链网页的一个组成部分。加框链接、内链所造成的恶果有二，一是使用户难以辨别商品或服务的来源；二是无偿利用了被链接网站的优良商誉。这就可能会使被链网页内容与自己的网页内容混为一体，使用户误认为是设链者的作品，或者通过加框屏蔽掉被链网页上的部分内容，或者绕过被链网页上的营利性广告等设计，或者加上设链者网站上的某些信息，即使不影响被链网页上其他人的作品的著作权也会影响到被链网页的作品信息网络传播权、保持作品完整权、改编权、汇编权，从而影响被链网站的点击率降低，遭受广告收入减少等经济损失。

案例 2：华纳唱片公司诉音乐极限网。

华纳唱片公司享有郑秀文相关曲目的版权，而这些歌曲均可以通过登录音乐极限网下载，华纳唱片公司并没有许可这种行为。被告辩称，音乐极限网站上提供的是链接服务，而不是下载服务，不存在未经著作权人许可复制或传播涉案歌曲的行为。经审理，北京市一中法院认为：本案中，虽然下载的歌曲并非来源于此网站，但网络用户在不脱离该网站页面的情况下即可获得选中歌曲的下载，该过程足以使网络用户认为提供歌曲下载服务者为该网站，因此，被告所提供的内容下载服务构成网络传播行为，应该承担相应的法律责任。

（三）侵犯网页版权行为

案例 1：中企动力公司诉潍坊万企公司网页侵权案。

2011 年，中企动力科技股份有限公司和中企动力科技股份有限公司潍坊分公司（下合称中企动力）发现，潍坊万企——信息科技有限公司（潍坊万企公司）的网站上擅自将中企动力制作的相关精品网站案例作为自己的案例进行宣传，使人误以为这些网站案例是潍坊万企公司设计制作的，借以宣传自己。由于潍坊万企公司所从事的主要业务与中企动力的业务基本相同，且经营地点同在潍坊，行为侵害了中企动力的著作权，并涉嫌不正当竞争，给中企动力造成了经济损失，给中企动力的名誉造成了不良影响。为此，中企动力将潍坊万企公司诉至潍坊中院，请求判令潍坊万企公司停止侵害网页作品著作权的行为、停止不正当竞争行为并赔偿损失。

法院认为，网页是网站的基本元素，网页制作贯穿于整个网站的建设过程中，其制作流程包括网站策划、美工制作、网页的界面框架制作、后台程序制作、网站测试与发布等。因此，一个制作精美的网页，需要凭借软件设计出网页的界面框架，通过编写源程序才能够完成网页的制作。技术含量高的网页制作工作需要消耗制作者相当的精力，为了吸引更多的网民浏览，设计制作者在网页的设计、排版、布局、色彩搭配等方面花费了大量智力劳动，而这一系列的创造性智力活动恰恰是作品独创性的体现。此外，网页可以通过多种途径予以保存，亦可以打印在纸张上，网页具备有形复制的属性。法院认为，具有独创性和被他人所客观感知和复制的网页可以构成著作权法上所称的作品，应当受到著作权法的保护。法院遂判决潍坊万企公司立即停止在其网站使用涉案网页作为精品案例进行虚假宣传的不正当竞争行为，并赔偿中企动力经济损失 2 万元。驳回了中企动力的其他诉讼请求。法院判决后，双方均服判息诉，该案审结。

从上述案例可以看出，作为作品的网页，直接关系到商业网站的访问率、知名度、广告效益。网络用户或者网络服务提供商在自己设立的网页、电子公告栏等论坛区非法复制、传播、转载他人作品；将在网络作品下载并复制成光盘；将他人著作权的文件传到网络并从网络上下载进行非法使用；未经许可将他人作品提供到网络上进行公众交易或者传播；侵权网络作品著作权人身权的行为；擅自破解著作权人对作品所采用的技术措施等等侵权行为，正是瞄准了网页的上述经济属性。但是，网页是否是一个著作权法上的作品，要具体分析。单纯刊载传统作品的网页，没有产生新的著作权。对于仅仅刊载传统作品的数字化形式的次级页面，其中并未体现出对相关材料的选择和编排方面的智力创作活动，则该网页上的内容并不能因其变换为数字化形式而产生新的所谓"网页"著作权。但是，经过设计，有文字、图案、颜色、声音、动画等设置的网页，其所刊载的内容和表现形式应当作为汇编作品受到著作权的保护。这是因为：在网页的制作过程中，必然融入制作者的智力劳动，是制作者智力创作的劳动成果；网页的内容虽表现为数字化形式，但其能够予以存储和输出，具有可复制性；在网页设计中尽管有许多通常使用的目录、菜单、链接等设计手段，但是网页的版面设计、图案色彩选择、动画、声音的设置等方面均可体现设计者的审美观和艺术创造力，具有独创性。可见，网页上所刊载的具有独创性的内容和表现形式的作品符合我国著作权法所规定的作品构成要件，受著作权法保护。但网页上所刊载的内容通常体现出对相关作品或非作品性材料的选择和编排，因而符合汇编作品的特征，应纳入汇编作品予以保护。值得探讨的是，我国著作权法并未对网页的版式设计单独进行保护，究其原因，网页的版式设计通过文字图形等要素的空间组合以取得良好的视觉表现效果，但是网页的版式设计不能脱离了特定文字、图形而独立存在，单独的版式设计不构成我国著作权法意义上的作品。

案例 2：武汉天天同净饮品有限公司诉英特科技有限公司侵害网页版权案。

原告武汉天天同净饮品有限公司（简称天天同净公司）诉称，2000 年 4 月 12 日，为了扩大产品影响和销路，便于客户网上订购，原告与被告签订了网站建设合同。为此我司提供了注册 商标，大量的美术图案、文字材料供被告设计建设天天同净水网站，同年 4 月 20 日，被告在长江在线网站上开通了为我方设计的网页，该网站共有网页 11 页，在 每张同页的最后版权所有人为武汉天天同净钉有限公司。同年 6 月 12 日，原告上网查阅该网站信息时发现版权所有人变更为武汉英特科技有限公司即被告。原告认为被告为了自己的利益，在未征得原告同意情况下变更网站的版权所有人，侵害了原告合法权益，为此诉请法院判令被告停止侵权，立即恢复原告为网站网页版 权所有人并公开赔礼道歉、承担诉讼费用。被告英武汉英特科技有限公司（英特科技）辩称，被告是天天同净网页的著作权人，原告无权主张该网页的著作权。该网页是我公司创作、编辑作品，它不同于原告所提供 的文字及美术作品，注入了被告的智力创作，在文字、图案、色彩等方面形成了独特的风格，是独立于原告的文字、美术作品之外的编辑作品，请求驳回原告诉讼请求。法院认为，作品是指文学、艺术和科学领域内具有原创性并能以有形形式复制的智力劳动成果，这种成果应当能够在一定时间内被有形的载体固定下来并 保持较稳定状态，为社会公众直接或借助机器所感知、复制。本案双方争议的 11 张计算机网页作品，依据天天同净公司提供的文字、图形及资料，根据特定要求有 选择地进行编排，利用三维技术将其以数字化形式固定在计算机硬盘上，通过 WWW 服务器上载到互联网上并保持稳定状态，可为社会公众借助联网主机所接触、复制，并具有原创性，故该 11 张网页属一种智力劳动成果，应视为受《著作权法》保护的作品。该 11 张网页作品系英特科技依据合同对天天同净公司提供的零散的 文字、美术、图案等部分作品性和非作品性的信息材料，依据英特科技的创作意图和创作构思进行选材和重新编排，形成新的体系与布局并注入智力创作，在文字、图案、色彩等方面的形成独特风格和创意，且在互联网上以数字化形式固定，该 11 张网页作品应为汇编作品，依据《著作权法》第十二条的规定，该作品的著作权应属汇编人即英特科技所有。天天同净公司辩称此网页作品系法人作品，且双方已口头约定著作权属其所有的理由，因天天同净公司并未主持创作该作品，而仅仅依据合同提供了部分 资料，此行为并不符合法人作品的法律特征，在其与英特科技的合同中未对著作权归属作明确约定，其主张双方有口头约定的事由英特科技已予以否定，又无相关证 据予以佐证，其辩解理由法院不予支持。英特科技辩称该作品系编辑作品的理由，因编辑本身是不能改变作品所表达的思想和形式的，编辑行为本身并不是对作品的再创作，而本案中英特科技对部分作品性质和非作品性质的信息材料的选材和编排已体现出智力劳动的独创性，故本案虽有部分编辑作品法律特征，但仍不能视为编辑作品。英特科技在与天天同净公司的网站建设合同中未明确约定著作权的归属，在完成作品并上网发表后，部分网页中注明版权所有为天天同净公司，该行为足以 误导天天同净公司认为著作权归己所有，导致此权属不明，英特科技具有一定过错责任，据此法院判令：确认 www. tttj. com. cn 网站 11 张网页作品为汇编作品，该作品著作权属武汉英特科技有限公司所有；驳回武汉天天同净饮品有限公司诉讼请求。

（四）抄袭、剽窃行为

案例 1：重庆新天泽股权投资基金管理有限公司诉重庆贝多拉股权投资基金管理有限公司著作权侵权纠纷案。

原告新天泽公司诉称：原告与重庆像之素科技有限公司（以下简称像之素公司）签订了《新天泽资本画册设计合同》和《网站建设、设计合同》，由像之素公司为原告的宣传画册和企业门户网站进行设计、制作。2014年6月，原告发现被告使用的域名为http：//www.chinafund888.com的网站内容几乎完全盗用原告网站内容，除网站中预留的联系电话和地址为被告电话和地址外，被告所用网站的页面内容、结构、排列位置、文件名、文字和图片、滚动文字栏、甚至宣传的公司新闻内容均与原告网站相同。被告未经原告同意，完全抄袭原告网站内容，侵犯了原告的著作权，随诉至法院。法院审理认为，"本案的争议焦点是将网站网页归入汇编作品，还是将网页版式设计单独作为著作权保护的客体。"喻志强解释说，从网页的构成要素来看，网页主要由文字、图片等作品或作品的片段以及不属于作品的线条、色彩等综合编排而成，对这些内容的选取、编排顺序、组合技巧体现独创性，因此应将网页归入汇编作品进行保护。贝多拉公司使用的网站页面剽窃新天泽公司享有著作权的网站页面，贝多拉应当承担停止侵权、赔偿损失等民事责任。

从司法裁判案例及基本法理可知，剽窃、抄袭作品是指对原作品的全部或部分照抄照搬或者略做修改的模仿抄袭，有的还自己对自己作品的票偏、抄袭。实践中认定剽窃、抄袭，需要分析被告的创作动机、过程、目的和改动程度，比较与原作品的种类、特点。同时，还应正确把握（1）抄袭剽窃与合理使用的区别：合理使用是为了个人学习、欣赏及教育、科研事业等；剽窃、抄袭一般是为了谋取非法利益；合理使用他人作品的部分与原整个作品的比例要适当，但剽窃、抄袭则随心所欲；合理使用所引用的作品是他人已经发表的作品，剽窃、抄袭还包括将他人未发表的作品引用在自己作品中加以发表；合理使用他人作品必须注明作者的姓名及作品的名称等；剽窃、抄袭是将他人的作品当作自己的作品予以发表。（2）剽窃、抄袭与擅自演绎的区别：演绎作品的作者付出了创造性劳动，创作出了新的作品；而剽窃、抄袭只是把他人作品的个别内容和词句略做变动，冒名顶替，缺乏创造性劳动。

案例2：邹某诉珠海出版社有限公司、北京当当网信息技术有限公司著作侵权案。

邹某诉称，其创作完成网络小说《公主的疯狂爱恋》约14万字，并自

2007年12月起陆续发表在互联网上，自己对该作品依法享有著作权。2010年8月，他发现由被告珠海出版社出版、被告当当网销售的《王子错爱刁蛮女》一书，除人物姓名做了修改外，完全剽窃了他《公主的疯狂爱恋》的内容约8万字。邹某认为，被告的行为侵犯了自己的署名权、复制权、发行权和获得报酬的权利。故诉至法院。被告珠海出版社辩称，原告所提供的证据不足以证明其为《公主的疯狂爱恋》的作者，出版社出版涉案图书履行了相应的审查义务，不同意原告的诉讼请求。被告当当网辩称，涉案图书有合法进货渠道，当当网尽到合理审查义务，故不同意原告的诉讼请求。经审理，法院认为，根据《著作权法》的规定，创作作品的公民是作者。如无相反证明，在作品上署名的公民、法人或者其他组织为作者。根据已经查明的事实，原告创作了文字作品《公主的疯狂爱恋》，并以笔名紫恋云作为署名，原告对该作品依法享有著作权。被告珠海出版社未经原告许可出版发行涉案图书，未给原告署名，且文字内容与原告作品相同之处约8万字，构成剽窃，该行为侵犯了原告著作权中的署名权、复制权和发行权，并使原告依法获得报酬的权利受到损害，依法应当承担相应的侵权责任。珠海出版社认为其在出版涉案图书时已尽到合理审查义务，但并未对该主张加以充分证明，对此法院不予采信。当当网在销售涉案图书过程中，虽有相关合法手续，尽到合理审查义务，仍不能免除停止销售的法律责任。

（五）侵犯版权的其他行为

除了上述四种典型的网络侵犯著作权行为之外，还有其他比较常见的几种侵权行为，比如，未经许可擅自使用行为：未经著作权人同意或许可，将著作权人尚未公开发表的作品擅自上传，登载于网络上，这种行为侵犯的是著作权人的发表权和信息网络传播权。再如，转载侵权行为：转载侵权指将作者已经发表、但明确声明不得转载的作品在网络上予以转载；或者著作权人虽然没有声明不得在网络上转载，但转载时没有标明作者姓名、转载发表后也没有向相关的著作权人支付使用费的行为。还如，下载侵权行为：这是指有些商业性组织未经网站和著作人同意，私自下载、出版网络上的文字、影音等作品，获取高额利润的行为。私自下载他人享有著作权作品的行为，如果只是为了满足个人欣赏需求，或者用于符合著作权法规定的合理使用的范畴，自然是不构成侵权的。但如果下载行为被用于商业目的，则侵犯了网站和著作权人的合法权利，客观上造成了对作品的无授权使用和对网站及著作权人财产权的侵犯。

二、网络版权侵权主体资格及其认定

（一）被告主体资格的认定

具有被告诉讼主体资格的有：（1）直接侵权人：明知专门用于故意避开或者破坏他人著作权技术保护措施的方法、设备或者材料，而上载、传播、提供服务的网络运营商；（2）共同侵权人：明知网络用户通过网络实施侵犯他人著作权的行为，或者经著作权人提出确有证据的警告，但仍不采取移除侵权内容等措施以消除侵权后果的提供内容服务的网络运营商；（3）网络用户：非法上传、转载、下载、转播、复制他人作品、表演、录音录像制品的网络用户。

在司法实务中，也应特别注意特殊情形下的被告主体资格的审查和认定：（1）网站备案登记信息不能作为认定被告的单纯依据：

一般而言，备案登记信息对于认定网站经营者具有直接的证明效力。对于已备案网站，可根据 ICP/IP 地址备案登记信息来确定被控侵权行为人。但是，经营性网站实行许可制度，而非经营性网站实行备案制度，且非经营性网站的备案系网站开办者自行在网上进行，备案部门对该备案信息不进行实质审核，故非经营性网站的网上备案信息不具有国家相关管理部门确认的效力，仅具有初步的证据效力，可以被相反证据推翻。（2）不能仅凭域名持有者信息来认定其为网站经营者：域名持有者信息仅具有初步的证明效力，如有其他证据证明域名持有者与网站实际经营者不一致的，不能认定域名持有者为侵权行为人。（3）如果被控侵权网站上的名称、地址、电话、传真、邮箱以及其他联系方式等信息与被告相关信息一致，可作为认定网站自己标明的经营者为被控侵权行为主体的初步证据。（4）不能仅凭"版权所有"信息来确定网站经营者：网站版权页上显示的"×××版权所有"信息，可以作为认定网站经营者和行为主体的初步证据。但由于版权所有者也可能仅是设计网页整体结构、风格的主体，在有相反证据的情况下，不能简单按照版权所有者来确定行为主体，而应结合其他证据进行确定。（5）认定设链网站经营者为内容服务提供者，要具体分析。如果被链接网站或网页（具体表现为被控侵权网站的某个频道或栏目等）上显示的域名、网站名称等信息未表明该网页属于第三方所有，且链接网站的经营者也不能提供充分证据证明该被链接网站或网页为第三方经营时，应当认定链接网站的经营者为被链接网站或网页内容的提供者。另外，如果提供存储空间服务的网站未明确标示该信息存储空间为服务对象提供，亦无充分证据证明侵权内容系用户上传，可认定该网站经营者为直接的内容提供者。（6）关联关系情形下的侵权人的认定：某些网络服务提供者为了逃避侵权责任，往往设立一个关联公司，一旦两者成为共同被告，关联公司就自认被控侵权网站系其单独经营。在这种情况下，关联公司自认的证明力较弱，人民法院应严格审查，并结合其他证据认定网站的实际经营者。（7）共同被告的认定：提供链接的网站经营者与被链网站或网页的内容提供者存在共同经营等合作关系的，应当认定两者属于共同侵权，承担连带责任。

（二）原告主体资格的认定

具有原告诉讼主体资格的有：（1）网络著作权人：我国《著作权法》规定，著作权主体是公民、法人或其他组织。在特定情况下，国家也可以成为著作权主体。作者是直接创作了作品的自然人。我国著作权法规定："创作作品的公民是作者。"法人或其他组织被视为作者。我国《著作权法》规定，由法人或者其他组织主持，代表法人或其他组织意志创作，并由法人或者其他组织承担责任的作品，法人或其他组织视为作者。合作作品的著作权由合作者共同享有；（2）网络著作权被许可人：因许可使用或转让合同取得著作权的人，如果许可使用协议对被许可使用人授予追诉第三人的侵权权利，则许可使用人就具有了网络著作权的原告主体资格；（3）其他权利人：共同的受让人、继承人等也属于权利人。

在司法实务中，还应特别注意特殊情形下的原告主体资格的审查和认定：(1) 对于匿名、署假名或笔名创作的作品，其原告主体资格的认定：可以通过查看发表作品的 IP 地址、核对登录的用户名和密码等方式来确认原告的权利主体身份。但在被告提出异议和相关证据并请求法院调查取证的情况下，人民法院可以要求网络服务提供者提供原告的注册资料等进一步核定。. 原告是否可以仅提供数字化作品的载体来证明其权利主体身份；(2) 仅提供数字化作品的载体原告主体身份的认定：一般情况下，原告可以提供涉案电子化作品的载体来作为证明其权利主体身份的初步证据。但当多方当事人或案外人均持有涉案电子化作品的载体时，原告还应提供诸如早于网页资料公开发表的书面载体、底稿、原件、合法出版物、著作权登记证书、认证机构出具的证明以及取得权利的合同等证据。同时，也不能仅根据数字化作品创作、发表时间来认定原告的权利主体身份。因为计算机或服务器内的时间可以通过操作系统进行任意编辑和修改，所以，对原告提供的此类证据应结合其他证据严格审查。(3) 通过许可方式获得作品著作权的权利主体身份的认定：原告系通过许可合同等方式取得作品著作权的，其不仅应提供许可合同，还应举证证明作品的许可人系原始著作权人。对于在境外形成的作品，原告仅提供了经公证认证的许可合同，而未对作品的原始著作权情况进行公证认证的，不能证明其为权利人。即使被控侵权人没有异议，人民法院也应主动对权利人的身份进行审查。(4) 数码照片的权利人认定：对于数码照片，可根据其本身反映出来的分辨率等参数，结合当事人陈述的创作意图、拍摄地点、取景构思等能够体现出作者个人特性的作品创作过程等进行综合认定。必要时，可将数码照片提交专业的机构进行数据还原，以得出最初的真实参数。

相比较而言，如何确定原告的诉讼主体资格争议不大，当事人可以提交的证据包括：作品的底稿、原件；合法出版物、版权登记证书；版权认证机构出具的认证材料；著作权转让合同；著作权使用许可合同；继承人的身份证明、赠与合同等。但是，对于如何确认被告的诉讼主体资格争议颇大。

案例：《舌尖上的中国》信息网络传播权纠纷案

——央视国际网络有限公司诉上海全土豆文化传播有限公司侵害信息网络传播权案①。

《舌尖上的中国》是中央电视台摄制的一部大型美食类纪录片，有较高的艺术价值和知名度。中央电视台将该节目的信息网络传播权授予原告央视国际网络有限公司（以下简称央视公司）独占行使。2012 年 5 月 23 日，原告发现被告上海全土豆文化传播有限公司（以下简称全土豆公司）在其经营的"土豆网"（网址：www.tudou.com）上提供《舌尖上的中国》节目在线点播服务。原告认为，土豆网未经许可，在涉案节目热播期内提供在线点播服务，给原告造成了重大经济损失，故诉至法院，请求判令被告赔偿经济损失及合理费用。被告全土豆公司辩称涉案作品系网友上传其提供存储空间服务，无事先审查义务，不明知也不应知涉案视频的存在，不是适格被告，不构成侵权。上海市闵行区人民法院经审理认为，涉案作品是我国著作权法规定的类似电影摄制方法创作的作品，应受《著作权法》保护。全土豆公司未经授权于作品热播期内在其经营的网站上提供涉案作品的在线点播服务，属于侵害作品信息网络传播权的行为，应当承担相应的侵权责任。全土豆公司辩称涉案作品系网友上传，但未就该主张提供证据证明；且有关实际上传者的信息属于其掌控和管理范围之内，理应由其举证，其自行删除原始数据导致该节事实无法查明，应对此承担不利后果。据此判决被告全土豆公司赔偿原告央视公司经济损失人民币 24 万元，合理费用人民币 8000 元。一审判决后，被告不服，提起上诉。上海市第一中级人民法院经审理，判决驳回上诉，维持原判。

从上述案例可知，法院在确认被告身份时应当特别注意网络服务提供者（ISP）与网络内容提供者（ICP）如何区分，以及二者身份标签与网络侵权的关系。随着网络技术的发展，内容服务提供者与网络服务提供者的身份与分工变得越来越模糊，因此在具体案件中，应当根据服务者从事的具体行为

---

① 上海市闵行区人民法院（2013）闵民三（知）初字第 242 号民事判决书；上海市第一中级人民法院（2013）沪一中民五（知）终字第 228 号民事判决书。

和提供的服务内容来判定是否属于侵犯信息网络传播权的行为，而不能简单地根据其身份来判定行为性质。在审判实务中，裁判者应注意不要被这种所谓的"身份"标签所迷惑、受误导。持有 ICP 证照、进行 ICP 备案的网站经营者，并不都是纯粹的 ICP。有些作品是 ICP 自行上载的，如部分栏目的小说、散文、评论等，于此它是网络内容提供者；有些作品是注册用户上载的，如论坛上的文章、博客上的文章、自制视频等，于此它是网络服务提供者。从侵权法的角度看，确定被告的"身份"性质没有意义，关键是认定其行为的性质，将其行为用侵权构成要件进行分析，凡符合侵权构成要件的，此行为就是侵权行为，行为人即应承担侵权责任。换句话说，行为主体的性质并非固定不变而是变动不居的，网站经营者直接参与提供内容的，即为网络内容提供者，不直接参与提供内容的，即为网络服务提供者。另外，无论网络服务提供者（ISP）还是网络内容提供者（ICP），均应从法律意义上认定其网站经营者的资格，具体认定方法为（1）网站登记备案信息、网站中标示的信息载明的经营者，是网站经营者。网站登记备案信息、网站中标示的信息所载明的经营者不一致的，除有相反证据证明外，可以认定网站登记备案信息、网站中标示的信息所载明的经营者为共同经营者。（2）域名持有者注册信息可以作为证明网站经营者身份的初步证据，但有相反证明的除外。还有，由于网络虚拟性，用户匿名性、取证困难多变性等因素，使得权利人常常难以证明自己的适格原告身份，也难以确认网络侵权人，致使网络著作侵权行为肆虐。为此，在司法实践中可以采取举证责任倒置、公证保全、网络服务商提供注册资料证明和现场勘验、演示等可行方法，确认原告、被告的诉讼主体资格。

三、网络版权纠纷中对网络服务商"明知"或"应知"的认定

案例：北京慈文影视制作有限公司诉中国网络通信集团公司海南省分公

司侵犯著作权纠纷案①

2005 年 12 月 16 日，慈文公司起诉称：慈文公司拥有电影《七剑》的著作权，海南网通公司在其经营的网站 www. hai169. com 上向公众提供该电影的在线播放服务，其行为侵犯了慈文公司的著作权，请求判令海南网通公司立即停止侵权行为，赔礼道歉并赔偿经济损失 20 万元及合理费用 3 万元。海南网通公司辩称，海南网通公司没有未经许可传播涉案电影的行为，播放涉案电影的网站是 http：//221. 11. 132. 112，海南网通公司提供的仅是链接服务，且在慈文公司起诉后已断开链接，不应承担侵权责任。

一、二审法院经审理查明：慈文公司拥有电影《七剑》在大陆地区的著作权。慈文公司提交上海市静安区公证处（2005）沪静证经字第 4758 号公证书显示：2005 年 9 月 19 日，进入海南网通公司的网站 www. hai169. com，点击首页上的"影视频道"，进入"影视天地"（IP 地址 221. 11. 132. 112），在"搜索"栏中输入"七剑"，依次点击"搜索"、"详情介绍"、"在线观看A 面"、"在线观看 B 面"可以看到有关该电影的介绍及整部电影作品。点击"在线观看 A 面"后出现的画面中显示：北京慈文影视制作有限公司、宝蓝电影制作公司、华映电影有限公司联合出品。海南网通公司提交海南省第二公证处（2006）琼二证字第 647 号公证书显示：2006 年 2 月 9 日，进入www. ha1169. com 网站首页后，点击首页上方的"影视频道"，进入的是"116 天天在线"网页而非原来的"影视天地"网页。

一审法院认为：从技术角度分析，海南网通公司网站仅是通过链接功能引导慈文公司到达了信息来源的网站。海南网通公司没有将《七剑》作品存储在自己的服务器上向社会公众提供在线播放服务，现有证据也不能证明登载《七剑》作品的网页系海南网通公司开设。海南网通公司的链接行为，不侵犯慈文公司的著作权。且其在受到侵权指控后已及时断开了链接，避免了侵权结果的扩大，因此，海南网通公司对于播放侵犯慈文公司著作权的作品

---

① 海南省海口市中级人民法院（2006）海中法民三初字第 2 号民事判决书；海南省高级人民法院（2006）琼民二终字第 29 号民事判决书；最高人民法院（2009）民提字第 17 号民事判决书。

不应承担侵权的民事责任。海口市中级人民法院于 2006 年 5 月 8 日做出判决：驳回慈文公司的诉讼请求。二审法院认为：本案证据表明，海南网通公司是提供链接服务的网络服务提供者。虽然登载《七剑》电影作品的页面的 IP 地址属于海南网通公司所拥有，但仅能证明该 IP 用户是海南网通公司 2 万多个用户中的 1 个，不能由此推断该网页属海南网通公司所开设，更不能认定海南网通公司是提供内容服务的网络服务提供者，而由其承担侵权责任。网络服务提供者无法对数量巨大、内容庞杂的众多网站使用者的具体情况和信息内容逐一进行审查，也无义务对其合法性进行认定。慈文公司称海南网通公司与涉嫌侵权网站属共同侵权，应承担连带责任的理由，无事实和法律依据，不予采纳。海南省高级人民法院判决：驳回上诉，维持原判。

慈文公司不服一审、二审判决，向最高人民法院申请再审称：一、原两审法院认定事实不清。具体播放影片的。"影视天地"是海南网通公司网站的一个二级频道，其无普通意义上的域名，只有 IP 地址，该 IP 地址处于海南网通公司管理的 IP 地址段范围内，海南网通公司应提供该 IP 地址实际使用者的信息，但其拒绝提供。海南网通公司提交的证据不能证明该网络传播行为是其链接的第三方网站实施的。二、原两审法院适用法律错误。海南网通公司在本案中并非简单的网络服务提供商而应是内容提供商，不应适用有关"避风港"的规定。三、原两审法院对海南网通公司的责任认定不当，造成恶劣后果。综上，请求撤销原审判决，支持慈文公司原审诉讼请求。

最高人民法院再审认为：原审法院认定事实属实。慈文公司拥有电影《七剑》在大陆地区的著作权，依法应受到保护。他人未经许可通过信息网络向公众传播该电影作品的，应承担相应的法律责任。本案中，慈文公司提交的公证书显示，通过互联网进入海南网通公司的网站，点击其首页上的"影视频道"，即可在进入的页面上进行操作观看电影《七剑》。进入的网页上虽然有"影视天地"的名称，但该网页上没有显示任何对应的域名或者网站名称等信息可以表明该网页属于第三方所有。该网页的 IP 地址亦不能证明该网页另属其他主体所有，故从慈文公司及其他社会公众的角度，播放《七剑》电影的网页至少从表面上属于海南网通公司。海南网通公司如欲证明该网页仅是其链接的第三方网站，其不应为该网页上的侵权行为承担责任，应提交相应的证据。因该网页的 1P 地址位于海南网通公司管理的地址段范围内，海南网通公司能够提供该证据，而包括慈文公司在内的社会公众均无法获得。在海南网通公司未提供相关证据的情况下，其关于仅提供链接服务的抗辩不能得到支持，其应对该网页上播放慈文公司享有著作权的电影作品的侵权行为承担相应的法律责任。即使该网页确属第三方主体所有或实际经营，因该"影视频道"与海南网通公司网站"主页""新闻频道""文学频道"等并列，海南网通公司将该网页内容作为其内容频道向公众提供，且从其在原审中提交的公证书中显示被诉后即变更了该"影视频道"内容来看，该选择完全是海南网通公司自主进行的，因此，此种行为与仅提供指向第三方网站的普通链接不同，海南网通公司对该频道上的内容亦有一定程度的审核义务，其至少应对该网站的实际所有者或经营者的主体资质进行一定的审核。本案中海南网通公司至今仍称其并不知晓该网页的实际经营主体，其未尽到最低程度的注意义务，对该网页上出现的侵权行为亦应承担连带责任。综上，原审法院对海南网通公司仅提供链接服务、得知侵权后断开链接即不承担侵权责任的认定不当，应予以纠正。海南网通公司应对侵犯慈文公司信息网络传播权的行为承担停止侵权、赔偿损失等民事责任。因海南网通公司在慈文公司提起诉讼后，已经改变其网站"影视频道"栏目的内容，即已停止《七剑》的在线播放行为，故判令其停止侵权已无必要。关于赔偿损失，因慈文公司并未提交证据证明其因该侵权行为所受损失，海南网通公司通过该行为的获利亦无法查明，故本院依据《七剑》电影在其网站上的存续时间及该电影的公映时间、影响力等因素，并考虑慈文公司为本案所支出的合理费用，酌情确定海南网通公司赔偿慈文公司经济损失八万元。慈文公司另提出赔礼道歉的诉讼请求，因海南网通公司涉案网页上播放《七剑》电影时显示了慈文公司等联合出品的内容，未侵犯慈文公司的署名权或其他人身权利，故对慈文公司该项诉讼请求不予支持。综上，最高人民法院判决：撤销海南省高级人民法院（2006）琼民二终字第 29 号民事判决、海口市中级人民法院（2006）海中法民三初字第 2 号民事判决；自本判决生效之日起十日内，海南网通公司赔偿北京慈文影视制作有限公司经济损失人民币八万元（包括为诉讼支出的合理费用）；驳回北京慈文影视制作有限公司的其他诉讼请求。

从上述案例可见，网络著作权侵权纠纷不是法律规定的特殊侵权纠纷而是一般侵权纠纷。因此，网络服务提供者（ISP）构成对信息网络传播权的侵犯、承担侵权的民事责任，应具备违法行为、损害后果、违法行为与损害后果具有因果关系和过错四个要件。人民法院对于直接侵权人侵权构成的判定，比较容易，只要认定了侵权事实，即可依据侵权构成的"四要件"进行判定。但是，如何认定网络服务商的侵权构成，却是困扰各地法院的普遍问题，不同法官对法律规定有着不同的理解，造成了相同案情不同裁判结果的局面。

对于 ISP 的责任，目前的立法倾向于"有限责任"。一般情况下，ISP 仅为信息传播提供链接服务，对信息传输仅仅起着提供通道的作用，事先审查义务在技术上无法行使，事后监督能力也是有限的，一旦发生侵权行为，其仅承担立即停止侵害的民事责任，对侵权损害后果不承担赔偿责任。互联网技术是"效率"的代名词，法律若侧重于公平、正义，则需牺牲"效率""便捷"与科技的进步。法律在互联网的公益性与著作权的专有性的冲突中倾向了前者。《信息网络传播权条例》规定了"通知—移除"避风港原则，也说明了网络服务商并没有事先逐一审查互联网传播内容的义务，而是由权利人在发现侵权行为后通知网络服务商制止侵权行为。当然，ISP 没有监控网络活动的义务并不意味着 ISP 对网络侵权活动听之任之，ISP 仍应尽到合理的注意义务。公平地说，即使 ISP 并不实际知晓侵权行为，只要其知道能够明显推出侵权行为的事实或情况而不采取相应措施，就应当为损害后果承担责任。为了保护网络中的著作权，我国法律在为 ISP 设置"避风港"的同时也设置了"红旗原则"，对网络服务提供者"恶意毋视""恶意放纵"网络侵犯著作权的行为，进行惩戒。故在司法实务中，人民法院应以主观过错标准作为 ISP 的侵权构成要件，这包括明知和应知两种情形。换言之，具有主观过错，是提供信息存储空间、链接和搜索等服务的网络服务提供者承担侵权责任的前提。网络服务提供者明知或应知服务对象实施了侵犯他人著作权的行为，但仍不采取移除侵权内容等措施以消除侵权后果、并继续为该侵权行为提供服务的，即可认定其具有主观过错。这里就牵扯到对网络服务商

"明知"或"应知"侵权情形的认定问题，具体来说：

（一）对"明知"的认定

结合现行法律及司法实践，认定网络服务商的"明知"侵权的主要情形有：

（1）网络用户、网络服务提供者未经许可，通过信息网络提供权利人享有信息网络传播权的作品、表演、录音录像制品，除法律、行政法规另有规定外，应当认定其构成侵害信息网络传播权行为；

（2）通过上传到网络服务器、设置共享文件或者利用文件分享软件等方式，将作品、表演、录音录像制品置于信息网络中，使公众能够在个人选定的时间和地点以下载、浏览或者其他方式获得的，人应当认定其实施了提供行为；

（3）有证据证明网络服务提供者与他人以分工合作等方式共同提供作品、表演、录音录像制品，构成共同侵权行为的，应当认定其承担连带责任，但网络服务提供者能够证明其仅提供自动接入、自动传输、信息存储空间、搜索、链接、文件分享技术等网络服务的除外；

（4）网络服务提供者以提供网页快照、缩略图等方式实质替代其他网络服务提供者向公众提供相关作品的，应当认定其构成提供行为，但该提供行为不影响相关作品的正常使用，且未不合理损害权利人对该作品的合法权益的除外；

（5）原告有初步证据证明网络服务提供者提供了相关作品、表演、录音录像制品，但网络服务提供者能够证明其仅提供网络服务，且无过错的除外；

（6）网络服务提供者在提供网络服务时教唆或者帮助网络用户实施侵害信息网络传播权行为的，应当认定其承担侵权责任；

（7）网络服务提供者以言语、推介技术支持、奖励积分等方式诱导、鼓励网络用户实施侵害信息网络传播权行为的，应当认定其构成教唆侵权行为；

（8）网络服务提供者明知或者应知网络用户利用网络服务侵害信息网络传播权，未采取删除、屏蔽、断开链接等必要措施，或者提供技术支持等帮助行为的，应当认定其构成帮助侵权行为；

（9）网络服务提供者在提供网络服务时，对热播影视作品等以设置榜单、目录、索引、描述性段落、内容简介等方式进行推荐，且公众可以在其网页上直接以下载、浏览或者其他方式获得的，人民法院可以认定其应知网络用户侵害信息网络传播权；

（10）网络服务提供者从网络用户提供的作品、表演、录音录像制品中直接获得经济利益的，人民法院应当认定其对该网络用户侵害信息网络传播权的行为负有较高的注意义务。网络服务提供者针对特定作品、表演、录音录像制品投放广告获取收益，或者获取与其传播的作品、表演、录音录像制品存在其他特定联系的经济利益，应当认定为直接获得经济利益，但网络服务提供者因提供网络服务而收取一般性广告费、服务费等除外；

（11）网络服务提供者接到权利人以书信、传真、电子邮件等方式提交的通知，未及时采取删除、屏蔽、断开链接等必要措施的，人民法院应当认定其明知相关侵害信息网络传播权行为。认定网络服务提供者采取的删除、屏蔽、断开链接等必要措施是否及时，应当根据权利人提交通知的形式，通知的准确程度，采取措施的难易程度，网络服务的性质，所涉作品、表演、录音录像制品的类型、知名度、数量等因素综合判断。

（12）权利人提供的通知符合《信息网络传播权保护条例》第十四条所规定的条件，而网络服务提供者仍然对侵权内容提供服务的，可认定其明知。即使权利人提供的通知不充分，但根据通知所包含的信息足以准确定位侵权内容，网络服务提供者仍然不采取措施而继续提供服务的，也可认定其明知。

（13）权利人有其他证据证明网络服务提供者原本就知晓侵权事实的存在，如曾经明确向他人表示知晓网站中存有他人上传的侵权内容，但为了提高网站的点击率而故意予以保留等，可认定其明知。

（二）对"应知"的认定

根据案件具体情况，可以直接认定提供信息存储空间服务的网络服务提供者应知网络用户侵害信息网络传播权情形主要有：（1）将热播影视作品等置于首页或者其他主要页面等能够为网络服务提供者明显感知的位置的；
（2）对热播影视作品等的主题、内容主动进行选择、编辑、整理、推荐，或
者为其设立专门的排行榜的；（3）其他可以明显感知相关作品、表演、录音
录像制品为未经许可提供，仍未采取合理措施的情形。据此，判断是否应
知，应以被告是否尽到合理的注意义务为标准。一般而言，网络服务提供者
不具有审查提供的信息是否侵权的能力，也不负有事先对其提供的所有信息
是否侵权进行主动审查、监控的义务，但网络服务提供者应当对其提供信息
的合法性承担一定的注意义务。负有注意义务的网络服务提供者，在采取合
理、有效的技术措施对侵权信息进行过滤和监控后，仍难以发现侵权信息
的，不应认定其未尽到注意义务。

认定网络服务提供者是否构成"应知"情形，还应当根据网络用户侵害
信息网络传播权的具体事实并综合考虑（1）基于网络服务提供者提供服务
的性质、方式及其引发侵权的可能性大小，应当具备的管理信息的能力；
（2）传播的作品、表演、录音录像制品的类型、知名度及侵权信息的明显程
度；（3）网络服务提供者是否主动对作品、表演、录音录像制品进行了选
择、编辑、修改、推荐等；（4）网络服务提供者是否积极采取了预防侵权的
合理措施；（5）网络服务提供者是否设置便捷程序接收侵权通知并及时对侵
权通知做出合理的反应；（6）网络服务提供者是否针对同一网络用户的重复
侵权行为采取了相应的合理措施；（7）其他相关因素。

（三）网络服务提供者是否尽到合理的注意义务的综合考量

2006 年 7 月 1 日生效的《信息网络传播权保护条例》把网络服务分为：
信息存储空间服务、搜索服务、链接服务、网络自动接入服务、自动存储服
务等类型，并设定了网络服务提供商过错责任原则，对网络服务商设定了不
同的权利、义务。判断网络服务提供者是否已经尽到合理的注意义务，应坚
持善良管理人或者理性人标准。有人称之为应尽到"一个理性的、谨慎的、
具有网络专业知识的网络服务提供商"的注意。

案例 1：韩寒诉百度文库侵犯著作权案

2011 年，作家韩寒发现其 3 部作品被上传至百度文库，供用户付费或免

费下载，遂致函百度，要求停止侵权，但百度文库始终存在着大量侵权文档。2012 年 7 月，韩寒委托作家维权联盟将百度告上法庭。原告认为，百度文库的行为侵犯了其著作权，请求法院判令百度停止侵权行为，并采取有效措施制止侵权行为再次发生；关闭百度文库；同时连续 7 天在百度网站首页赔礼道歉；赔偿经济损失等共 76 万余元。

被告百度公司辩称，百度文库属于信息存储空间，文档由网友上传，百度并未对作品进行修改等编辑行为，且在收到韩寒投诉后，已及时删除投诉链接和相关作品，不存在过错，不应承担侵权责任。

法院经审理认为，被告在涉案文档的处理中存在消极等待的行为，未能采取必要措施制止侵权内容传播，且百度文库在人工审核时理应对涉案文档负有比一般文档更高的注意义务，应有合理的理由知道该文档侵权，因此在主观上存在过错，应当承担相应的法律责任。

法院同时认为，百度文库属于提供信息存储空间服务的平台，不负有对网络用户上传的作品进行事先审查、监控的义务，对原告提出的关闭百度文库及道歉等诉求予以驳回。最终，9 月 17 日，海淀法院判决被告赔偿原告经济损失。

案例 2：中青文诉百度侵害著作权案

2014 年 1 月，北京中青文文化传媒有限公司以涉嫌侵犯《考拉小巫的英语学习日记》著作权为由，将北京百度网讯科技有限公司诉至法院，索赔人民币 313 万元。

原告中青文公司诉称，其依法享有《考拉小巫的英语学习日记》（以下简称《考》书）的专有出版权和信息网络传播权。《考》书自上市至今，一直位列年度畅销书或相关排行榜前列，具有重要的社会价值和商业价值。百度公司未经许可，擅自在其运营的网站上向公众提供涉案作品，且在权利人和社会各界不断警告、督促下始终不予纠正，其行为构成著作权侵权。被告百度公司则辩称，百度文库的全部文档均由网络用户上传，其性质上属于信息存储空间。涉案文档是在百度文库首页的空白搜索框中搜索找到的，其并未进行推荐，涉案文档也没有出现在文库显著位置。其对网络用户上传的涉案文档未进行任何改变，不知道也没有合理的理由知道服务对象提供的文档侵权。百度文库协议及文库的多处页面提醒用户不得侵犯他人包括著作权在内的知识产权和其他权利，尽到了提示义务。百度文库公示有投诉和举报渠道，为权利人提供方便快捷的通知通道。其在收到原告的起诉材料后，迅速及时移除了涉嫌侵权的文档。据此，百度公司认为，其并未提供涉案作品，不存在直接侵权行为，同时，其尽到了合理注意义务，也不存在帮助侵权行为。

法院对中青文诉百度案做出一审判决认为，百度文库系信息存储空间，涉案侵权文档系由网络用户上传至百度文库服务器。百度文库使用涉案侵权文档的行为属于提供信息存储空间的网络服务行为，不构成直接侵权行为。但是，在百度文库首页的推荐文档中，多数文档的阅读量为数千至数万人次，这说明文档阅读数量达到一定数值时即足以引起百度公司的关注。而《考》书在百度文库中的阅读量远超多数推荐文档阅读量，百度公司理应掌握有关信息并予以合理关注。然而，自2012年1月17日第一份侵权文档上传以来，至2013年8月13日中青文公司办理侵权内容公证为止，在长达一年多的时间内，百度公司并未采取任何行动，放任涉案侵权文档的传播，不能认为其积极履行了法律赋予的义务。百度公司对于涉案《考》书侵权文档在百度文库中的使用和传播情况没有尽到合理的注意义务，也没有建立起足够有效的著作权保护机制，对于涉案侵权行为具有应知的过错，其行为构成帮助侵权，对于中青文公司的损失应当承担相应的赔偿责任。据此，北京一中院判决百度赔偿中青文公司人民币40余万元，后二审维持原判。

上述案例都针对百度文库提起的侵权诉讼。百度文库是供网友上传、在线阅读、下载各类文档的网络平台，作为信息储存平台，百度文库一直以"避风港原则"作为自己免责的理由。根据《信息网络传播权条例》第22条规定，网络服务商提供信息存储空间服务的，在不知道也没有合理的理由应当知道其存储空间中的作品侵权的情况下，在接到权利人通知后，及时删除侵权作品，不承担侵权责任。但"避风港原则"并不能成为侵权网站免责的挡箭牌，法律上还有"红旗原则"作为补充：如果侵权事实是显而易见的，就像红旗一样飘扬，网络服务商就属于"明知或应知侵权"，应当承担法律责任。是否受到"避风港原则"的保护而予以免责，是否"明知或应知侵权"，是两案共同的争论焦点。在韩寒诉百度一案，鉴于权利人的知名度，以及诉讼之前曾与百度交涉谈判的事实，在中青文诉百度一案中，百度公司有义务对大规模下载或阅读的文档进行必要的注意。上述两个案件中，百度公司均对涉案作品负有较高的注意义务，符合"明知或应知侵权"的情形，存在主观过错，应当承担相应的责任。法院的判决认定了像百度这样的网站不能以避风港原则为挡箭牌逃避对版权保护的责任，具有里程碑式的意义。

网络服务提供者承担善良管理人的义务和责任是促进互联网络产业的重要措施，有利于缓解网络服务提供者、网络用户、相关第三人和公众之间的矛盾与冲突，降低纠纷发生的风险和经济运行的成本。但是，不同网络服务提供者合理注意义务标准应该是不同的并且是动态发展的。不同的技术模式、不同的商业模型以及不同的网络服务提供者都影响着合理注意义务标准，特别是应综合考虑如下因素：

（1）网络服务提供者的信息管理能力，包括其系自然人还是法人、注册资本多少、是否专业的经营者、经营时间长短等。

（2）网络服务提供者对侵权信息是否存在选择、编辑、修改、分类列表及推荐等行为。存在上述行为的，应对存储、链接、搜索内容的合法性承担相对较高的注意义务。

（3）侵权信息的明显程度。不同类型作品的侵权明显程度往往不同。例如，通常情况下，投资影音作品的制片公司、唱片公司或相关权利人不可能上传或允许他人上传作品供公众免费欣赏，因此，在网络上传播的尚在上映档期的或者知名度较高的作品，存在侵权的可能性较大，网络服务提供者对其合法性较易判断。但如果服务对象提供的作品是一般的文字和摄影作品，则网络服务提供者对其合法性较难判断。

（4）在链接侵权的情况下，可以考虑被控侵权人是否将被链网站作为自己网站上的一个频道或栏目、与被链网站间是否存在合作经营或利润分成等关系，以及对被链网站具体内容的控制程度等。

另外，搜索引擎服务提供者是否尽到合理注意义务还应当考虑以下情形：（1）搜索引擎服务提供者是否对搜索结果、链接内容进行分类整理；（2）搜索引擎服务提供者是否采用深度链接、垂直链接等特殊链接方式；

（3）链接涉嫌侵权作品的类型。如果搜索引擎服务提供者对搜索结果、链接内容进行分类整理，或者采用特殊链接方式，意味着搜索引擎服务提供者对搜索结果的控制能力增强，因此也应当负有更高程度的注意义务。还有，信息存储空间服务提供者积极介入信息存储空间上传内容的分类整理，或者搜索引擎服务提供者对搜索结果进行分类等干预行为时，其主张适用"避风港"条款免责的，应当提供证据证明已尽到合理注意义务，并采取有效技术措施防止网络侵权行为的发生，否则，网络服务提供者应当承担侵权责任。换言之，避风港原则不是免责挡箭牌，网络平台应有合理注意义务法，律上还有"红旗原则"作为补充。那些主张为促进国家信息网络产业发展，网络服务商存在过错时也不应承担责任的观点，是错误的。这种观点不仅会伤害著作权人的创作积极性，阻碍国家创新型经济的发展，而且会加剧互联网的混乱现状，破坏公平正义的法治理念，并最终破坏国家信息网络产业的健康持续长远的发展。

第三章

"微信"红包合法性辨析

（浙江越秀外国语学院　晁金典　312000）

（山东省济宁市中级人民法院　李　贺① 272400）

内容摘要： "微信红包"作为新生事物，其所产生的资金沉淀、技术安全风险、道德危机、匿名交易风险、税费缴纳、互联网金融犯罪等法律问题不容忽视。亟须建立健全微信红包滞留资金专有账户监管机制、降低微信红包安全风险、依法规范微信红包各主体的法律边界、明确微信红包所得税的法律地位、严厉打击微信红包犯罪路径予以法律规制。通过有效的法律规制，促进互联网社交金融健康、有序、合法发展。

关键词： 微信；红包；互联网金融；法律

微信技术主要应用于手机，是智能手机的一项重要功能，更是现在广大青年朋友热捧的一种新型的社交媒介，并逐步上升为主流的社交模式。同时微信平台也成为众多商家的一个廉价广告媒介和市场—金融之间的一个信用媒介。随着微信技术的进一步推广，一系列社会现象也随即产生，并直接影响着社会稳定、健康发展。本文仅就微信红包引发的法律问题，进行探讨。

---

① 李贺，男，山东省济宁市中级人民法院审判员，本科，主要从事民事强制执行法研究。

一、微信红包的特点与实质

"微信红包"是腾讯公司于2014年1月推出的一款可以实现发红包、查收发记录和提现的互联网金融社交软件。2014年4月,安卓手机用户只要用微信扫描身边出现的红色二维码,通过腾讯应用宝成功安装其他应用软件,即可领取微信红包。微信红包与2015年春节联欢晚会的互动,使其成为年夜饭的主菜单,甚至抢了春晚的风头。微信官方公布的数据显示,2015年除夕当日微信红包收发总量达10.1亿次;2015年1月18日,20:00-19日00:48,春晚微信摇一摇互动总量达110亿次。2015年8月20日,七夕全天微信红包收发总量达14.27亿次,突破2015除夕10亿的峰值。微信派发红包的形式共有两种,一是普通等额红包,一对一或者一对多发送;二是"拼手气群红包",用户设定好总金额以及红包个数之后,可以生成不同金额的红包。其操作程式为:(1)找到"新年红包"。在微信"通讯录"的按左上角的"添加"键,进入界面后选择"查找公众号",在搜索栏里输入"新年红包"。在搜索结果中选择那个马年红包图案并经过微信认证的公众号,然后关注。(2)选择红包类型。点击"新年红包"进入发红包界面。此时有两个选择,"拼手气群红包"和"普通红包"。普通红包,就是输入一定的金额后,发给指定的人。拼手气群红包需要输入发红包的个数和总金额,在分享给微信群后,每个红包金额随机生成。(3)填写红包信息。无论是拼手气群红包还是普通红包,需要填写的信息基本一致。拼手气群红包的每个红包金额在0.01~200元之间随机产生,最大不超过200元;普通红包可以发送给不同好友,每人只能领取一次,而且好友之间不会看到对方信息。(4)塞钱进红包。填完红包信息你就可以点击界面上的"塞钱进红包"了。发红包功能不支持信用卡,所以还是再绑定一张储蓄卡。微信支付可以绑定多张银行卡。在微信"我"的功能界面点击"我的银行卡",然后添加银行卡。开始发红包。塞完钱就可以开始发红包了,点击界面右上角按钮,选择发送红包给你想发送的人。红包只能在朋友群里发或者单发给每个人。(6)领取红包。登录微信，扫描应用宝官方红色二维码，根据扫描到二维码的页面提示，成功安装应用宝的红码 APP 应用。收到应用宝"扫码得宝微信红包"提示，领取红包。领取红包成功后，可查看收到的红包金额。红包金额随机发放，最高奖金 200 元。

微信红包的特色在于：第一，设计简单。在"微信红包"这个功能的设计上，遵循了简单的原则。发送方通过"新年红包"公众号，选择发送红包的数量和金额，以及祝福的话语，通过"微信支付"进行支付，就可以发送给好友；接收方则在打开后获得相应收益，只需要将储蓄卡与微信关联，就可以在一个工作日后提现。第二，便于传播。自微信红包上线以来，微信红包迅速流行开来，其火爆程度，不亚于此前的"打飞机"小游戏。而收到红包后想要提现，就必须绑定银行卡，这样一来，绑定微信支付的用户数量大增。第三，社交互动性强。微信利用现有的好友关系网络，把其作为日常交流的工具，更利于人群之间的互动和扩散。

由此可见，"微信红包"本质上仍然是基于腾讯旗下第三方支付平台财付通开发的操作程序。用户在注册微信并接受微信支付功能后，即获得一个财付通账户。发红包用户"制作红包"后，用户即从银行卡中支付红包金额到财付通账户中。此时用户将红包发给微信好友或者微信群，领取者点击领取后，财付通在其内部将该部分金额转移给领取者。领取者选择提现后，财付通将专用账户中的金额转移给领取者。如果接受红包的用户没有绑定银行卡，那么红包金额将留在该用户的红包账户中。目前遗留在红包账户中的金额还无法直接消费，但腾讯承诺即将推出红包金额直接消费的支付项目。如果与普通第三方支付平台相类比，那么发红包者相当于买方，领取红包者相当于卖方，商品可以定义为"人情"，财付通参与其中，作为支付的第三方平台，其创新之处在于富有创意的商业模式。"微信红包"不仅仅是支付手段，它还融进了很多品牌厂商，是集社交支付、娱乐、营销和传播为一体的新型集成社交商业模式。尤其是与央视春晚的联手，可谓达到了腾讯推广微信支付和商家微营销的顶峰。它是互联网金融领域的一种互联网社交金融模式，其功能不仅仅是第三方支付，其最大的看点是新媒体时代各大厂商以微信红包为手段实施的移动互联网社交营销，也是以互联网手段实现收受礼金的有效途径。

二、微信红包风险

　　尽管微信红包一时风光无限，但其技术风险、隐私泄露、道德危机、法律风险等负面效果也相伴而生。

（一）泄露隐私风险

　　腾讯的商业模式就是将 QQ、游戏、微信、银行卡都结合在一起。用户黏性非常高，它获取了非常多的用户数据，还形成了垄断。这对消费者非常不利，很难保证用户的隐私不被滥用。微信容易使用户隐私泄露。一方面，用户隐私容易被盗取。比如被恶意软件截获用户的个人信息等等。另一方面，用户隐私易被滥用。比如，互联网漏洞报告平台乌云报告了一个疑似腾讯微信高级漏洞，称该漏洞可能会造成腾讯微信视频及图片等信息的泄露。微信虽然没有陌生人社交模式，但摇一摇、附近的人都是陌生人社交到轻熟人再到熟人社交的入口。庞大的朋友圈充斥着各色人等各类信息，朋友间分享的视频、图片都很有可能被传播出去。造成此漏洞最主要的原因是微信"存放视频或图片的站点"没有对网络爬虫进行约束，即没有设置搜索引擎约束。用户在朋友圈晒出的、包括发给好友的图片或视频，只要这个过程被分享给第三个人，又没有设置搜索引擎约束，是非常容易被搜索引擎抓取到的，只要在搜索引擎输入该视频或图片链接，就能马上被找到并播放或显示。此外，如果别用心的人以微信隐私视频为由诱骗网友下载手机木马，将会带来更大的隐私安全，甚至手机会面临被扣费的风险。除了要小心打开微信视频木马网址外，也要警惕借助二维码捆绑木马的手段，个人信息也不要随意通过社交软件进行传播。有用户发现，在下载并安装了个别所谓抢红包的外挂软件后，软件会提醒用户将收集手机内包括个人信用卡账号、手机交互数据等在内的所有文本信息。用户在打开他人发来的链接时，能够看到对方手机内收发红包和提现的全部记录。由于"微信红包"本身的技术风险使用户的隐私信息得不到有效保障，大大增加了互联网金融的安全风险。

（二）技术风险

随着微信红包的红火，各种营销号开始上演"逗你玩"。点击发来的红包，却是一个个宣传链接。更危险的是敏锐的诈骗分子也加班加点，推出钓鱼版微信红包。而各种抢红包"神器"粉墨登场，其中不乏恶意软件和木马。尤其是微信支付，和 QQ 号，银行卡号绑定的话，一旦其中一个中了木马或被恶意软件劫持，就很容易引发连锁反应。比如，用户点击钓鱼链接，扫描伪装二维码，资金被盗事件屡屡发生。再如，黑客可利用微信漏洞获得用户的微信密码，特别是微信没有针对第三方恶意软件的防范机制，如果用户手机中存在恶意软件，微信支付就存在被黑客劫持的危险。另外，随着移动支付的普及，通过手机应用完成支付越来越频繁，其技术风险也会越来越大，很容易给用户造成财产损失。由于微信红包还没有针对第三方恶意软件的防范机制，如果客户手机中存在恶意软件，微信支付就存在被恶意劫持的危险。微信红包支付方式的保密系数较低，易引发转账盗款。微信红包在通过绑定银行储蓄卡等设置之后，使用六位数字快速支付密码即可实现操作，其保密安全系数过低，密码极易被非法破解，容易引发转账盗款等不法行为的发生。

（三）法律风险

"微信红包"发起了一场互联网金融的"珍珠港偷袭"，但其背后存在着法律空白和监管漏洞。虽然，微信支付会受到《非金融机构支付服务管理办法》《支付机构客户备付金存管办法》《银行卡业务管理办法》《民法通则》《合同法》等法律、法规、行政规则的约束，但其作为新型互联网社交金融产品，也引发了系列法律风险。

1. 微信红包缺乏法律监管的实名制。

我国《非金融机构支付服务管理办法实施细则》与《支付机构反洗钱和反恐怖融资管理办法》等规定，网络支付机构在为客户开立支付账户时，应当通过合理手段对客户的真实身份进行验证。"微信红包"虽在软件设计上遵循了简易便捷的原则，却忽视了法律监管对于客户实名登记的要求。一旦匿名用户发生交易纠纷、金融欺诈行为,由于不法分子的身份信息登记不完整,就会使受害人得不到及时有效的救济。这给互联网金融交易带来了极大的不稳定性,春节期间的"陈光标"抢微信红包事件就是一个例子。2014年春节,收获微信红包最多的是一个名为"光标"的ID,这个ID先是宣布自己是陈光标,在大年三十会派发2000万元红包,前提是大家都把"GBC1968"的微信号ID添加到自己所在的群里。许多人在无须验证申请的情况下,直接成了该账号的好友。对方头像用的是陈光标身着西装的照片,用户名为"光标"。但是,把这个ID加入微信群后,发现他并没有派发红包,而是闷头抢了每个群里其他人派发的总额惊人的红包。但陈光标本人说:"这百分之百不是我本人行为",并建议受骗者依法向公安机关举报,因为这种行为已经涉嫌犯罪,"并且上述行为的实施者应该向公众道歉。"由此可见,移动支付和互联网金融要想健康发展,相关监管制度和实名制十分重要。另外,微信红包也存在着洗钱风险。金融系统是洗钱的易发、高危领域,因此,我国法律赋予金融机构及第三方支付机构特定的反洗钱义务,如客户身份识别、大额可疑交易报告等。《反洗钱法》规定,金融机构应当按照规定建立客户身份识别制度,不得为身份不明的客户提供服务或者与其进行交易。而在微信红包发放过程中,无论是红包发送人还是领取人,并没有身份认证环节,即使绑定了他人的银行卡,资金仍能顺利支付,这就为洗钱留下隐患。《金融机构大额交易和可疑交易报告管理办法》规定,对于"短期内资金集中转入、分散转出,与客户身份、财务状况、经营业务明显不符"的,应当将其作为"可疑交易"向反洗钱监测分析中心报告。而在微信红包发放过程中,一笔资金分装若干红包发送受赠人,与上述可疑交易具有一定程度的形似。春节期间微信红包满天飞,如有不法分子将非法所得包成红包而瞒天过海、浑水摸鱼,缺乏有效监测,极易成为犯罪分子洗钱的温床。

2. 微信红包所涉及的巨大资金流,有涉嫌逃避纳税之嫌,而红包接龙也涉嫌赌博。

我国《个人所得税法》第2条规定了公民的偶然所得应缴纳个人所得税,并适用20%的比例税率。《个人所得税法实施条例》第8条也规定,"偶然所得即个人得奖、中奖、中彩以及其他偶然性质的所得"。对于传统红包而言，其本身带有浓重的民俗文化色彩，我国法律虽未对其性质做出判断，但未将其列入法定"偶然所得"范围之内，这体现了法律对于民间习俗的尊重和保护。但对于"微信红包"来说，由于其参与的人群范围广、涉及的金额大，不可与传统红包同日而语，更不能将其简单视为普通的传统红包。尤其是部分企业通过"微信红包"的方式为企业员工发放福利，或者对自己的客户进行附赠，这种红包的发放已突破了传统红包的普世价值。因此，"微信红包"资金转移是否应该依法缴纳所得税的问题引起了争议，其法律性质和地位仍有待进一步明确。

另外，在红包接龙的几种玩法中，所有参与者都可能涉嫌聚众赌博或赌博罪，"红包接龙"与"网络赌博"之间，仅有一步之遥。是否"以营利为目的"是认定的关键。组织者或参与者是否有"获取数额较大的金钱或者其他财物"的想法或目的，是是否构成赌博罪的核心。如果有组织者自出资金发起每轮拼手气红包且参与每轮手气最佳红包分配（固定抽头渔利），可能涉嫌"开设赌场"、诈骗等。比如，2015 年 7 月，浙江台州警方破获全国首例以"微信代发红包"形式进行赌博的特大案件，涉案 300 余人，遍布北京、上海、广东、河南、江苏、福建等 10 余个省市，涉案赌资累计超过 1000 万元。该案涉及微信红包营利问题，符合司法解释有关开设赌场的行为，即"利用互联网、移动通信终端等传输赌博视频、数据，组织赌博活动，建立赌博网站并接受投注或参与赌博网站利润分成，具有其中之一，就属于开设赌场、赌博行为"。通过微信红包实施类似赌博的行为具有犯罪成本低、隐蔽性强、传播速度快、流动性大、迷惑性强、影响面广等特点，因此对此类违法案件取证难度也较大，这就在一定程度上助长了不法分子的"侥幸心理"。如果是以营利为目的的抢红包群，就涉嫌赌博。其中，群主纠集成员进行红包赌博，就涉嫌聚众赌博、开设赌场，群成员抢红包涉赌的违法行为也将受到治安处罚。一旦有人在红包群中使用"作弊器"的，属于非法占有，达到一定数额也可能涉及诈骗。

3. 微信贿赂极易引发"微腐败"。

网络红包和传统红包没有本质区别，不过是传播的载体不同。但送"微信红包"无须见面，也无须征得对方的同意，掏出手机简单操作一下，就能使钱直达对方账户,既免去了见面的尴尬,又因为没有实物显得更加安全,送者心照不宣,收者心安理得。虽然"微信红包"的派发金额设置了上限,但是其化整为零的特点反而容易使收礼者放松警惕。同时,"微信红包"不能直接退还,而且收发所依托的QQ、微信等平台也很难做到实名制认证,给相关部门的监管带来很大困难。另外,微信红包便捷的附赠与消费功能弥补了传统红包受制于时间及地域的缺陷。红包的领取者可以使用红包用于网上购物、信用卡还款等各类消费。"微信红包"不需要与接收人见面,也无须征得对方同意即可发出。发放电子红包的金额可大可小,也可以多次发放。因此,电子红包不仅是现金的馈赠方式,也是各种商业组织促销的最佳手段。电子红包的"附赠"行为,可以通过向消费者无偿提供一定数量的红包现金,用来引诱消费者与之发生交易,特别是"电子红包"没有实物让人看见,基本上做到:天知,地知,你知,我知,其他人谁也不知。因此"电子红包"也是通过互联网的方式实施商业贿赂的最好方式。比如,中纪委网站在线访谈时表示,目前少数党员干部违规行为趋于隐蔽,对利用电子商务提供微信红包、电子礼品预付卡等,今后要仔细甄别,及时查处,并将"利用电子商务提供微信红包、电子礼品预付卡等"列入"反四风"查处范围。微信红包之所以被纪委官员提到,主要是由于它的新颖性,高科技性、隐蔽性。再如,杭州市纪委通过官方微信提醒:党政领导干部和公职人员收受管理对象、服务对象、私营企业主、与行使职权有关的个人"微信红包",是一种变相的收礼或者受贿行为。如果收受上述机构人员"微信红包"的金额累积到一定程度,将视事实的性质和情节追究相应的党纪政纪责任。这就涉及到打击"微腐败"的态度问题。电子红包金额略小,有的可能还达不到行贿罪立案标准,但"微腐败"和大腐败在本质上并没有区别,从某种意义上讲,前者的危害程度丝毫不逊于后者。一方面,送电子红包不需要知道对方家庭住址,百八十都能拿得出手,在无形中降低了送礼"门槛",导致更多人加入其中,形成对行贿的"集体无意识";另一方面,一两个电子红包看似不起眼,积少成多却也是一笔不小的数字,一些干部难免在"温水煮青蛙"中越陷越深,"积小贪、成大腐"。实践表明,很多贪污贿赂案件的犯罪轨迹,起点往往就是"微腐败"。只有保持高压态势,以零容忍态度惩治"微腐败"，才能让更多干部主动对装着腐败祸心的微信红包说不。

4. 微信红包滞留资金及利息法律归属风险。

微信红包看似是一种简单的互联网社交行为，但在这种互联网社交金融行为背后，却创造了数十亿元现金流。红包发放之后，必然会产生未被领取及提现的红包，这部分红包就会产生沉淀资金或滞留资金。根据《非金融机构支付服务管理办法》及《支付机构客户备付金存管办法》的相关规定，支付机构对于客户的备付金不具有使用和处分权利，因此，滞留资金的所有权本身并不属于支付机构，而是属于客户，支付机构只是代其保管。微信红包在发放前，其资金属于红包的发放人；在被领取到未被提现这一阶段内，其资金属于红包的领取者。但对于滞留资金的监管问题，法律并未做出具体、明确的规定。监管立法、监管主体、程序监管均严重缺失，导致滞留资金的监管不到位，这极易引发支付机构侵占、滥用滞留资金等违法行为的发生，既对客户造成损害，又严重扰乱互联网金融交易秩序。另外，滞留资金产生的利息归属也是法律盲区。滞留资金必然会产生利息，法律对于滞留资金所产生利息的归属未有明确。根据《支付机构客户备付金存管办法》的规定，支付机构应当按季计提风险准备金，用于弥补客户备付金特定损失以及中央银行规定的其他用途，风险准备金按照所有备付金银行账户利息总额的一定比例计提。但这一条款并未明确规定利息归属，有人理解为除风险准备金之外的沉淀资金利息可以归属于支付机构。但从性质上来看，利息属于法定孳息，根据我国《物权法》《民法通则》等规定，滞留资金利息应该归客户所有，即使支付机构与客户之间已经存在关于利息归属的格式条款，但此类条款的合法性、合理性、公平性有违基本法理。无论是从对法条的理解来看，还是就双方性质未定的约定而言，从基本法理中的公平性出发，判定滞留资金利息归属支付机构的做法均有失公允。滞留资金产生的利息归属不明确，是"微信红包"等互联网社交金融产品所共有的法律风险和法律盲区，迫切需要法律补空。

5. 微信红包维权风险。

微信用户受到损失，在维权上还存在很大的法律风险。根据《微信电子商务服务协议》和《微信支付用户协议》，微信用户的红包实际上使用的是腾讯旗下的第三方支付机构财付通的服务。格式条款协议约定，用户在使用支付服务中发生纠纷或争议，腾讯有权要求财付通将争议款项全部或部分划转给某方，而腾讯免于承担任何责任。这一格式条款，对用户来说并不公平。因为财付通公司是一个第三方支付机构，在微信红包的收发过程中，红包资金的所有权是属于用户的。在发生争议的情况下，用户有权要求冻结红包内的资金，而不是由腾讯擅自决定其归属。另外，尽管财付通表示微信支付与 PICC（中国人民保险）达成协议，用户如因使用微信支付造成资金被盗等损失，经核实属实，将可获得 PICC 的全赔保障。但在绑定银行卡的用户协议中并未找到相关条款，而财付通也未提及向谁申请赔付，如何申请赔付。还有，要证明资金被盗需要到公安机关报案，并等到抓获犯罪分子才能证明被盗的事实，从认定到抓获，这在现实中存在很多障碍。即使证明了被盗的事实，也可能面临财付通和银行间的相互推诿。

还有，根据用户协议，财付通公司在接到用户通知之前，对他人冒用微信支付或被诈骗或被恶意软件非法划款客户存款，财付通公司不承担任何责任。但这对用户而言，也是不公允的。关键在于，微信是否对微信红包的链接或支付界面做出明显的标识，有无在协议中提醒用户相关的风险。但如果钓鱼红包和微信红包高度的相似，而且微信没有任何警示的话，那么用户可以要求财付通赔偿。因为对于普通用户而言，并没有能力分辨相似度很高的钓鱼红包，而财付通作为专业的第三方支付机构应该有能力去识别并阻止。除了用户协议大大限制了用户索赔的权利，法律上的空白也是目前移动支付用户维权的一大障碍。对于网络支付、移动支付发生的纠纷，目前法律没有明确的规定，学界也没有一个统一的认识。传统上，消费者在消费时遭受损害可以要求商家赔偿，但是能不能直接应用在网络支付上，学者关注得比较少，对纠纷性质的认识也存在一定分歧。网络、移动支付的商家是否负有安全保障义务，未来应当在立法上明确双方的权利和义务，包括支付风险的责任分配。另外，微信也存在使用易，维权难问题。微信红包一旦被骗或资金被盗，用户可登陆 110. qq 网站，对自己的账号进行紧急冻结，但是一旦冻结，用户无法登录账号进行任何操作。

（四）道德危机风险

微信具有自由意识展现平台功能。微信是微化的舆论平台，是个体意识表达的平台，通过微信互聊，促成意识、理念的交流互动。交流中的内容也是自由、开放的，从而很多使用个体，就会在微信中畅所欲言，发表个人的理念观点，在这一点上，微信成为他们宣扬布道的场所，也是自由意识交流、碰撞的集聚场所。这就引发了新的社会道德危机，那就是自由意识形态的过度展现。微信是自由意识的基础性展现平台，微信交流过程也是以点对点或者是点对面的发散过程。在这些自由意识、理念中不免会有大量带有强烈目的性的个体言论和带有色彩的言语，明显背离了公序良俗和社会公共道德。另一方面，微信红包还引发了商业道德沦丧和商业恶性竞争。微信的低门槛、零成本的特点，使其迅速成了广大商家偏爱的广告、营销工具。在这种缺乏统一性和管控的商业运行模式中，商家之间的竞争就失去其准确性、合理性，逐步演变成恶性的广告平台。在微信平台中，信息干扰非常普遍，这给广大使用者带来很大的困扰（垃圾、虚假广告信息普遍），以及近期"三大运营商针对微信使用者收费的问题"所引发的社会热议（资源垄断背后对民营技术创新的阻碍、利益分配问题、商家逐利与微信技术本质定位服务理念之间的矛盾），这些都直接损害了社会公信度，是给人类带来的又一"技术逐利的灾难"。

四、微信红包法律治理路径

微信红包作为互联网社交金融创新的产物，凸显了金融产业发展的新趋势，故其作为新兴事物的风险的存在是不可避免的。但"没有规矩，不成方圆"，必须从法律上为微信红包设置法律的底线，使其不得飞越法律的边界，具体而言，规制微信红包的法律路径主要有以下几个方面：

（一）降低微信红包安全风险

针对互联网金融中金融信息的风险和安全中的典型问题，比如，互联网金融黑客频繁侵袭、系统漏洞、病毒木马攻击、用户信息泄露、用户安全意识薄弱，不良虚假金融信息的传播、移动金融威胁、金融网络犯罪集团、DDOS 攻击、网络钓鱼、APT 攻击、外包风险、内控风险等，采取针对性措施。为此应当：（1）提高互联网金融企业的安全准入门槛，制定行业标准，加强信息系统的审计与风险控制。通过账号管理、身份认证、自动改密、资源授权、实时阻断、同步监控、审计回放、自动化运维、流程管理等功能增强金融信息系统运维管理的安全性。（2）加大对信息安全技术的投资力度，应结合安全开发、安全产品、安全评估、安全管理等多个方面，从整个信息系统生命周期（ESLC）的角度来实现互联网金融长期有效的安全保障，采用防火墙、数据库审计、数据容灾等多种手段提升对用户和数据的安全保障能力。加入 APT 防护控制手段，加固环境，考虑双因素认证、网络限制、反垃圾邮件过滤、WEB 过滤等高级限制方式。（3）采用自主可控的产品和技术，建设安全防范专业队伍。研发用于保护重点信息系统的安全计算环境、安全区域边界、安全通信网络和安全管理中心的核心技术产品；研发自主可控的计算环境、操作系统、中间件、数据库等基础产品，实现对国外软硬件的替代；建设模拟仿真测试环境，通过可靠的测试技术和测试工具实现对信息系统的安全检测，确保降低信息系统使用过程中发生的安全事件。对需要保护的信息资产进行详细梳理，以整体利益为出发点，确定出重要的信息资产或系统，然后将有限的资源投入到对于这些重要信息资源的保护当中。对金融信息系统进行核心安全建设和保障的机构，应具备专业信息安全服务能力及应急响应能力获得权威认证的、具有一定规模、具备专业扫描检测与渗透测试产品的安全服务团队。（4）充分利用云计算和大数据的优势。建立适合互联网金融自身信息系统的建设规范与信息安全管理规范，丰富已有安全措施规范，完善整体信息安全保障体系，建立云计算和数据保护的标准体系，健全协调机制，提高协同发展能力。（5）外包风险防范和健全内控机制。全面考虑业务外包的程度问题、风险集中问题，以及将多项业务外包给同一个服务商时的风险问题。同时在外包的过程中时刻对风险进行内部评估。建立直接向最高级别领导汇报的风险管理部门,独立于所有业务部门进行风险的评估、分析和审核;根据自身的业务特点建立完整的工作流程体系;根据各业务环节的风险,总体评估自身的风险特征;根据工作流程各环节的风险点,设计标准的内部控制操作方案,以有效保障每个工作环节的准确执行。

另外,互联网社交金融的法律风险在很大程度上源自互联网本身存在的技术风险。降低我国互联网技术安全风险是规制互联网社交金融的必要途径,其方式主要包括提升互联网恶意入侵防御技术、强化对系统风险与操作风险的有效监管等。当前有效途径主要有:(1)冻结财付通通道,保障账号安全。如果发现微信密码被盗或手机丢失时,可以登录110. qq. com 或微信官网,冻结微信号或 QQ 号,可杜绝他人登录微信。之后,用户若重新启用该账号,需重置密码并通过身份验证后方可解冻。此外,用户也可以通过拨打腾讯客服热线进行咨询,在客服的指引下进行微信账号的紧急冻结。(2)使用手机设备锁和独立微信支付密码保障用卡安全。腾讯对微信号设有一个单独的设备锁,建议用户使用微信时能提前绑定一下账号,绑到手机之后,任何第三方即使有该用户的密码,都无法登录该微信号,因为微信是跟用户自己的手机绑定的。同时,微信支付有独立密码,设立之后,第三方无法登录自己的微信支付。(3)提升互联网恶意入侵防御技术。可通过进一步普及入侵防御系统(IPS),及时填补防病毒软件和防火墙的技术性漏洞,即时中断恶意入侵行为对于互联网社交金融造成的损害,将互联网技术安全风险降至可控范围。(4)强化对系统风险与操作风险的有效监管。首要任务是规范互联网技术标准,通过制定最低技术标准的方法淘汰落后技术,督促经营者进行技术升级。同时,辅之以统一客户终端系统与数据安全防卫追踪系统的完善,这些都是强化互联网系统风险监管的可行路径。(5)建立互联网金融应对攻击的积极主动防御体系。以国家安全战略为指导,建立包括国家金融行业主管部门、互联网服务机构和安全服务企业的信息安全服务保障联盟。建立互联网金融可信网络体系,采用可信计算,可信网络等互联网金融可信网络技术。(6)建设互联网金融行业征信平台,整合互联网络、社交平台、政府征信资源等数据信息,面向互联网金融行业提供统一权威可信的征信服务。制定互联网金融信息安全标准规范,指导互联网金融业务服务平台安全建设和运营;遵循国家金融行业信息系统信息安全等级保护要求。

(二) 依法规范微信红包各主体的法律边界

按照国家相关法律规定,非金融支付机构不得将业务进行外包,财付通为微信支付提供支付服务,难免有将业务"外包"给微信的嫌疑。这不利于互联网社交金融的发展。因此,确保互联网社交金融产品实名运营显得尤为重要。互联网社交金融产品在正式运营之前,应该单独申请支付牌照,互联网社交金融企业不能出于寻求便捷和降低运营成本的考虑,搭乘已有产品的"顺风车",因为这有可能承担无照经营的法律责任,并给国家监管与消费者维权带来巨大障碍,也会相应增加司法成本。

(三) 加强微信红包资金监管

建立健全微信红包滞留资金专有账户监管机制可以对互联网社交金融产品所产生的滞留资金进行集中统一的管理,这主要涉及无息账户的设立、账户监管主体的确定、明确滞留资金的法律关系和法律性质。

1. 明确滞留资金的法律关系和法律性质

微信红包支付系统系礼金的赠予过程。首先,红包赠予方通过微信之充值功能将其银行账户内的资金汇入微信,其实质是资金汇入了财付通公司之账户;后赠予方通过微信红包赠予红包;然后,红包受赠方收取红包,将红包金额转入自己的微信;最后通过提现将微信内的金额转入自己的金融账户,交易才算完成。因此,微信红包的赠予其实是一种微信货币的转移,而第三方支付行为才系基于赠予方对第三方平台的授权委托而为之行为,赠予方与支付机构存在委托关系,支付机构的付款行为是该委托关系的客体或者说是标的,才是其事实行为。红包受赠方通过微信接受的其实是一种微信的虚拟货币,非实质货币,只是因为微信的虚拟货币其价值与现实中的货币等价。电子支付平台不仅为赠予方代理发放红包,同时也为受赠方收受实际红包礼金,该民事行为划归为一个代理人同时代理双方当事人的情况,即为同时代理。微信用户在使用其红包服务时已授权给微信,属于明知代理人系属于同时代理的范畴，并同意其作同时代理，且在完成红包交易之时并未产生损害委托人之利益的情形，其效力当然为法律所承认。但这不属于保管契约的类属。尽管电子支付平台向微信用户提供"资金暂存"之服务，却不能据此认定构成保管契约关系。如《存管办法》第二条规定，本办法适用于客户备付金的存放、归集、使用、划转等存管活动。尽管"存管活动"为法条所罗列，但基于微信用户之个体与微信的用户协议，应为委托代理关系，而非保管契约关系。保管契约系指保管人有偿或无偿地为寄存人保管物品，并在约定期限内或应寄存人的请求，返还保管物的契约。在电子支付法律关系中，赠予方将实际通货转账于支付平台的意思表示系透过平台之资金流转便利将红包礼金赠予其意属的对象，在此委托代理关系中均不存在赠予方的意思表示（保管礼金），受赠方亦然。而分析赠予方向其微信账户中转入礼金的行为，可厘定为赠予方向支付平台践行其委托契约之约定义务，鉴于微信红包之派收会多次进行，微信用户协议里已然约定微信红包可于用户使用之期限内多次进行金额在低于二百元人民币的资金转账代理。由此可见，在电子支付法律关系中第三方支付平台与其用户在符合法定行为能力人的条件的前提下，应只认定构成委托契约关系及其代理关系，其法律适用应为《合同法》中关于委托契约的规定以及《民法通则》中关于代理的规定。

关于沉淀资金的法律属性，应先分析滞留资金产生的原因。之所以产生资金沉淀，主要是因为赠予方所转账于平台的礼金并未实际赠予，其次由于受赠方收到礼金后没有提现。此过程中，支付平台之义务系勤勉地完成礼金转移，即依赠予方之意思表示将红包赠予受赠方，对礼金之占有系此义务的延展。支付平台对礼金的代管系其用户协议内容之一，进而该礼金之保值或增值属于支付平台勤勉审慎地履行契约的后续，亦可理解为需要在银行独设账户来保管沉淀的礼金，而该礼金即属于备付金，《存管办法》第二章"备付金银行账户管理"已然规定了备付金专用存款账户的设立、管理以及监督。由此可得，基于货币系一种票面金额代表价值的通货，在交易上可互易，其所有权及其占有应为一体，故赠予方将红包礼金转账于支付平台时即转移所有权，即客户备付金实际系支付平台占有，仅是红包发收双方对于该资金仍享有契约债权请求权或者不当得利返还请求权。首先，在委托关系存续期间,当事人享有权利承担义务。此中,支付平台的主给付义务系代理赠予方将礼金赠予受赠方,那么该主给付义务内容应包括确认赠予方将红包礼金转账到平台,将红包赠予受赠方并余额返还;此外,第三方支付平台通常在用户协议中约定礼金代管业务,对于此约定,可理解为契约双方约定的从给付义务。从给付义务,通常不单独存在,只依附并辅助主给付义务的履行,其出现的意义,非取决于契约本身,而是在于确保债权人的利益能够获得最大满足。⑥从给付义务可以基于当事人的约定发生。微信红包所涉及的契约,系基于双方委托代理赠予之目的意思而订立,而后的意思表示亦为便捷交易而做出,符合契约之意向,赠予方向支付平台之转账行为及对礼金的代管行为,其目的均为红包赠予的达成,保管礼金可确保红包赠予方在节日的氛围中便捷地发红包。因此,该代管行为不应被厘定为平台的用户协议中包含着另一份保管契约,而应厘定为委托协议之从给付义务,不构成委托协议中委托人主契约义务的对待给付义务。综上所述,红包赠予方可基于协议主给付义务而享有对支付平台的契约债权请求权,同时还可以要求从其微信账户中提现。其次,依据《合同法》第四百一十条规定,当事人可以随时解除委托契约,当委托契约双方解除契约后,如果支付机构的账户中尚留有买方的剩余货款,那么委托人即享有不当得利返还请求权,也可以从其账户中提取资金。总之,客户备付金的所有权人从实质上应系第三方支付平台,但是委托人即微信用户依据其享有的债权请求权,可以随时(委托契约存续期间)或者于协议解除时提取其账户之余额。

2. 借鉴美国对于滞留资金的处理方式是设立专有无息账户。

美国联邦存款保险公司(FDIC)认为,滞留资金是第三方支付机构对其客户的负债,而非存款,因此,必须将其存放于银行开设的无息账户中进行特殊监管。这种做法值得我国借鉴。类似财付通等第三方支付机构在为互联网社交金融产品提供服务时,应当要求其首先在银行开设存放滞留资金的无息账户。此账户与机构自有资金账户互相独立,不可相互转账划拨,以保证无息账户的独立性。这种做法能够很好地解决沉淀资金的管理问题,同时,无息账户的设立也不会产生对利息归属问题的争论。另外,应明确中国人民银行是专有账户的监管主体。仅通过开设无息账户的方式只是单纯实现了对沉淀资金的集中管理，要保障沉淀资金的安全，还要依靠配套的跟踪监控制度。对于一般账户而言，开立账户的银行自然而然成为账户的监控主体。但对于无息账户，其性质不同于一般银行账户，为了统一互联网社交金融产品的监管主体以及提高监管效率，故应明确中国人民银行为互联网社交金融产品专有账户的监管主体，以实现对滞留资金有效监管。

（四）应建全微信红包信息强制披露制度，强化互联网企业的社会责任

对于微信红包这一互联网社交金融产品而言，应当要求其完善信息强制披露制度，在保证其拥有独立支付牌照的前提下，将自身运营情况等相关信息及时向公众进行信息披露，以便客户能够及时了解互联网金融市场形势、防范金融风险。完善信息强制披露制度能够强化监管部门对互联网社交金融企业的监管力度，同时也能够督促相关企业尽到自我监管义务。另外，还要强化互联网企业的社会责任。由于国家对于企业运营情况的监管及掌控相对具有滞后性，只有企业以较高的商业道德标准要求自己，主动向相关部门进行报备，及时进行信息披露，自觉接受监管，才能进一步保证互联网社交金融产品交易的规范性。

（五）对微信红包依法征税

微信红包的发放对象一般分为两种，一种是亲朋好友，一种是企业职工或客户。对前者发放红包的意义与传统红包并无明显区别，这部分红包的民俗文化色彩相对较浓，且金额不大，应当对此部分免于征税。为此，个人之间派发的现金网络红包，不属于个人所得税法规定的应税所得，不征收个人所得税。而对于后者，即企业对其职工或客户发放的红包，其多用于奖励表现突出的职工或意在拉拢客户，商业目的明显。因此，这部分红包领取者所获红包应被视为偶然所得，应按照个人所得税率依法缴纳个人所得税。为此，对个人取得企业派发的现金网络红包，应按照偶然所得项目计算缴纳个人所得税，税款由派发网络红包的企业代扣代缴。另外，对个人取得企业派发的且用于购买该企业商品（产品）或服务才能使用的非现金网络红包，包括各种消费券、代金券、抵用券、优惠券等，以及个人因购买该企业商品或

服务达到一定额度而取得企业返还的现金网络红包,属于企业销售商品(产品)或提供服务的价格折扣、折让,不征收个人所得税。

(六)严厉打击微信红包犯罪

案例1:2015年8月,广东男子疯狂利用"微信红包",一月设赌2万余次,涉案人员达80多人。广东江门市蓬江警方通报,这个利用"微信抢红包"实施网络赌博的犯罪案件已告破。8月以来,蓬江警方通过线索发现一个名为"WARDYEES"的人组建了一个名为"58/4波,30退,小的发(50)"的微信群,利用微信抢红包的方式招集人员进行赌博并从牟利。经审查,伍某强等4人、王某贤等5人对利用微信开设赌场和参与网络赌博的违法犯罪行为供认不讳。目前,伍某强等4人因涉嫌开设赌场罪被刑事拘留,王某贤等5人因参与赌博的违法行为被治安处罚。警方介绍,伍某强等4人于今年8月开始通过在网上陆续开设了3个微信群,由伍某强、陈某耀"做媒",通过加网友或物色网上参赌分子吸收加入微信群,每位赌仔需提交65元作为押金,由黎某麟、邹某业两个"带包手",每次向群内发放总价值50元的微信红包,随机分成4个,每次由赌仔们抢红包,所得红包数额最小的认定为输掉赌局,并向"代发手"通过微信红包支付65元作为赌注。65元中有5元作为组织者抽水提成;10元滚入奖池,用于红包出现"44.44元、45.67元、33.33元"等特别数额的奖励;50元作为下一赌局的红包。抽水提成由伍某强、黎某麟、邹某业、陈某耀按照4:2:2:2的比例分成。据统计,8月以来,网上3个微信群涉案人员一共达到80余人,开设赌局累计达到2万余次,涉案赌资累计达到40多万元。为防范"抢红包"违法犯罪,广东网警已和腾讯公司研究对策,下一步将会针对一些行为规律符合赌博行为的用户账号采取措施,关闭它们的收发红包功能。

案例2:2015年春节期间,微信红包诈骗案件频发。石家庄警方接到报警,市民孙某收到一名微信好友发来的红包信息,立即点击链接,发现竟抢得某商家价值800元代金券。按照提示要求,孙某输入了自己的身份证号、手机号、微信账户等个人信息,并扫描了一个二维码。结果几分钟后,孙某却收到一条转账短信,自己与微信绑定的银行卡里的3000多元被转走。警方表示，胡某扫描的二维码里藏有木马程序，导致银行卡被盗刷。还有，市民申先生在微信上收到朋友发来的一家不知名的房地产企业的"抢红包"链接，立即参与抢到了二百元钱现金礼包。随即点击兑换取现，但系统却要求输入领奖人的姓名、身份证号、手机号、微信账户、银行卡号等信息，输完信息后，还要扫描一个二维码。但是，扫描的二维码其实是一种木马病毒，这种木马病毒可窃取银行系统随机发送的手机验证码，然后转走银行卡内现金。

案例3：上海市民王先生在微信同学群中，收到一个88.8元的红包，后面还有"转至其他群可获得28元，多转多得"的附言。他不及思索迅速下手，点击后看到这样一句话："88.8元红包给您，新年红包领取，点击输入密码。"王先生输完密码后，没多久收到一条"您已付款88.8元"的短信。此时他才发现那个红包的LOGO有"AA"字眼。原来点开这条微信，是他给骗子"包"了个红包。其实，"AA收款"是微信内一个基于微信支付的一项应用。与"红包"不同的是，它能以某种名义（如聚餐、活动、班费等）来AA收款，区别很大。这种"AA骗局"针对的是两种微信用户，钱包账户有余额，或已绑定银行卡的用户。骗子如想最终得手，还需这两种用户的密码"配合"。因此，千万不要乱输密码。收任何红包都是不需要输入密码的，但凡要求让你输入密码的红包那都是骗局。故提醒广大网民：慎重使用第三方软件，认准正规渠道，不点陌生链接。

有上述案例可见，微信红包已经成为犯罪的载体，其危害性比传统模式的犯罪手段危害更大。一些不法分子利用全民抢红包的热情实施诈骗，或通过"抢红包"套取用户个人信息，或者通过红包发送钓鱼网站链接，给微信用户带来不安全因素。对于上述形形色色的微信红包诱发的网络犯罪，《刑法》应对此类犯罪行为设定专门性罪名并构建徒刑与罚金并用的刑事责任制度，对其罪状和刑罚内容都尽可能做出详细规定，从法律层面界定互联网金融的范畴、准入门槛、运营规范、进出机制、监管主体及职责等影响互联网金融发展的基础性问题，并对触犯法律的行为做出明确规定。对刑事责任制度需要配备相应的配套措施，如对利用互联网社交金融从事金融犯罪活动的违法企业依法进行取缔，责令其企业法定代表人及相关责任人终身不得再从事与互联网金融行业有关的业务。充分划清互联网社交金融合法交易行为与违法犯罪行为的界限，依法严厉打击互联网社交金融犯罪行为，以达到法律规制的目的。梳理完善现行互联网金融法律法规。加快互联网金融监管的专业性立法，通过明确基本权利、完善救济机制来实现对消费者的倾斜保护；通过加强"一行三会"的沟通协调明确各部门的保护重点等。建立健全由政府牵头，各相关职能部门和公安经侦部门参与的互联网金融风险监测、预警和管控工作机制。公安机关要密切关注互联网金融发展动态，加强对互联网金融可能引发经济犯罪风险和造成社会不稳定因素预警信息的搜集和研判；努力发现、挖掘、提炼深层次、内幕性、预警性信息，及时提出打击和防范意见，协助有关职能部门堵塞监管漏洞；要制定互联网金融经济犯罪风险防范和应急处置预案，及早化解各种风险隐患。

第四章

网络色情犯罪的刑法应对探析

（浙江越秀外国语学院　晁金典　312000）

（山东省济宁市中级人民法院　李　贺① 　272400）

内容摘要： 网络色情犯罪已成为社会公害，如何从刑事角度准确淫秽电子信息的本质、种类、特点、属性并对其可能涉及的犯罪尤其共同犯罪进行辩证思考，从中找出刑事司法、立法的路径和导向，这对于尊重和保障人权，预防和打击淫秽电子信息犯罪，净化网络空间，强化网络思维有着重大现实意义。

关键词： 网络色情；淫秽电子信息；共同犯罪；次生犯罪

云技术环境下，网络色情犯罪有着向"云端"发展的趋势，已从web1.0、web2.0版，跃升到web3.0版。为此，研究网络色情犯罪所涉及的淫秽电子信息的形式、特点、内涵、外延、种类、判断标准，尤其是淫秽电子信息犯罪的刑事司法实践、共犯认定、所涉罪名等问题，已成为刑法理论和刑事实践迫切需要解决的问题。

一、网络淫秽电子信息外延和内涵

淫秽电子信息犯罪是当前网络犯罪的重要组成部分，但对淫秽电子信息的内涵和外延的界定尚不明朗，实践中仍存很多争议。但淫秽低俗电子信息

---

① 李贺，男，山东省济宁市中级人民法院，本科，主要从事民事强制法研究。

具有迎合某种人性需要的特征。在罪刑法定原则之下，合理界定淫秽电子信息的属性、本质、种类和判断标准，是惩治其相关犯罪的第一道罪与非罪的界线，以避免刑法的"泛刑化"惩治所带来的窒息互联网的发展、侵犯公民"私权"的法律风险。

（一）淫秽电子信息系刑法上的淫秽品，符合罪刑法定原则

1. 将淫秽电子信息归属于刑法上的淫秽物品，其解释方法为当然解释，符合罪刑法定原则的要求。

当然解释是指，刑法规范虽然没有明示某一事项，但依条文用语的形式逻辑、规范目的及事物的当然属性，将该事项解释为包括在该规定的使用范围之内。我国刑法第367条规定，淫秽物品"是指具体描绘性行为或者露骨宣扬色情的淫秽性的书刊、影片、录像带、录音带、图片及其他淫秽物品。"而《解释（一）》第9条规定，"刑法第三百六十七条第一款规定的'其他淫秽物品'，包括具体描绘性行为或者露骨宣扬色情的淫秽性的视频文件、音频文件、电子刊物、图片、文章、短信息等互联网、移动通信终端电子信息和声讯台语音信息。"由此可见，司法解释只是将刑法规定的"书刊、影片、录像带、录音带、图片"电子化后形成的"视频文件、音频文件、电子刊物、图片、文章、短信息"解释为刑法中的"淫秽物品"；而书刊等淫秽物品无论采取纸质、胶片等有形载体，还是采取电磁设备等载体，其客观存在并无差异—只是改变了人们了解这一客观存在的方式，如纸质书可以裸眼直接阅读，而电子书则只能借助电子设备阅读。事实上，影片、录像带、录音带等淫秽物品均需借助特定设备刁'能让人们了解，和视频文件等淫秽电子信息具有同等特征。可见，司法解释将淫秽电子信息归属于刑法上的淫秽物品，其解释并未超出淫秽物品这一词汇可能具有的意义的范围，完全符合国民的预测可能性，并不违背罪刑法定原则的要求。

2. 司法解释将淫秽电子信息归属于刑法上的淫秽物品，不会导致相应规范适用的障碍。

反对论者认为，按照司法解释的规定，"在行为人利用网络或移动通信终端组织多人观看和播放淫秽视频的情形下，也应按照制作、复制、出版、贩卖、传播淫秽物品牟利罪或者传播淫秽物品罪论处。但是按照这种处理方式，实际上等于将组织播放淫秽音像制品的行为与制作、复制、出版、贩卖或传播淫秽物品的行为作等同的评价，这显然放弃了罪刑法定原则所要求的构成要件及实行行为的定型性。"（同①）但是，利用网络或移动通信终端组织多人观看和播放淫秽视频的行为，只能构成组织播放淫秽音像制品罪，因为此行为属"播放"而非"传播"。从刑法对有关制作、贩卖、传播淫秽物品罪的规定来看，"传播"应该是指含有淫秽物品散布的可能性的行为；"播放"是指展示淫秽物品的淫秽信息内容但不具有散布淫秽物品可能性的行为。网络播放淫秽视频文件的行为只是向观众展示文件的淫秽信息，不可能将淫秽视频文件本身散布给观众，当属刑法中的"播放"行为。事实上，司法解释只是规定利用互联网、移动通信终端制作、复制、出版、贩卖、传播，才按照制作、复制、出版、贩卖、传播淫秽物品牟利罪或者传播淫秽物品罪论处。另外，判断行为是否成立制作、复制、出版、贩卖、传播淫秽物品牟利罪时，牟利并不限于制作、复制、出版、贩卖、传播淫秽物品行为本身直接带来的利益，还包括这些行为产生的间接性利益，故不会产生难以判断是否以牟利为目的的问题。有人认为淫秽电子信息不属于刑法中的淫秽物品，"现行司法解释将淫秽电子信息当然地归属于刑法上的淫秽物品值得商榷。将淫秽电子信息归属于刑法上的淫秽物品并无法律依据；在解释论上将淫秽电子信息归属于刑法上的淫秽物品属于类推适用刑法，为罪刑法定原则所不容；此外，将淫秽电子信息归属于刑法上的淫秽物品存在规范适用上的障碍，因而不具现实合理性。"②（维泽昆：《论淫秽电子信息不属于刑法的淫秽物品》，载《云南大学学报》（法学版）2009 年第 6 期）。但是，这种说法是值得商榷的，相反，将淫秽电子信息当属刑法中的淫秽物品，是有法律依据的，也是其符合罪刑法定原则，并未造成刑法规范适用上的障碍，具有合理性。

（二）淫秽电子信息的本质是以电磁等形式存储固定下来的可独立存在的电子对象

正确界定淫秽电子信息的本质，无疑有助于对司法解释的理解和定罪量刑。司法解释将淫秽电子信息规定为刑法中的淫秽物品，具有合理性。但由于信息技术的复杂性，如何准确界定淫秽电子信息的本质，并非易事。淫秽电子信息是"物"而不是"人"，是以电磁等形式存储固定下来的可独立存在的电子对象，这才是淫秽电子信息的本质所在。

1. 我国刑法第 363 和 364 条分别规定了制作、复制、出版、贩卖、传播淫秽物品牟利罪、传播淫秽物品罪、组织播放淫秽音像制品罪；而第 365 条规定了组织淫秽表演罪。显然，从是否包含或者产生淫秽信息的角度，无法区分淫秽物品（音像制品）和淫秽表演①的界限。但我国刑法用不同犯罪类型将淫秽物品（音像制品）和淫秽表演严格区分开来，其区分的标准只能是淫秽信息的载体—前者的载体是物；后者的载体是人。司法解释规定，制作、复制、出版、贩卖、传播淫秽电子信息严重的行为，依照刑法第 363，364 条的规定，以制作、复制、出版、贩卖、传播淫秽物品（牟利）罪定罪处罚。由于司法解释必须严守罪刑法定原则，故淫秽电子信息必属于包含或者产生淫秽信息的电子记录。

2. 我国刑法第 363 和 364 条中淫秽物品（淫秽音像制品），是可独立存在的客观实体，而非传递过程中的淫秽信息；所以淫秽电子信息也应该是以电磁等形式存储固定下来的可独立存在的电子对象，而不是在网络中传播的不可独立存在的淫秽信息。可见，淫秽电子信息和淫秽物品一样，皆是包含或者产生淫秽信息的源发物，而不是传播淫秽信息的电波、声波或者电磁信号。正如上述学者所言，"根据科学法则，人的视觉器官和听觉器官直接感知到的对象都不是信息源发物，而是从源发物演变出来的反应源发物信息的光子和声波。可见，如果否认淫秽电子信息是指淫秽信息的源发物，那么将不能区分'淫秽物'和'淫秽人'（如'淫秽表演者'），因为这两者产生的淫秽信息在传播形式上无法区分。"

3. 《解释（一）》第 5 条规定的通过声讯台传播的淫秽语音信息，应该是指的声讯台通过播放语音文件（如电子化的录音带）以传播语音信息，而不是传播由真人现场发出的淫秽声音。如果将声讯台传播的由真人现场发出的淫秽声音解释为淫秽"物品"，的确"超出了'物品'用于可能具有的含义"。可见，应将淫秽语音信息解释为淫秽语音电子文件；或者将淫秽语音信息直接理解为淫秽音频文件则更为妥当。

（三）淫秽电子信息的判断标准应是动态的

《刑法》第 367 条对淫秽物品的基本特征即判断标准进行了具体规定，该条明确指出淫秽物品是指具体描绘性行为或者露骨宣扬色情的淫秽性的书刊、影片、录像带、录音带、图片及其他淫秽物品；但有关人体生理、医学知识的科学著作不是淫秽物品，包含有色情内容的有艺术价值的文学、艺术作品不视为淫秽物品。但是对"具体描绘性行为或者露骨宣扬色情"又采取何种标准来衡量？

通常，我们普遍认可国家新闻出版广电总局《关于认定淫秽及色情出版物的暂行规定》认定淫秽物品的判断标准。《规定》第二条将淫秽物品概括为七个方面：（1）淫亵性地具体描写性行为、性交及其心理感受；（2）公然宣扬色情淫荡形象；（3）淫亵性地描写或传授性技巧；（4）具体描写乱伦、强奸或者其他性犯罪的手段、过程或者细节，足以诱发犯罪的；（5）具体描写少年儿童的性行为；（6）淫亵性地具体描写同性恋的性行为或者其他性变态行为，或者具体描写与性变态有关的暴力、虐待、侮辱行为；（7）其他令普通人不能容忍的对性行为淫亵性描写。另外，刺激性欲，损害普通人对性的正常的羞耻心，违法良好的性道义观念也应为淫秽物品的当然之意。但这些都不可能囊括人们对淫秽性物品的"仁者见仁、智者见智"的理解。可以肯定的是，对淫秽性的判断应从整体上观考，从当时当地、一般普通人角度来判断，似乎更为妥当。通常而言，淫秽电子信息的判断不能脱离网络文化整体环境，不能脱离网民这个特定群体，不能以全社会平均人为判断起点。互联网在产生之际就伴随着网络情色文化的出现，并彼此助力发展壮大。这种互动的关系源于人类心理上最原始的性欲望，缺少情色的网络，绝对不是今天的互联网，情色文化无疑已成为互联网上最普遍的文化现象。

互联网上淫秽信息的判断起点要高于现实社会。例如，现实生活中组织衣着暴露进行性暗示表演的，无疑会被认定为组织淫秽表演罪，但网络上比比皆是的比基尼性感煽情美女图片从来就不会被认为是淫秽电子信息，正是情色文化的普及所致。上网人群中的几乎无一幸免都有意无意接触到这种情色文化，并习以为常。换而言之，情色文化的普遍化、大众化，使得网民对一般的含性色彩的信息不以为然，并不会因此产生无益的性冲动，即网民对淫秽电子信息具有一定的"麻木性"。所以，对网民这个特定的群体而言，淫秽电子信息的判断起点也要高于现实社会。由此可见，网络淫秽信息的甄别应该立足网络现状和网民的主观感受，不能以普通大众尤其是从未接触网络的人的认识为判断依据；否则，将导致刑法的打击面过宽，从而可能扼杀互联网的长足发展。

随着社会的发展，人们对包含性信息的社会现象，越来越宽容；尤其是我国社会正飞速发展，人们的诸多观念也随之改变。那些昨日被划入淫秽信息范畴的某些物品，今天很可能就被清理出去。所以，对淫秽电子信息的判断应该坚持动态发展的观点。例如，《关于认定淫秽及色情出版物的暂行规定》第二条规定淫秽物品的具体内容之一为"公然宣扬色情淫荡形象"。不可否认，在观念相对比较保守的时代，"公然宣扬色情淫荡形象"的确有损普通人的正常性行为观念；但今天互联网上的"色情淫荡形象"电子信息（如图片）随处可见，网民可谓见怪不怪。对此，不宜将具有"色情淫荡形象"的物品一律认为是淫秽物品，而应根据当前人们的普遍观念，对"色情淫荡"的程度做具体分析，并分类治之。

（四）淫秽电子信息的外延在不断扩大

《刑法》第 367 条规定，淫秽物品包括淫秽的书刊、影片、录像带、图片及其他淫秽物品。"其他淫秽物品"，包括具体描绘性行为或者露骨宣扬色情的淫秽性的视频文件、音频文件、电子刊物、图片、文章、短信息等互联网、移动通信终端电子信息和声讯"台"语音信息。显然，现实生活中的淫秽物品（淫秽录像带）电子化后形成的淫秽电子信息（淫秽视频文件），无疑属于淫秽物品。从上述可知，淫秽电子信息应该是指能独立存储的含淫秽信息的源电子文件，而不是真实的人通过表演产生的正在网络中传播的不可独立存在的淫秽信息。

除上述列举的淫秽电子信息种类外，互联网上还存在诸多含性信息的电子物品（如大量关于"性自慰"用品的广告等），能否解释为淫秽物品，值得探讨。不过，基于网络技术的发展，淫秽电子信息的存在方式呈现出明显的多样化和隐蔽化，要事先设想哪些电子信息属于淫秽电子信息，事实上难以做到。现实生活中，含有淫秽信息的音响磁带作为淫秽物品，是因为此类音响磁带能通过其他工具（播放机）加工之后，其淫秽性就得以显现。由此可见，即使某特定电子信息在常态下，其内容的淫秽性不能被受众感知，但能通过并不是复杂的操作，就能发现其淫秽性的，应属淫秽物品。如果某原始淫秽电子信息，通过难以破解的加密方式（如以特定的复杂算法对电子数据进行重组），生成新的电子信息则不宜认定为淫秽物品，因为其外观不具备"具体描绘性行为或者露骨宣扬色情"的特征，即使相关受众经过一定的努力，也无法进行加密过程的逆向工作，发现不了其原始电子信息的"具体描绘性行为或者露骨宣扬色情"的特征。进而言之，即使行为人散布此类新生成的电子信息，也不会侵犯国家对与性道德风尚有关的文化市场的管理秩序，不能作为有关淫秽物品的犯罪处理。下面再进一步对以下几种类型的电子信息的属性进行探讨。

1. 网络软件，尤其以网络游戏为甚。目前网络游戏比较火爆，游戏软件中人物的设计或多或少具有情色方面的某些特征。值得注意的是，网络游戏属于人机互动性产品，游戏中虚拟人物的淫秽形象及其淫秽表演等均需在特定的条件下才能得以显现。换而言之，此类网络游戏软件并非和传统物品一样，将淫秽信息直接无限制地暴露在网民眼前。尽管玩家需要经过一番努力方能让游戏展示所包含的淫秽信息，但由于玩家不特定且能够触及游戏软件中的淫秽信息，即事实上游戏软件中的淫秽信息能得以公开并且扩散，故此类游戏软件应该视为淫秽电子物品。

2. 采取马赛克等遮掩技术处理后的电子信息。当前，网络中存在大量采取技术处理（如马赛克），将人体的某些部位（如乳房、生殖器等）或者动作、语音等进行遮掩，使其不显现，或者模糊化的图片、视频等电子信息。此类电子信息，如果给人感受仍是直接"具体描绘性行为或者露骨宣扬色情"，并无意识地引起性兴奋或刺激性欲，损害普通人对性的正常的羞耻心，当属淫秽电子信息。但如果外观直接效果并非如此。如上述，如果能够通过一般的技术处理，受众经过较为真诚的努力（如网络上下载去码工具软件），就能将遮掩部分进行完整或者部分复原，使其淫秽性直接暴露在受众面前。基于此，这类电子信息当然也属于淫秽电子信息。如果采取受众难以破解的技术，遮掩相关图画、声音信息，使得电子信息本身整体不具备淫秽性，不宜被视为淫秽电子信息。

3. 成人用品信息。当前性药、性具等成人用品的展示在互联网上也极为常见，其可否因此转化为淫秽电子信息？有人认为，性药、性具仅仅是一种纯粹的工具而不带有任何属性色彩，不可能因其被传播而演变为淫药、淫具进而成立淫秽物品。这一观点具有一定的合理性，仅单纯在互联网上展示性药、性具，当然不构成传播淫秽电子信息犯罪。正如有学者认为，性药、性具只有在非正当使用并引起非常理性性欲，使人丧失伦理、理智时，才能称之为淫药、淫具。换而言之，在互联网展示性药、性具等成人用品时，如果相关利益主体对其辅以大量夸张煽情的色情描述，并露骨宣扬相关色情诲淫性等信息，应该视为淫秽电子信息。

4. 网络展示一夜情、卖淫缥娼、性药配方等信息是否传播淫秽电子信息？尽管此类信息本身包含性信息，但由于此类信息并非直接具体描绘性行为或者露骨宣扬色情，不宜将此类等电子信息界定为淫秽电子信息，单纯地展示此类信息不会构成传播淫秽电子信息犯罪的行为。当然，如上述，对此类信息辅以大量夸张煽情的描述，露骨宣扬相关色情诲淫性等信息，则应该视为淫秽电子信息。

（五）正确区分淫秽电子信息犯罪与传播低俗电子信息

低俗信息显然包括淫秽电子信息；或者说淫秽电子信息系最为低俗的电子信息。但二者不可混淆，淫秽电子信息是刑法惩罚的对象物，低俗电子信息则还应包括违法但不为罪的电子信息，甚至还包括不违法不犯罪但是违背道德的电子信息。根据我国刑法第 367 条淫秽电子信息应该指具体描绘性行为或者露骨宣扬色情的淫秽性的电子信息；而低俗信息则是并未具体描绘性行为或者露骨宣扬色情的淫秽性的电子信息。显然，区分是相对的，难以精确描述。因此，传播低俗信息也可能被"误认为"传播淫秽电子信息，而遭受刑罚打击。

　　在现代法治国家，要严格贯彻罪刑法定原则，避免将传播低俗信息入罪，首先要明确低俗信息的法定范围。一般而言，低俗与高雅是相对的；低俗信息应该是指相对于超凡脱俗、高尚情趣、积极上进、令人奋进等社会进步意义和价值的信息，即低级趣味、庸俗，使人萎靡、颓废的信息。具体而言，低俗信息的内容主要包括宣扬暴力、辱骂、诽谤他人的信息，包括直接或隐晦表现人体性部位、性行为的图片、动漫等；包括不正当交友、走光、偷拍、露点等等信息。

　　在互联网上，低俗信息内容一个显著的特点为：大多集中在与性有关的内容上。我国七部委联手整治"互联网低俗之风"的行动中，将受整治的低俗信息具体分为如下13类。1. 直接暴露和描写人体性部位的内容；2. 表现或隐晦表现性行为、具有挑逗性或者侮辱性的内容；3. 以带有性暗示、性挑逗的语言描述性行为、性过程、性方式的内容；4. 全身或者隐私部位未着衣物，仅用肢体掩盖隐私部位的内容；5. 带有侵犯个人隐私性质的走光、偷拍、露点等内容；6. 以庸俗和挑逗性标题吸引点击的内容；7. 相关部门禁止传播的色情和有伤社会风化的文字、音视频内容，包括一些电影的删节片段；8. 传播一夜情、换妻、性虐待等的有害信息；9. 情色动漫；10. 宣扬暴力、恶意谩骂、侮辱他人等的内容；11. 非法性药品广告和性病治疗广告等相关内容；12. 恶意传播侵害他人隐私的内容；13. 推介淫秽色情网站和网上低俗信息的链接、图片、文字等内容。显然这13类低俗信息，包括淫秽电子信息。那么需要依法处置的低俗信息，应该是上述分类中剔除淫秽信息所剩下的部分。这种剔除标准，仍应该依照淫秽性的判断标准。

　　如前所述，司法实践中应该以通常的社会观念来看，对于低俗信息，也认为不宜作为淫秽电子信息犯罪规制的对象。在打击"互联网低俗之风"行动中关于低俗信息的规定来看，除开淫秽电子信息之外的低俗信息，也并非全部排除在整治之外，即仍然可能视为违法行为而受到行政处罚。只有那些缺乏明显负面影响的低俗信息，才属于道德规范调整的范畴。另外，除受法律整治之外的低俗信息，对其进行传播，在法理上应该视为公民言论自由的体现。如果将一切低俗信息纳入刑打击范围，显然极大限制公民在网络上的言论自由，极有可能导致网络言论的萎缩，这恐怕有违宪之嫌，也是公权力对公民私权利的粗暴干涉，为现代法治国家所不容。

二、网络色情犯罪特征

（一）淫秽色情跨境活动使得打击难度加大

淫秽色情网站为了逃避检查、逃避被查封，他们通常会在多个国家设置服务器，致使境内大批淫秽网站迁至境外。这种内外勾结的新型色情犯罪，涉及多国、多地区，给打击犯罪带来极大难度。他们托管、租用境外服务器，由境外人员提供技术维护，加入境外支付联盟获取经济利益，并利用"地址发布器"软件查看最新更改的域名，再通过网络空间发布可下载最新域名的"地址发布器"工具，然后通过发布器调用 IE，查看对应网站的最新地址。用户只需点击该"地址发布器"软件，就会看到最新更改的 IE 地址，同时它还兼备为用户提供防屏蔽的邮箱地址以便用户查找最新的可访问的淫秽色情网站域名。

（二）淫秽色情线上、线下互动，更加隐蔽

以网络为信息发布平台，在网下组织卖淫嫖娼活动，或在网上下载淫秽信息，通过网吧、手机店、社交软件等传播色情信息的现象突出，尤其是打着"网络交友"利用博客、QQ 群、微信、陌陌等手机社交软件传播色情信息、从事色情活动的犯罪现象非常猖獗。有的网站定期在网页上贴出所谓"美女作家、美女教授"的裸照，低俗淫秽的文字内容也被作为网站专栏的名称。他们还利用域名频繁跳转，增加作案的隐蔽性。登陆某些网站后不会立刻显示色情内容，但在几分钟后网站域名就会自动跳转到其他淫秽色情域名，其隐蔽性给网站核查工作带来一定的难度。有的色情网站还挂羊头卖狗肉，假借艺术网站的名义传播色情内容。在一些标榜着"人体艺术"的网站上，大量赤身裸体的照片，视频等淫秽色情内容赫然存在该网站上。

（三）对淫秽色情活动打击难度加大

由于犯罪嫌疑人、失足妇女、嫖客三方均是利益相关者，不会主动报案，监管部门难以发现，由于手机社交软用户可以任意使用他人或者编造的手机号码、QQ号及邮箱等进行注册、填写虚假身份信息，有意识地逃避监管打击，由于手机社交软件安装便利、注册使用简单，不需费用，相比于传统的招嫖方式，成本大大降低，也由于犯罪团伙分工明确、组织性强，涉案人数多且犯罪嫌疑人容易删除手机社交软件的相关电子记录并可重新注册账号后继续作案，所以，一旦犯罪嫌疑人删除招嫖记录、注销登录信息或者卸载软件，公安机关将无证据可寻。

（四）形成牢固的利益链条且高学历、低龄化、高智商趋势明显，且气焰嚣张、社会危害严重

网络色情犯罪有着紧密的利益链条，广告联盟、第三方支付平台以及不法互联网接入服务商、域名注册服务商的内部管理仍存在很多漏洞，容易造成淫秽色情活动伺机扩散传播。许多网络服务商在暴利驱动下为淫秽色情活动"输血送电"。在查处的网络淫秽色情案件中，大学学历以上违法犯罪分子居多，许多年轻人受经济利益驱使，心怀侥幸心理，利用淫秽色情网站制贩、传播淫秽色情信息牟取不法利益的情况突出。他们利用淫秽色情信息为诱饵，索取网民钱财。一些网站需要先成功注册会员，并通过虚拟货币、汇款等方式缴纳相关费用后才能最终看到淫秽、低俗信息。在暴利驱使下，色情违法犯罪分子教唆引诱他人从事色情犯罪活动，有的公然在网上招嫖，组织、介绍卖淫嫖娼活动，气焰嚣张，致使淫秽电子信息泛滥，严重污染网络环境，腐蚀青少年的成长，败坏社会风气。

三、网络色情犯罪的刑事法律政策与实践

我国刑事法律政策及实践在打击网络色情犯罪方面进行了必要的有益的

探索。在立法、司法层面，2000 年 12 月，九届全国人民代表大会常务委员会还审议通过了《关于维护互联网安全的决定》。该《决定》第 3 条第 5 项规定："在互联网上建立淫秽网站、网页，提供淫秽网站链接服务，或者传播淫秽书刊、影片、音像、图片的，依照刑法有关规定追究刑事责任。"在实践层面，我国政法等部门先后六次（2005 年 9 月、2007 年 4 月、2009 年 1 月、2009 年 12 月、2012 年 3 月和 2014 年 4 月）在全国范围内联合开展打击网络淫秽色情的专项行动，直指淫秽电子信息犯罪行为。

这里重点探讨两高关于打击网络色情犯罪的两个司法解释。

（一）司法解释一

2004 年 9 月，最高人民法院、最高人民检察院出台了《关于办理利用互联网、移动通信终端、声讯台制作、复制、出版、贩卖、传播淫秽电子信息刑事案件具体应用法律若干问题的解释》〔本文以下简称《解释（一）》〕。该《解释》对刑事司法实践具有引领意义，这主要表现在四个方面：

1. 明确淫秽电子信息犯罪所保护的法益

将打击淫秽电子信息所保护的法益归结为："依法惩治利用互联网、移动通信终端制作、复制、出版、贩卖、传播淫秽电子信息、通过声讯台传播淫秽语音信息等犯罪活动，维护公共网络、通讯的正常秩序，保障公众的合法权益。"

2. 明确了淫秽电子信息所涉猎的罪名

（1）制作、复制、出版、贩卖、传播淫秽物品牟利罪。以牟利为目的，利用互联网、移动通信终端制作、复制、出版、贩卖、传播淫秽电子信息，达到法定数额，以制作、复制、出版、贩卖、传播淫秽物品牟利罪定罪处罚，比如，淫秽视频文件二十个以上、淫秽音频文件一百个以上、淫秽电子刊物、图片、文章、短信息等二百件以上、淫秽电子信息，实际被点击数达到一万次以上、注册会员达二百人以上，利用淫秽电子信息收取广告费、会员注册费或者其他费用，违法所得一万元以上等。另外，利用聊天室、论坛、即时通信软件、电子邮件等方式，实施牟利行为达到法定数额的，以及以牟利为目的，通过声讯台传播淫秽语音信息，向一百人次以上传播、违法所得一万元以上或造成严重后果的，对直接负责的主管人员和其他直接责任人员也以传播淫秽物品牟利罪定罪处罚。（2）制作、复制、出版、贩卖、传播淫秽物品罪。不以牟利为目的，利用互联网或者移动通信终端传播淫秽电子信息，利用聊天室、论坛、即时通信软件、电子邮件等方式，实施犯罪行为，达到法定数额，以传播淫秽物品罪定罪处罚。

3. 将淫秽电子信息视为"淫秽物品"

该解释将淫秽物品归结为包括具体描绘性行为或者露骨宣扬色情的淫秽性的视频文件、音频文件、电子刊物、图片、文章、短信息等互联网、移动通信终端电子信息和声讯台语音信息，但有关人体生理、医学知识的电子信息和声讯台语音信息不是淫秽物品。包含色情内容的有艺术价值的电子文学、艺术作品不视为淫秽物品。

4. 规定了共同犯罪和涉他犯罪的情形

该《解释》规定，明知他人实施制作、复制、出版、贩卖、传播淫秽电子信息犯罪，为其提供互联网接入、服务器托管、网络存储空间、通讯传输通道、费用结算等帮助的，对直接负责的主管人员和其他直接责任人员，以共同犯罪论处。利用互联网、移动通信终端、声讯台贩卖、传播淫秽书刊、影片、录像带、录音带等以实物为载体的淫秽物品的，依照《最高人民法院关于审理非法出版物刑事案件具体应用法律若干问题的解释》的有关规定以制作、复制、出版、贩卖、传播淫秽物品（牟利）罪，组织播放淫秽音像制品罪、侵犯著作权罪、非法经营罪等定罪处罚。

（二）司法解释二

2010 年 2 月，最高人民法院、最高人民检察院今天联合发布的《关于办理利用互联网、移动通信终端、声讯台制作、复制、出版、贩卖、传播淫秽电子信息刑事案件具体应用法律若干问题的解释（二）》该解释有三个鲜明特点：

1. 明确了故意犯罪中"明知"法定情形

电信业务经营者、互联网信息服务提供者、广告经营者等，在法定情形下仍旧实施色情犯罪行为，则推定为"明知"故意犯罪，这主要包括，行政主管机关书面告知后仍然实施上述行为的、接到举报后不履行法定管理职责的、为淫秽网站提供互联网接入、服务器托管、网络存储空间、通讯传输通道、代收费、费用结算等服务，收取服务费明显高于市场价格的，向淫秽网站投放广告，广告点击率明显异常的，其他能够认定行为人明知的情形。

但是，从当前我国的刑事司法实践和理论研究来看，在罪刑法定原则之下，虽然我国出台上述规制淫秽电子信息犯罪的系列规定，但如何界定淫秽电子信息的本质、存在形式、判断标准？淫秽电子信息犯罪和虚拟性行为（如"裸聊"）如何区分？传播淫秽电子信息犯罪中的行为方式，比如 QQ、whatsapp、飞信、微博、微信等传播媒介中的"转发""传播""展示"等，它们之间究竟为何种关系？如何细分和把握淫秽电子信息犯罪利益链条上的诸多主体的行为方式、主观心态、犯意表示？对于上述种种问题，目前学界尚无系统全面的深入研究，这有利于在理论上正确划分淫秽电子信息犯罪其与虚拟性行为、淫秽色情出版物犯罪等概念的界限，有利于厘清淫秽电子犯罪的本体行为、犯罪形态、罪数、刑事责任，从而保持谨慎、限制的态度，防止刑事责任的扩大化。

2. 加大了对淫秽色情利益链条的打击力度

该解释厘清了网站建立者、直接负责的管理者、电信业务经营者、互联网信息服务提供者、广告主、广告联盟、第三方支付平台等各方在制作、复制、出版、贩卖、传播淫秽电子信息犯罪中应承担的法律责任。对于明知是淫秽电子信息而不履行法定管理职责，允许或放任他人在自己所有或管理的网站或网页上发布以及明知是淫秽网站，而提供资金支持或提供服务从中获利等达到一定危害程度的行为，明确规定为犯罪，从而解决了执法中遇到的突出问题，具有现实的针对性和可操作性。

3. 注重对未成年人的保护

该解释规定，利用互联网、移动通信终端制作、复制、出版、贩卖、传播内容含有不满十四周岁未成年人的淫秽电子信息行为构成传播淫秽物品牟利罪或者传播淫秽物品罪的定罪量刑标准，在 2004 年发布的《关于办理利用互联网、移动通信终端、声讯台制作、复制、出版、贩卖、传播淫秽电子信息刑事案件具体应用法律若干问题的解释》规定的基础上下调一半，进一步加大了对未成年人合法权益的保护。

四、网络淫秽电子信息犯罪所涉罪名思辨

（一）淫秽电子信息犯罪与组织淫秽表演犯罪

《刑法》第365条的规定，组织进行淫秽表演的，应按照组织淫秽表演罪追究刑事责任。通说认为，此罪客观方面的实行行为表现为组织他人进行淫秽表演；这里的"组织"，是指策划、指挥、安排进行淫秽表演的行为。但是否应当包括淫秽表演者本人？通说认为，对于淫秽表演者本人应当按照传播淫秽物品牟利罪论处。但是，这是值得探讨的问题。从刑法理论上来说，淫秽电子信息是物品，但淫秽表演行为不是物品而是虚拟行为，故不能对淫秽表演者本人适用有关传播淫秽物品（牟利）罪。另外，从本罪保护的法益来看，不宜将组织者本人从本罪行为对象中排除，以免出现处罚不当的现象，此种行为和组织他人淫秽表演的行为，都侵犯了国家文艺演出的管理秩序，都具有同等的社会危害性，故可以以组织淫秽表演罪论处。

当前，利用互联网、移动通信终端进行淫秽表演的情形较为常见。行为人通常组织人员通过聊天室视频聊天软件进行淫秽视频表演，或者通过 QQ 等即时通信软件进行淫秽表演。

比如，2009 年 1 月底开始，林某租赁北京拓风公司的网络服务器，开设了三个手机色情网站，网站上有淫秽色情图片 5389 张，淫秽色情小说 490 部。其通过在色情网站上为广告商提供手机广告服务，以收取广告商支付的费用非法牟利人民币 29690.14 元。2008 年 6 月份以来，林某伙同傅某租赁北京拓风公司的网络服务器，合作开设了两个手机色情网站，并单独开设了一个手机色情网站，网站上有淫秽色情图 2646 张，淫秽色情小说 452 部。其通过在色情网站上为广告商提供广告服务，以收取广告商支付的费用非法牟利 52435.5 元。此外，2008 年 8 月底林某还自行编写了一套用于开设手机网站的建站程序，并在程序的数据库文件中添加色情小说，其通过向他人出售

该程序非法牟利 45044 元。此外，傅某在明知林某设计的手机网站建站程序中带有色情内容，仍然介绍他人向林某购买该程序，收取了介绍费 2900 元。再如，2009 年 9 月，李某租赁了美国、韩国和中国香港等地的十余台境外服务器，通过互联网购买了视频聊天程序，自任联盟盟主（即网站总站长），通过在社区发帖、聊天，网络了一批人，充当推广经理、主播代理以及女主播。不到一个月的时间，就组建了一个组织严密、分工科学的大型色情网站"久久联盟"。为了挣钱，推广站长千方百计制作激情诱惑页面，吸引网民来到网站，注册成为会员。而负责表演的"宝贝"则用语言挑逗、动作诱惑等方式，吸引网民通过网银、游戏点卡、电话充值等方式，充值消费，一对一裸聊、看色情表演。开办网站半年多的时间，久久联盟网站就招聘兼职女主播人员达 40 余名、推广站长达 1000 余名。引诱全国各地 30 余万名网民通过各种方式缴费注册会员，非法获利 600 余万元。

在这些案件中，对组织淫秽表演的组织人员，理应适用组织淫秽表演罪；但对被组织者（进行淫秽表演的人员）本人，是否也以组织淫秽表演罪论处？另外，在互联网、移动通信终端上组织进行单纯只有声音的淫秽表演，是否属于组织淫秽表演行为，是否涉嫌有关淫秽电子信息犯罪？再则，在互联网、移动通信终端上组织淫秽表演的同时，向受众提供淫秽电子图片、淫秽视频音频文件下载，或者提供对应网址链接、下载种子等的，如何处理？

笔者认为，组织淫秽表演的向受众提供上述淫秽电子信息下载等，尽管较为常见，但不应该视为表演行为的一部分，因为表演行为本身不具有物品转移的可能性；亦即此处的传播行为和表演行为是两种不同性质的行为，不能视为一体，可以采取分情形来定罪。如果组织淫秽表演者要求表演者实施，或者亲自实施上述传播淫秽电子的行为，应该以组织淫秽表演罪和传播淫秽物品（牟利）罪予以数罪并罚；如果仅是表演者自己临时即兴的个别化行为，对其仅应按照传播淫秽物品（牟利）罪处罚。值得注意的是，此时不宜按照牵连犯的原则处理。尽管对牵连犯中的牵连关系存在诸多学说，但牵连关系的认定应该坚持主观与客观相统一的观点，及以牵连意图为主观形式，以因果关系为客观内容的有机统一体。在行为人以助兴淫秽表演的主观心态下，实施上述传播淫秽电子信息的行为，由于这种行为很难说是通常实施网络淫秽表演的助兴行为，不具有类型化性，不宜认为是牵连犯。

按照现行司法解释，对以牟利为目的，通过声讯台传播淫秽语音信息，依传播淫秽物品牟利罪处罚；对互联网、移动通信终端上传播淫秽语音文件的，依照传播淫秽物品犯罪论处。但是，组织他人在声讯台上进行纯粹的现场淫秽语音表演，宜定无罪为妥。在互联网、移动通信终端上组织进行单纯只有声音的表演，由于缺乏司法解释中的淫秽电子信息，组织者和表演者当然不构成传播淫秽物品犯罪。但其是否属于组织淫秽表演行为？显然，此处问题核心在于仅有声音的表演能否被认定为《刑法》第365条规定的"淫秽表演"。从罪状看，刑法并未明确将仅有声音的表演排除在"淫秽表演"之外；不过，目前学说上大多认为，"淫秽表演"应该是通过身体的动作来展示淫秽信息，即单纯的语音表演（不见人、无形体动作）不算真正的"淫秽表演"。将"淫秽表演"作限制性解释，可能是基于日常用语"表演"和"播放"的区分；或者说，单纯的语音表演（不见人、无形体动作）更靠近"播放"用语的含义。此处的单纯的语音表演应该解释为"淫秽表演"，在互联网、移动通信终端上组织进行单纯只有声音的淫秽表演，也应属于组织淫秽表演行为，不宜认定为有关淫秽电子信息犯罪。

还有，在互联网、移动通信终端上组织淫秽表演的同时，表演者通过展示淫秽图片、插播淫秽视频文件、淫秽音频文件，增强表演效果，是否涉及淫秽电子信息犯罪，或者其他犯罪。由于这些淫秽电子物品，此处的行为只是表演者通过网络或者移动通信终端展示给受众，而不具有转移或者陈列的可能性，故对淫秽电子信息的传播行为，不宜认定为有关淫秽电子信息犯罪。在表演中插播淫秽视频、音频文件，属于播放淫秽音像制品的行为，如果违法情节达到一定程度，可以认为构成组织播放淫秽音像制品罪。基于日常生活的通常经验，表演活动中借助道具为常态，且给表演行为配音、配视频背景，人们对此习以为常。所以，在组织淫秽表演中的插播淫秽物品的行为，原则上视为淫秽表演的一部分，不宜单独考虑；即使考虑，也宜按照一行为触犯数罪名，采取择一重罪惩处的原则认定。如果在组织淫秽表演的过程中，不是插播行为，而是独立意义上组织播放淫秽物品的，宜认定为两行为，对组织播放淫秽物品罪和组织淫秽表演罪予以数罪并罚。

（二）"裸聊"入罪

"裸聊"是一种网络虚拟行为。所谓虚拟性行为通常是指通过网络电话，尤其是远程视频，双方或者其中一方实施的以对方为性兴奋源的一种无现实身体接触的性行为（例如"裸聊"）；也指以虚拟人物为性兴奋源的一种性行为。当前，虚拟性行为较为普遍，引发了社会的广泛关注，并由此引发了"裸聊"虚拟行为能否入罪？入何种罪？等诸多争议。赞成入罪的学者从性社会学、法理学、刑法解释学等角度，主张以传播淫秽物品（牟利）罪定罪量刑，而反对入罪的学者则从隐私权、宽严相继的刑事政策、罪刑法定原则等角度论证，认为可能构成聚众淫乱罪或组织淫秽表演罪。还有的学者认为，"裸聊"根本不是犯罪，司法扩张性解释将其入罪，违背了"罪刑法定"原则，是对尊重和保障人权的背叛。

裸聊是借助网络空间而诞生的一种新的网络行为现象。广义的裸聊包括了各种裸露身体进行聊天的行为；狭义的裸聊特指网络上聊天成员间出于营利或者其他动机单向或者双向做出某种淫秽动作的各种表现。狭义的裸聊行为在程度上已经突破了单纯的伦理界限，具有极大社会危害性应当用法律来规范。目前的网上裸聊行为主要通过两种途径进行。一种是借助网络服务商提供的视频聊天室，由聊天室的承租人（即室主）及其指定的管理员组织参与者做出淫秽动作供人观看。这种视频聊天室的进入方式主要有两种：一是自由进入，即不特定的人不必经过特殊许可便可自由进入该聊天室；二是密码进入，即通过室主设置密码，使得只有知道密码的"好友"，或经他人介绍取得室主信任的人才可进入。另一种是通过 QQ 等"聊天工具"进行。这种聊天多采取点对点的方式，即一对一的聊天，而不是一人面对多人进行聊天。裸聊行为还有营利与否之分。以营利为目的的裸聊行为，多数是通过多人视频聊天室来进行。聊天室承租人以此招揽访客，通过卖售会员资格进而达到营利目的。少数也采取点对点的聊天方式，先由对方支付一定的费用，然后聊天在裸聊者和特定的购买者之间进行。非以营利为目的的裸聊行为，一般是出于追求精神刺激、寻求新鲜感等动机进行裸体视频对话，多数表现为个人与个人之间的单独聊天。由于裸聊行为的表现特点比较复杂，关于其性质认定引发了能否构成传播淫秽物品牟利罪、传播淫秽物品罪、聚众淫乱罪、组织淫秽表演罪、传播淫秽物品罪等犯罪的争议，并直接涉及淫秽电子信息犯罪的认定，故很有必要对"裸聊"入罪进行探讨。

网络"裸聊"之所以争议纷呈，一方面折射出罪刑法定理念逐渐深入人心，体现了法治的进步；另一方面，也说明刑法工具主义思想利用刑法强制推行道德的模式和路径，仍然在当前社会具有生命力。在走向现代法治国家的过程中，各国总是会经历一个泛道德化的刑法模式到坚持法益保护模式的转变，其转变的本质在于个人尊重理念的落实和刑法不干预道德思想的一种深化。但是，现代社会是一个文化多元、价值观对立的社会，强制推行某种模糊、抽象的道德有可能过度限制或侵犯个人的尊严和自由，这是有悖于人权尊重原则的。从刑事政策的角度上说，某些网络裸聊行为具有应当惩罚性，因为其可能侵犯他人的正常情感，从而对于社会安宁造成损害，或者对于未成年人的身心健康存在一种拟制的危险。但从刑法解释学的角度看，我国现行刑法中缺乏对网络裸聊行为的犯罪构成设置，且无法通过合法的解释将其入罪，否则就是对罪刑法定原则的违背和国民预测可能性的牺牲。因此，在我国现行刑法缺乏明文规定的情况下，不应该采用类推解释将网络裸聊行为等同于其他类似犯罪定罪处罚。否则，就会造成司法机关通过扩张性司法解释来设置新的罪名或者罗列其他罪名以限制社会中的不断涌现的新行为，这无疑违背了现代法治国家依法治国的理念和罪行法定的刑法原则。简言之，对待"裸聊"入罪问题，应该坚持罪刑法定原则，切实保障刑法的国民自由保障功能，不能以法治原则的牺牲作为扩张刑罚权和强制推行道德的代价，而应当对其进行分类探讨，逐一论证，尤其应该区分虚拟性行为和淫秽电子信息犯罪，才有利于问题解决。

"裸聊"行为不是淫秽电子信息。通过网络、电话，尤其是远程视频，双方或者其中一方实施的以对方为性兴奋源的一种无现实身体接触的虚拟性行为（例如"裸聊"），此种虚拟性行为，不属于传播淫秽电子信息犯罪。淫秽电子信息是"物"而不是"人"，是以电磁等形式存储固定下来的可独立存在的电子对象。以对方为性兴奋源的无现实身体接触的虚拟性行为，由于性兴奋源是"人"，而不是"物"，没有可脱离"人"而独立存在的电子信息，所以不可能能将裸聊行为看作淫秽物品，也谈不上传播淫秽物品犯罪。但也有人认为即使认为作为性兴奋源的"人"，其自身产生在网络中传播的信息，应该视为淫秽信息，这一观点也有失偏颇。此类行为中，因为缺乏淫秽电子信息的存在，故也不能适用司法解释将其归结为传播淫秽物品（牟利）罪。但是，如果一方以播放淫秽视频文件或者语音文件，加以助兴或者牟利，则这种播放行为情节严重的，可以依 司法解释以传播淫秽物品（牟利）罪定罪处罚。

如何定性此处的双方或者其中一方实施的以对方为性兴奋源的一种无现实身体接触的虚拟性行为，则应当具体问题具体分析。

首先，应该慎重衡量此类虚拟性行为的社会危害性，不应泛道德化评价，尤其不应该将一对一的自愿的"裸聊"行为犯罪化。其次，自愿的虚拟性行为应该尽量非犯罪化。尽管多人自愿"裸聊"能否按照聚众淫乱罪认定，还存在较大争议，但从无被害人、是否存在实行行为（是否存在刑法规定的"聚众淫乱"行为）等诸多角度看，不宜按照此种犯罪论处。不过，如果引诱未成年人参与多人裸聊这一虚拟性行为，则可能构成引诱未成年人聚众淫乱罪。对于组织真人淫秽视频表演的，应该按照组织淫秽表演罪定罪处罚。再次，对非自愿的强制性的虚拟性行为，如以加害方式，要挟他人视频性自慰供自己观赏；或者通过病毒程序，强制他人通过网络看或者听自己或他人的真实性行为，如果受害人是妇女或者男童，则可能会构成强制猥亵、侮辱妇女罪或猥亵儿童罪。单纯的通过病毒程序控制他人电脑视频系统，在被害人不知道的情况下偷窥其裸体等，不宜认定为犯罪。最后，对于幼女，如果行为人以强制性或者欺骗的方式，要挟其视频性自慰供自己观赏，则可能构成强奸罪；如果欺骗或者通过病毒程序，强制幼女通过网络看或者听自己或他人的真实性行为，可以考虑以猥亵儿童罪处理。

另一方面，对于以虚拟人物为性兴奋源的虚拟性行为，此种虚拟人物如果能认定为淫秽电子信息，可以适用司法解释惩处之。如上述，这里的虚拟人物，显然属于特定软件中的内容；如果它具备刑法第 367 条对淫秽物品的基本特征即判断标准：即具体描绘性行为或者露骨宣扬色情，就可以依照司法解释认定为淫秽电子信息。如果这里的虚拟人物不具有刑法 367 条规定的淫秽物品的特征，则难以成为性兴奋源。缺乏虚拟性兴奋源的性行为，应该属于行为人"自我轻浮、自作多情"的自慰行为，不能评价为前文中的虚拟性行为。此处的虚拟性行为可以进一步分为两种情形。第一种，虚拟人"猥亵""强奸"虚拟人物，如上述游戏中虚拟少女被虚拟男性"强奸"的情形。笔者认为，这里受人操控的虚拟人物的"行为"，没有和现实生活中的人发生联系，不可能侵犯现实人的性的不可侵犯性的这种法益，故不能认定为有关性方面的侵犯人身权利的犯罪。否则，会出现明显的不合理现象，就如同杀死虚拟人会构成故意杀人罪的结论不具有合理性一样。当然，这里的虚拟人本身如果具有淫秽性，可以定罪处罚。第二种，真实人和虚拟人之间的虚拟性行为。虚拟人不是现实人，缺乏相关的受刑法保护的性的法益，同样不成立有关性方面的侵犯人身权利的犯罪。虚拟人具有淫秽性时，可将其认定为淫秽电子信息，从而定罪处罚。对多人参与，和虚拟人互动从事虚拟性行为的情形，则可能不构成聚众淫秽等犯罪，应该仅仅认定为淫秽电子信息犯罪为妥。如果虚拟人物是儿童，仅以传播淫秽物品（牟利）罪来定罪处罚，在立法论上是否体现了罪刑均衡，值得探讨。一方面，各国刑法在立法层面均强化对未成年人，尤其是儿童的保护。如果虚拟人物是儿童，则应该属于儿童色情范畴，理应予以重罚。目前，我国仅在司法解释中，在入罪和量刑上，打击未成年人淫秽电子信息，但刑法本身没有专门针对儿童色情材料相关活动的法条，这是我国刑事立法应当斟酌的。

五、淫秽电子信息共同犯罪问题

共同犯罪是指两人以上共同故意犯罪，二人以上共同过失犯罪，不以共同犯罪论处；应当负刑事责任的，按照他们所犯的罪分别处罚。刑法理论认为共同犯罪成立条件：首先，行为人必须二人以上；一个人单独犯罪，不发生共同犯罪问题；其次，必须有共同的犯罪行为；即各行为人的行为都指向同一犯罪，互相联系，互相配合，形成一个犯罪整体。最后，必须有共同的犯罪故意，包括共同的犯罪故意的认识因素和意志因素，并且共同犯罪人之间必须存在意思联络。根据共同犯罪中的犯意联络，通说认为，共同行为人一方有与他人共同实施

犯罪的意思，并加功于他人的犯罪行为，但他人不知道加功的情况构成片面共犯；但片面共犯缺乏犯意联络，不是共同犯罪。不过，由于片面共犯类似共犯，理论上一般都将其放在共同犯罪部分进行阐述。显然，淫秽电子信息犯罪中也大量存在共同犯罪和片面共犯的现象；对这些现象也应该依照我国刑法，采取上述理论展开探讨。

（一）刑事法律实践对淫秽电子信息犯罪的共犯的法律界定

2004 年和 2010 年，最高人民法院、最高人民检察院出台了《关于办理利用互联网、移动通信终端、声讯台制作、复制、出版、贩卖、传播淫秽电子信息刑事案件具体应用法律若干问题的解释（一）、解释（二）》对淫秽电子信息犯罪的共犯问题了详细规定。《解释（一）》第七条规定："明知他人实施制作、复制、出版、贩卖、传播淫秽电子信息犯罪，为其提供互联网接入、服务器托管、网络存储空间、通讯传输通道、费用结算等帮助的，对直接负责的主管人员和其他直接责任人员，以共同犯罪论处。"《解释（二）》第四条以牟利为目的，网站建立者、直接负责的管理者明知他人制作、复制、出版、贩卖、传播的是淫秽电子信息，允许或者放任他人在自己所有、管理的网站或者网页上发布，以传播淫秽物品牟利罪定罪处罚：第五条网站建立者、直接负责的管理者明知他人制作、复制、出版、贩卖、传播的是淫秽电子信息，允许或者放任他人在自己所有、管理的网站或者网页发布，以传播淫秽物品罪定罪处罚；第六条电信业务经营者、互联网信息服务提供者明知是淫秽网站，为其提供互联网接入、服务器托管、网络存储空间、通讯传输通道、代收费等服务，并收取服务费，具有下列情形之一的，对直接负责的主管人员和其他直接责任人员，依以传播淫秽物品牟利罪定罪处罚；第七条：明知是淫秽网站，以牟利为目的，通过投放广告等方式向其直接或者间接提供资金，或者提供费用结算服务，以制作、复制、出版、贩卖、传播淫秽物品牟利罪的共同犯罪处罚。根据实行行为分析，淫秽电子信

息犯罪的实行行为必须体现为利用互联网、移动通信终端、声讯台制作、复制、出版、贩卖、传播淫秽电子信息的行为，即要体现为直接对国家对与性道德风尚有关的文化市场的秩序。由此可见，在淫秽电子信息犯罪中，直接实施了制作、复制、出版、贩卖、传播淫秽电子信息的行为，才是正犯行为，其他行为均是共犯行为（帮助行为或者教唆行为）。根据我国刑法共同犯罪的规定，采取上述共同犯罪理论，那么只有直接实施了淫秽电子信息犯罪行为的人和第三方存在犯意联络，分工合作实施此种犯罪，才成立为共同犯罪；仅片面加工他人实施淫秽电子信息犯罪的行为人，不应认定为共犯，而只应认定为片面的帮助犯，实为单独犯。因此，司法解释规定的淫秽电子信息犯罪的共犯，也应该是存在犯意联络的犯罪情形。《解释（二）》第四、五和六条规定的情形中，存在犯意联络的，应该认定为一般共同犯罪；如果不存在犯意联络的，应该认定为片面共犯。不过，依照《解释（一）》第七条规定，能否将上述不存在犯意联络，仅单方面加工的情形也认定为共同犯罪呢？这需要立法明示，而不能概括类推为相似性犯罪，作为共同犯罪来处理。

（二）淫秽电子信息共同犯罪的特征

淫秽电子信息犯罪的共犯，相较于单独犯罪，既有一般共犯的自身的特征，如主体的多人性，行为的分散性和整体性相结合，主观故意的一致性等；但由于淫秽电子信息犯罪处于网络环境，其又具备有别于一般现实生活中共犯的其他特征，这主要体现在：

1. 共犯主体的涉众性、隐秘性、不确定性

在网络环境下，现实空间中的行为主体被一个个虚无缥缈的 IP 地址所取代，在实施共同犯罪时甚至不必知道隐藏在 IP 地址背后的行为人的具体情况；在具体案件中，由于网络受众面广，各共犯主体很难知道，甚至根本不关心具体的共犯人数及其生活、地域等具体状态。同时，由于淫秽电子信息犯罪依赖于网络环境，从而导致直接传播淫秽电子信息者和网络环境构建者、经营者，如网络服务提供商、网络广告主等之间出现共犯现象。另外，不少淫秽电子信息传播者为规避我国法律的打击，而将淫秽电子信息服务器架设在域外，和域外人员共同传播淫秽电子信息。这会出现行为主体属于的

多法域地区，影响淫秽电子信息犯罪的共犯主体的法律认定。

2. 共犯的行为性质难以界定

在共同犯罪中，行为分工可划为实行行为和非实行行为，非实行行为又可以分为组织领导行为、帮助行为和教唆行为；这些行为的法律界限在现实生活中较为清晰。然而，在网络空间共犯情形中，各共犯主体行为的性质并不好鉴别。如对于某一行为到底是实行行为还是非实行行为，难以区分。目前刑法对共同犯罪人的分类，采取以作用为主兼顾分工的标准；那么在追究淫秽电子信息犯罪中共同犯罪人的刑事责任时，应该采取主犯、从犯、胁从犯的认定标准，追究其刑事责任。

3. 共犯的主观方面具有复杂性

共同犯罪的主观方面，即共同犯罪故意，是指二人以上在对于共同犯罪行为具有统一认识的基础上，对其所会造成的危害社会的结果的希望或者放任的心理态度。由于网络因素的介入，对于网络共同犯罪的主观方面的法律认定更加复杂，网络为传统的犯意联络建立了新的方式，也改变了犯意的发起方式和犯意联络。具体而言，网络的超时空性大大弱化了网络使用者的地理位置局限，电子邮件、论坛、博客、微博、网络电话等网络载体的广泛使用极大丰富了使用者的选择，从而使得犯意联络的形式具有多样性。意识联络主体的匿名性。由于网络的虚拟性形成了网络共犯的"主体缺场"现象，共同犯罪人之间可能在整个犯罪过程中都不曾谋面。意思联络的模糊性。在网络社会中，既可以是原本熟悉的人相约在网上实施共同犯罪，也可能是素不相识的人在网上游荡时临时起意进行共同犯罪，还有可能是在某个论坛上一个开玩笑的帖子而引发一群人的响应，因而和传统的意识联络的准确性和真实性相比，其具有极大的概括性和模糊性。意思联络的单向性。在淫秽电子信息犯罪中，犯意的发起者和犯意的接收者之间经常性的表现出意思联络的单向性。这与传统观点中的"意思联络是共同犯罪人双方在犯罪意思上互相沟通"迥然不同，这也是大多数网络犯罪能否认定为共同犯罪的主要理论障碍。对此，有人认为，必须首先突破刑法主流理论关于共同犯罪的观点，共同犯罪的意思联不仅包括双向意思沟通，也应该包括单向意思沟通。也有人认为，问题的核心不在于意思沟通的单向性还是双向性，而在于行为人之间意思联络的具体和明确程度，行为人之间的合意形成因此只能是概括的、整体的，甚至是单向的。尽管如此，这种意思形式所表现出的也仍然没有超出意思联络的固有内涵，即行为人、倡议者、发起者知道自己和其他人一同实施犯罪，知道自己行为的性质及共同行为的性质，并概括地了解行为与后果之间的因果关系，所以行为人之间已经形成共同犯罪故意。但是，比较妥当的说法应当是，淫秽电子信息犯罪的意思联络的确存在着大量的单向性，当这种单向性能被认定为行为人之间意思联络具有一定的具体性和明确性，属概括的、整体的联络时，应该被认定为存在共犯的犯意联络；否则，应该认定为单独犯。

（三）淫秽电子信息犯罪共犯主体

存在共同犯罪意思联络的实行行为，构成共同犯罪中的实行行为共犯，这是共同犯罪的应有之意。但片面共犯由于其实质上是单独犯，故它不属于任何共犯类型。如果片面共犯的加工行为，在整个犯罪中起主要作用，可以将其类比为主犯定罪量刑；如果所起作用系次要的，可以将其类比为从犯定罪量刑。从现行司法解释来看，淫秽电子信息犯罪的片面共犯仅限于网站建立者、直接负责的管理者、电信业务经营者、互联网信息服务提供者；按照罪刑法定原则的要求，其他主体不符合片面共犯主体的要求。通过投放广告向直接实施淫秽电子信息犯罪的人直接或者间接提供资金的主体，不属于片面共犯主体，而属于一般共犯主体。淫秽电子信息犯罪的片面共犯必须主观上明知他人在实施淫秽电子信息的传播行为，因此而加功；否则，不能认定为犯罪主体。最后，单纯的网络技术提供者，对淫秽电子信息犯罪不负有防止传播义务的主体，不是淫秽电子信息犯罪的片面共犯主体。

网络上基于各种技术开发出来的下载工具（软件），在其使用过程中，无疑会或多或少在实施上传输过淫秽电子信息；对此，下载工具的开发者也明知，但开发者不能控制软件本身的真实用途，即无组织淫秽电子信息传播的组织义务。电信业务经营者俗称为网络服务提供商（ISP），主要是为用户提供互联网物理服务和技术支持的，即通常所指的主机服务商。对ISP在他人实施淫秽电子信息犯罪中是否应当承担刑事责任，应具体分析。淫秽网站的建立和淫秽电子信息的传播必须依赖 ISP 的帮助，利用其服务得以实现；可见，客观上 ISP 具有帮助传输的行为。一般情况下 ISP 的行为不会构成犯罪。在互联网上每时每刻有大量的信息在传播，如果要求 ISP 对每一个信息都进行鉴别的话，不仅仅会牺牲网络服务质量，甚至会导致无法正常向公众提供网络服务，正所谓"法律不强人所难"。网络服务类似于电话业务。犯罪人借助电话实施犯罪行为，而法律不要求电话公司承担法律责任，那么，对于网络服务商同样不应该追究法律责任。按照目前国际立法例，均不要求网络服务商承担一般性的监控传输义务。但当 ISP 明知他人传播的是淫秽电子信息，而故意帮助其传输，或者拒不履行义务而放任其传输的，可以构成淫秽电子信息犯罪的共犯。ISP"明知他人实施制作、复制、出版、贩卖、传播淫秽电子信息犯罪，为其提供互联网接入"帮助的，对直接负责的主管人员和其他直接责任人员，以共同犯罪论处。这里的"明知"应该解释为存在犯意联络的情形；此时 ISP 为共犯主体，属于帮助犯。但如果 ISP 仅单方面明知，无犯意联络，则 ISP 并非共犯主体，宜直接认定为单独犯，这实质上是共犯行为正犯化问题。

互联网信息服务提供者（ICP）应当承担何种责任？ICP 作为网络内容信息服务商，既独立地向用户提供网络信息内容服务，也提供用于发表文章、图片、音频和视频等文件的空间供用户使用。可见，ICP 既可以单独通过自己的网站传播淫秽电子信息，也可为他人网络传播淫秽电子信息提供相应的传输空间；故 ICP 主体的共犯性需从两方面予以探讨。一方面，ICP 基于自己提供的内容而构成共同犯罪时，其行为属于共犯中的实行行为。但如果 ICP 对他人网站上的淫秽信息进行了链接或者直接转载用于自己的网站上，当其行为构成传播淫秽物品犯罪时，ICP 有存在共犯的情形。即当 ICP 和淫秽信息源网站存在犯意联络的情况下，ICP 为共犯主体。不过，尽管此时 ICP 的链接或者说转载行为对于原淫秽信息网站是一种帮助行为，但从犯罪构成的角度上看，ICP 的行为符合刑法分则规定的传播淫秽信息的行为，因而属于共犯中的实行行为，其属于主犯。另一方面，对于他人在自己网站上提供的淫秽信息，当明知其违法犯罪而放任不管，甚至积极予以协助或者链接时，会构成主犯。另外，对于 ICP 利用他人的行为，如张贴淫秽图片、文书、影音等行为，提高点击率，挣取广告费等的情况，应以传播淫秽物品牟利罪和传播淫秽物品罪单独定罪处罚。直接或者间接提供资金，或者提供费用结算服务的行为应该属于帮助性质；当然，如果这种行为起主要作用，可以认定为主犯，否则宜认定为从犯。

（四）淫秽电子信息犯罪共犯"明知"的认定

网络传播淫秽电子信息犯罪中，行为主体具有广泛性，存在诸多特殊类型的主体，网站建立者、直接负责的管理者、电信业务经营者、互联网信息服务提供者，以及不存在犯意联络的，为淫秽网站提供资金，或者提供费用结算服务的主体，如何认定这些主体的主观犯意，是探讨其行为罪与非罪的关键。

在以往的司法实践中，司法机关打击的往往是淫秽网站利益链的末端，针对单独直接实施或者共同直接实施传播淫秽电子信息的行为人，只要其明知道是淫秽电子信息并实施了直接传播行为（上传、下载、链接等行为），就足以认定其主观上具有传播的故意。但是，淫秽网站，特别是手机淫秽网站屡打不绝的主要原因在于利益驱动，手机淫秽网站、电信运营商、广告主、广告联盟、第三方支付平台之间形成了环环相扣的利益链条。这就需要从利益相关性中推断共犯明知故犯的主观故意心理状态。可喜的是，刑事司法解释为此提供了法律依据，具有现实的针对性和可操作性。

《解释（二）》第八条直接规定了上述主体对淫秽网站的"明知标准"，即具有下列情形之一的，应当认定行为人"明知"，但是有证据证明确实不知道的除外：（一）行政主管机关书面告知后仍然实施上述行为的；（二）接到举报后不履行法定管理职责的；（三）为淫秽网站提供互联网接入、服务器托管、网络存储空间、通讯传输通道、代收费、费用结算等服务，收取服务费明显高于市场价格的；（四）向淫秽网站投放广告，广告点击率明显异常的；（五）其他能够认定行为人明知的情形。

上述主体应该负有履行查看与自己有业务往来的一方，是否在传播淫秽电子信息或经营淫秽网站；如果拒绝履行这一义务，就推定其明知或至少存在放任的心理态度。但是，在明知他人在传播淫秽电子信息或者经营淫秽网站后，上述主体是否对自己的行为存在犯罪故意（明知只是故意的一部分），值得进一步探讨。就我国刑法而言，犯罪故意是指行为人明知自己的行为会发生危害社会的结果，并且希望或者放任这种结果发生的心理态度。淫秽电子信息片面共犯的犯意既包括希望的直接故意，也包含放任的间接故意。当行为人明知他人在传播淫秽电子信息或者经营淫秽网站时，有义务在相关事情范围内阻止他人的行为；如果行为人拒绝阻止，可以推断行为人希望或者放任他人实施淫秽电子信息犯罪的这一危害后果。比如，接到淫秽电子信息违法犯罪的举报后，网站建立者、直接负责的管理者不履行法定管理职责的，不采取阻止措施，继续允许或者放任他人在自己所有、管理的网站或者网页上发布的，就能认定行为人对他人淫秽电子信息犯罪这一后果存在希望或者放任心态。再如，经行政主管机关书面告知淫秽电子信息违法犯罪信息后，电信业务经营者仍然为淫秽网站提供互联网接入的，也应认定其存在希望或者放任这一淫秽网站社会危害后果的犯罪心态。

另外，一般共同犯罪和片面共犯中的牟利目的，也体现出复杂性的一面。一般而言，就一般共同犯罪而言，只要行为人知道其他实施淫秽电子信息犯罪的共犯中存在牟利的目的，即能认定其存在牟利的目的；但行为人确实不知道他人存在牟利目的，且自己也无此目的，则会出现上述的部分犯罪共同的现象。就片面共犯而言，"牟利目的"心态可分为两种情形：

第一，当行为人自己存在牟利的目的，无疑会成立牟利型淫秽电子信息犯罪。此种情形下的牟利目的实现方式可分为两类：直接牟利和间接牟利。直接牟利表现为收取淫秽信息服务费，即相关淫秽信息、文件的浏览、下载、使用，需要网络用户为此支付相应的费用，或名为免费而实际上通过线路转换而收取高额话费、网费或短信费用等。直接牟利是网络传播淫秽物品中最主要的牟利模式。间接牟利则表现为提供淫秽信息文件吸引流量，以赚取高额广告费用，以及上传淫秽信息文件赚取虚拟代币或高权限账号后，有偿转让并从中牟利的行为。与直接牟利不同，间接牟利所牟取的利益并非直接来自于淫秽物品，而是来自于商业广告收入、高权限账号交易等其他形式的合法或非法收益，淫秽物品传播在其中起到一个推动利益产生和加速利益升值的作用，行为人并不直接从网络传播淫秽物品中获益。恰恰相反，为了吸引更多的流量、更多的获取间接利益，行为人实施网络传播淫秽物品的行为往往是免费的。如果行为人实施上述行为，可以认定为其具有牟利的目的。

第二，当行为人自己不存在牟利的目的，但知道被加功的一方存在牟利目的，能否成立牟利型淫秽电子信息犯罪，成为问题。依照刑法通说，"牟利目的"一般是指为自己牟利，但也不排除为第三者牟利；所以知道他人实施牟利型淫秽电子信息犯罪，而实施片面的加功行为的，理论上当然能认定其存在牟利的目的。但是，依照《解释（二）》的规定，淫秽电子信息犯罪的片面共犯要成立牟利型淫秽电子信息犯罪，必须是犯罪人为自己牟利，但这一规定将"牟利目的"范围做缩小界定，一方面更加明确了对第三方主体参与实施淫秽电子信息犯罪的打击标准，另一方面也减少了诉讼证据收集的困难。毕竟要证明行为人为他人牟利，必须先证明行为人知道他人具有牟利的目的，还得证明行为人有加功并致使加功他人牟利目的实现的行为，这无疑增加了取证的困难。

（五）与淫秽电子信息犯罪相伴生的次生犯罪

随着信息技术革命的不断深化，特别是在云技术时代，形形色色的电子信息犯罪还会不断翻新，为此，要更新刑法思维，从网络空间、网络思维角度对淫秽电子信息犯罪进行整体、系统、前瞻性的把握，从中找出合乎网络特性的刑法规制新举措。比如，通过扩张性解释，将淫秽电子信息共犯行为正犯化理论可谓切实可行的选择。所谓共犯行为正犯化，就是将电子信息犯罪中表象上的帮助犯，但实际上已经具有独立性的帮助行为，独立为相关犯罪的实行犯，不再将该行为作为共犯来评价和制裁，而是将其直接视为"正犯"，直接通过刑法分则来制裁。再如，针对电子信息犯罪虚拟性特点，也可以考虑增设"传播淫秽电子信息罪"来概括打击日益猖獗的网络色情犯罪。淫秽电子信息犯罪除了可以构成的传播淫秽物品牟利罪与传播淫秽物品罪之外，还有可能触犯其他罪名，如聚众淫乱罪、组织淫秽表演罪、组织卖淫罪和引诱、介绍卖淫罪等。司法判例实践对"淫秽视频聊天室"等裸聊行为，就被判决组织淫秽表演罪成立。另外，一些网站通过建立群组、聊天室等行为，组织他人卖淫的，也可能构成组织卖淫罪。通过网络引诱、介绍卖淫的，也可能构成引诱、介绍卖淫罪。

第五章

网络诈骗及其应对

（浙江越秀外国语学院　晁金典　312000）

（浙江越秀外国语学院　周君丽①　312000）

内容摘要：当前，网络诈骗违法犯罪活动频发、高发，已成为典型的网络公害。本文重点诠释了该类诈骗活动的主要形式及典型案例，内容涉及网络违法犯罪的诸多方面，以求全面、客观地揭示该类违法犯罪的表象特征和内在的诈骗性本质，并力图从法律规制层面诠释网络诈骗犯罪的刑事违法性、社会危害性、应受刑事处罚性，继而在此基础上，提出打击、根治该类违法犯罪活动的防控措施和对策。

关键词：网络诈骗；犯罪；刑法

网络诈骗犯罪已成为当前常见、高发、频发的典型犯罪。在该类犯罪借助电信网、互联网、局域网与被骗人联系，并实施诈骗的过程中，网络只是联络工具，而不是诈骗的全部。与传统诈骗犯罪相比，网络诈骗犯罪不仅突破了时间、空间限制，成为高科技、智能型、有组织化的犯罪，而且借助无记名手机卡、网络 VOIP 电话、任意显号软件，呈现出更强的迷惑性、欺骗性、隐蔽性。这里网络犯罪是刑事犯罪学上的概念，不以刑事法典规定的犯罪为限，而以特定的社会危害性和应受处罚性为充分条件，刑事违法性为非必要条件。

---

① 周君丽，女，西安交通大学法学博士，主要从事网络法律治理研究。

一、新型网络诈骗特征

（一）科技含量高，跨境犯罪猖獗

诈骗分子紧跟科技发展步伐，利用"一号通""400""商务总机"出租的电信线路、网络改号、伪基站等用于诈骗。网络诈骗整个犯罪过程中案犯与受害人不用见面就能完成犯罪，打破了传统犯罪的时空界限，没有现场。在手段上，实行匿名运作，在年龄上，嫌犯年轻化。电信诈骗团伙，他们大都采用匿名式运作。诸如，"网络 400 电话"客服电话、实际转接的手机卡，以及涉案的银行卡号，都在网上交易购买，没有实名登记，因此网络所显示的 IP 地址并非真实地址。这给侦查和追捕带来一定难度。在电信网络诈骗犯罪众多案例中，一些涉案者年龄并不大，先要"跟班实习"。在儋州一些团伙中，已形成了一套可操作性强的"教案"，便于传播和模仿，很快就可以让"实习生"成为"熟手"。另外，不法分子往往集中在短时间内通过网络、电话、手机短信等多种渠道"地毯式"地随机发送虚假信息，侵害范围广。

当前，在我国诈骗团伙纷纷从沿海地区向中西部转移，诈骗窝点多设在城市高档社区商品房内。另外，为逃避打击，电信诈骗犯罪集团由过去在我国大陆设立窝点诈骗大陆和台湾地区以及泰国、日本、马来西亚等国民众，逐渐发展成将拨打诈骗电话、转账取款等窝点和技术支撑平台等转移至泰国、印度尼西亚、马来西亚、越南等东南亚国家，跨境、跨国对我国民众实施诈骗。比如，2015 年 10 月，公安部开展了打击治理电信网络新型犯罪活动专项行动。10 月初，公安部派出工作组分赴印度尼西亚、柬埔寨，联手我国台湾、我国香港的警方开展专案侦查打击。工作组充分利用外交和国际警务合作渠道，克服种种困难和障碍，落地查找犯罪窝点，收集固定犯罪证据。10 月 19 日，公安部赴印度尼西亚工作组联手我国台湾和我国香港与印度尼西亚警方联合开展抓捕行动，在印度尼西亚多成功地捣毁电信诈骗犯罪窝点 8 处，抓获犯罪嫌疑人 224 名，其中大陆 86 名，台湾地区 138 名。与此同时，广东省公安机关部署警力在境内开展同步抓捕，抓获从印度尼西亚、菲律宾等地入境回国的犯罪嫌疑人 39 人，破获包括香港地区案件在内的电信诈骗案件 3000 多起。10 月 31 日，公安部赴柬埔寨工作组联手柬埔寨警方、移民局联合开展抓捕行动，成功捣毁网络诈骗窝点 3 个，抓获犯罪嫌疑人 168 名，缴获大批电脑、手机、银行卡等作案工具，破获电信诈骗案件数百起。11 月 10 日，从印度尼西亚雅加达、柬埔寨金边起飞的中国民航包机分别在北京首都、上海浦东、杭州萧山和广州白云机场降落，254 名大陆犯罪嫌疑人被中国警方押解回国，涉及全国 20 多个省区市。

（二）防不胜防、精准性强

当前，犯罪分子紧跟社会热点，针对不同群体量身定做行骗方案，千方百计运用电信设备变换作案手法，编造五花八门的虚假信息，诱使人们上当受骗，每种骗术都在流行不久被人识破后就花样翻新，令人防不胜防，稍不小心便会上当受骗。比如，利用马航失联、中央巡视组、"爸爸去哪儿"节目等热点事件编造虚假信息实施的诈骗犯罪，让人防不胜防。不少诈骗团伙已经从过去的"乱枪打鸟"升级到"精准下套"。类似的"精准下套"源于诈骗分子想方设法收集了个人信息。过去他们往往用群呼、群发设备漫天撒网式打电话、发短信，成功率较低。现在逐渐发展成通过购买或利用钓鱼网站、黑客攻击、木马盗取等手段收集个人信息，由于能准确报出姓名、身份证号甚至住址、家庭情况、车牌号等信息，诈骗犯罪得手率更高。诈骗内容有专门点子公司精心策划设计，针对不同受害群体量身定做，步步设套，一段时间冒出一个新手法，目前有升级的趋势，诈骗不成，便向恐吓、勒索方向转变，危害比较突出。

（三）组织严密、产业化运营

电信、网络诈骗犯罪组织一般都由 4 个相对独立的犯罪单元组成，即组织领导、拨打诈骗电话、提供技术支撑、开卡和转账取款等部分，其中有的技术支撑组、转账取款组同时为多个电信诈骗犯罪集团服务，逐渐演变成一种专业化、职业化的犯罪团体，彼此相对独立、互为客服关系、相互间有明确分工，既有策划整个诈骗活动的"指挥组"，也有具体实施对话诈骗的"导演组"；既有专门负责网上转存、资金分解的"转汇组"，也有组织实施取款提现的"取款组"，作案环节可谓环环相扣，给公安机关的打击带来很大困难。另外，发送诈骗信息（或拨打诈骗电话）、诱导汇款、取款（或消费）各环节都已流程化，且分布在全国各地，部分环节甚至在境外，诈骗网站已放在境外，网页内容可动态调整，这使得很难捕捉到犯罪嫌疑人信息。

（四）窝案、次生犯罪群发

当前，电信网络新型违法犯罪形成了一条龙犯罪模式。从犯罪成员上看，有提供电话线路、服务器租赁的非法线路商，有提供银行卡服务的团伙，也有提供手机恶意程序、木马病毒，公民个人信息，"伪基站"、窃听窃照专用器材、无线屏蔽器、"黑广播"等设备的团伙。电信诈骗还呈现诈骗窝点分散、异地多卡取款、受害人员众多和远程操控犯罪等特点，大大增加了案件的查处难度。从涉嫌犯罪罪名上看，除了涉嫌诈骗罪之外，还涉嫌非法经营罪、破坏公用电信设施罪、虚假广告罪、非法获取公民个人信息罪、破坏计算机信息系统罪、扰乱无线电通信管理秩序罪、非法生产销售间谍专用器材罪等次生犯罪。这就使得打击网络犯罪难度、深度、复杂度加大。

二、网络诈骗新形式

网络诈骗犯罪是指行为人借助网络，利用数字化工具，使用虚构事实、隐瞒真相的方法，骗取公私财物的行为。当前，网络诈骗犯罪手段多样、日益翻新。比如，短信中暗藏木马链接诈骗、冒充10086诈骗、"机票改签/航班取消""网上购物退款"诈骗、"连环计"转出卡内存款、冒充熟人电话号码、冒充银行客服骗取卡号信息、扫描二维码方式植入木马诈骗、钓鱼网站骗取直接汇款、招工电话类诈骗、中奖诈骗短信、"猜猜我是谁"诈骗、中行"E"令升级诈骗、冒充公检法诈骗、购车退税诈骗、网络虚假信息诈骗等。这里，仅就典型、多发的网络诈骗形式进行梳理：

（一）网络投资诈骗

网络投资诈骗犯罪一般采用公司化运作，犯罪团伙主要由"股东""分析师""操盘手""业务员""代理商"5 类人员构成，往往打着合法公司的招牌，勾结网络软件公司在互联网上搭建虚假的大宗商品、农产品、贵金属、证券等交易平台，虚构物品、证券交易，以高额回报为诱饵诱骗客户投资。然后通过人工操作的网络交易软件，人为操纵交易涨跌、制造投资人资金交易"亏损"的假象进行诈骗，而这些"亏损"的资金就成了骗子的收入。由于此类诈骗利用第三方支付公司进行交易，模拟市场涨跌行情，欺骗性较强，多数受害人遭受亏损后，误认为是正常的市场波动，很多受骗群众直到公安机关找上门来才知道自己被骗。天天分红、高额返利的"分红式"网络投资诈骗是目前最常见的投资理财骗局，它最大特点是放长线钓大鱼，以投资公司为载体，以定期分红为诱饵，等网民投入小量资金后，前期定时给网民"分红"（返利），待网民不断追加资金或介绍亲友大量投资后，骗子就会关闭网站、销声匿迹。网络投资诈骗有着"高、大、上"的虚假外衣，有高收益、有大盘、有交易、有手续、有公司、有员工，极易让网民上当受骗。

网络投资诈骗的手段主要有（1）通过虚拟资金控制市场行情，在交易平台中设置虚拟账户，对该账户进行虚拟注资，用虚拟资金控制交易行情，并在交易平台中设置资金放大比例数十或数百倍于受害人的"主力账户"，通过放大后的资金优势操作、控制市场行情，致使受害人亏损。（2）进行"滑点"操作。按照商品的正规交易盘进行买卖，但在客户的成交金额上进行少量的增、减，从中牟利。或进行"延时"操作，但在客户盈利时，通过后台控制，制造服务器卡、关闭，或客户账号不能正常登录的情形，阻止客户交易，进而从中牟利。（3）代客交易赚取高额手续费。即以高额利润为诱饵，索取投资人用户账号和密码，而后或通过频繁交易，赚取高额手续费；或操纵客户账户故意亏损。

案例1："杨柳依依"网络投资诈骗案

2013 年 11 月，王先生在上网时收到了一条 QQ 请求添加好友的消息，

QQ 个人资料显示对方是一位昵称叫"杨柳依依"的女性，30 岁，头像是美丽干练的职业女性形象。王先生没多想就加了对方为好友，两人很快从各自爱好聊到了工作投资。"杨柳依依"自称是做服装生意的，平时还兼做白银、蓝田玉的投资生意，已经赚了不少钱了。网友"杨柳依依"就向他推荐了理财顾问罗老师，王先生随后加了罗老师的 QQ，罗老师建议王先生可以先在模拟系统里学习一下，等了解具体怎么操作后再进行投资交易，不过要模拟操作必须先开户，王先生按照对方的要求下载安装了一个名叫"金叶珠宝［0.00% 资金研报］订货回购系统"的操作平台，在网上签了开户合同。经过几天模拟系统的学习之后，王先生便投入了 2000 元到真实的金叶珠宝投资平台，并请罗老师给予指导，罗老师却因 2000 元本金太少赚不到手续费，拒绝指导。在该网友的劝说下，王先生心动了，转入了 20 万元开始炒蓝田玉，按照罗老师的指示进行操作，短短半个月之后便有了 5 万块钱的盈利，王先生很是高兴。罗老师鼓动王先生继续加大投资："最近形势大好，一定要抓住机会好好炒两把。"于是王先生又陆续将 30 万元转入该投资系统，按罗老师的指示购买了系统中的"蓝田玉材料"。哪知这天投钱之后却连连亏损，而罗老师却一直让其不断加仓，并称技术部没有说今天平仓，不要私自出仓，要保持好仓位，王先生乖乖按照指示操作。1 小时后，王先生在该系统账户里的钱都打了水漂。王先生这才感觉被骗，连忙报警。经多方排查及采用技术手段，鄞州警方在福建省福州市一个小区内端掉了这家"贵金属交易黑公司"。原来四位福建籍的 80 后年轻人杜小峰（化名）、赵小杰（化名）、钱小玲（化名）、孙小桃（化名）经商议后，于 2013 年 10 月在福建福州组建了一家公司，未办理工商注册登记等任何手续。杜小峰、赵小杰各占 30% 的股份，钱小玲、孙小桃各占 20% 的股份。公司成立后，四人以从事所谓的网络营销、推广贵金属投资业务的名义招募业务员，并对业务员进行培训指导，要求他们申请新的 QQ 号或利用公司配发的 QQ 号在网上寻找客户，编造投资贵金属获利的假象诱骗客户进入该公司指定的网上不法交易平台进行贵金属炒作，使客户陷入贵金属网上投资的骗局。该公司组织严密，股东四人各有分工，杜小峰与网上不法交易平台配合，并假扮贵金属理财顾问、操控客户交易；赵小杰负责公司培训等日常管理工作；钱小玲、孙小桃兼为业务员，又为公司招募其他业务员，并对新业务员进行培训及工作指导。自2013年11月至2014年1月，该公司利用诈骗手段骗取多位被害人资金共计人民币200余万元。公诉机关对该公司4名股东及业务员共计9人以诈骗罪向鄞州法院提起公诉。

案例2："E租宝"非法集资案

2016年1月，因"E租宝"骨干成员打着"网络金融"旗号非法集资500多亿，被检察机关批准逮捕。"E租宝"是"钰诚系"下属的金易融（北京）网络科技有限公司运营的网络平台。2014年2月，钰诚集团收购了这家公司，并对其运营的网络平台进行改造。2014年7月，钰诚集团将改造后的平台命名为"E租宝"，打着"网络金融"的旗号上线运营。公安机关发现，至2015年12月5日，"钰诚系"可支配流动资金持续紧张，资金链随时面临断裂危险；同时，钰诚集团已开始转移资金、销毁证据，数名高管有潜逃迹象。为了毁灭证据，犯罪嫌疑人将1200余册证据材料装入80余个编织袋，埋藏在安徽省合肥市郊外某处6米深的地下，专案组动用两台挖掘机，历时20余个小时才将其挖出。警方初步查明，"钰诚系"的顶端是在境外注册的钰诚国际控股集团有限公司，旗下有北京、上海、蚌埠等八大运营中心，并下设融资项目、"E租宝"线上销售、"E租宝"线下销售等八大业务板块，其中大部分板块都围绕着"E租宝"的运行而设置。从2014年7月"E租宝"上线至2015年12月被查封，"钰诚系"相关犯罪嫌疑人以高额利息为诱饵，虚构融资租赁项目，持续采用借新还旧、自我担保等方式大量非法吸收公众资金，累计交易发生额达700多亿元。警方初步查明，"E租宝"实际吸收资金500余亿元，涉及投资人约90万名。假项目、假三方、假担保：三步障眼法制造骗局"E租宝"就是一个彻头彻尾的庞氏骗局。"E租宝"对外宣称，其经营模式是由集团下属的融资租赁公司与项目公司签订协议，然后在"E租宝"平台上以债权转让的形式发标融资；融到资金后，项目公司向租赁公司支付租金，租赁公司则向投资人支付收益和本金。在正常情况下，融资租赁公司赚取项目利差，而平台赚取中介费；然而，"E租宝"从一开始就是一场"空手套白狼"的骗局，其所谓的融资租赁项目根本名不副实。他们虚构融资项目，把钱转给承租人，并给承租人好处费，再把资金转入我们公司的关联公司，以达到事实挪用的目的。"钰诚系"公司用收买企业或者注册空壳公司等方式在"E租宝"平台上虚构项目的事实。'E租宝'上95%的项目都是假的。他们用融资金额的1.5%～2%向企业买来信息，他所在的部门就负责把这些企业信息填入准备好的合同里，制成虚假的项目在"E租宝"平台上线。为了让投资人增强投资信心，他们还采用了更改企业注册金等方式包装项目。"高收益低风险"的承诺陷阱"1元起投，随时赎回，高收益低风险。"这是"E租宝"广为宣传的口号。许多投资人表示，他们就是听信了"E租宝"保本保息、灵活支取的承诺才上当受骗的。

（二）网络游戏诈骗

当前，网络游戏诈骗是一种呈爆炸式增长的新型犯罪活动，犯罪分子利用网络游戏装备升级、交易装备等为幌子实施诈骗，常见诈骗手法有：（1）数字游戏法：不法分子在与玩家交易时，金额故意少打一个"0"，稍不注意，玩家极易上当吃亏。（2）突然调包法：不法分子在交易时先放上先进装备，待玩家要进行交易时，以各种理由搪塞，提示无法交易，随后迅速调换外形相似的普通装备，让玩家完成付款交易。（3）冒名顶替法：不法分子故意起一个和玩家好朋友极相似的名字，和你好友的看上去一样，骗取他人的金币获装备。其实就是在你好友账号名上加些空格或其他特殊符号，以及换下账号的几个字的顺序，此时你稍微不注意是很难发现其中破绽，一旦你在疏忽大意时将行骗者误认为是自己的朋友，将游戏中的物品"借"给了对方，那么你的财产恐怕就有去无回了。（4）长线钓鱼法：不法分子先和玩家在网上交朋友，甚至以"情侣"相称，和玩家一起冲关升级，获取信任，待到时机成熟后找玩家借用极品装备，甚者套取游戏ID和密码，洗劫一空。（5）抛物快抢法：不法分子在交易时，故意称自己的交易系统或者计算机出现问题无法正常交易，要求将装备扔到"地上"或者交由"中介人"（常为同伙）进行交易，随后哄抢。（6）低价售物法：不法分子以低价销售游戏币及装备为名，骗取玩家信任，让玩家通过线下银行汇款，待得到钱款后即食言，不予交易。（7）装备代练法：不法分子在游戏中发布虚假广告，称可以低价代练装备，待得到玩家提供汇款后，便消失得无影无踪。（8）感情欺骗法：用这种方法的人城府是相当深的，千方百计地接近你，花大量时间博取你的信任，口上粘了蜜一样的"师傅""老大""大哥"的叫，得到信任之后提出帮你练级，要替你做这做那的，刚开始可能还好，慢慢的你会发现你的装备什么的越来越少，过不久你的忠实的"小弟"估计就跟你形同陌路了。（9）买卖账号法：不法分子以高价要求购买玩家的游戏账号，在获取玩家信任后，骗取玩家相关身份信息，将账号盗走。上述网游诈骗，常以正规网站面目出现，辅以第三方支付平台，具有很强的欺骗性，故群众不要轻易相信网络上的低价商品，未核实对方身份，切勿透露银行卡号、验证码、网购账号或密码等任何私人信息

案例 1：冒充网络游戏客服诈骗案。

湖南临武一男子冒充游戏客服，低价售卖游戏币，与作案对象联系上后，发送钓鱼网站。在仿冒的交易网站中，套取对方银行账号和密码。2015年 3 月，受害人李先生在玩某款网络游戏时，发现有人在游戏公告中发布消息说有低价的游戏币、钻石、装备出售，还留了 QQ 号。于是，李先生主动加对方为好友，询问怎么购买游戏币，并打开对方发来的购买网站。在网站的提示下，李先生填写了银行账号、密码和手机短信验证码。但等待许久之后，游戏币没到账，李先生却发现自己账号内 7800 余元被转账，于是报警，4 月 7 日，该男子王某在临武租住房内被抓，并供述自 2 月份以来，他利用钓鱼网站诱使 3 名受害人上当，诈骗钱财 1.1 万元。类似案件还有，2015年 6 月 2 日，广州警方反电信诈骗专线专线接到一名事主报警，其当天在某游戏装备交易平台购买游戏装备。随后自称该网站客服的人员通过 QQ 联系上，称其网上交易不成功、资金被冻结，要求其配合操作进行解冻。事主按照对方的指引，通过网上银行向对方提供的银行账户多次转账，合共 1.3 万元。

案例 2：网络游戏《魔兽世纪》诈骗案。

2015 年 2 月以来，淘宝网上一名叫"水灵龙 cindy"的卖家通过店铺对外销售著名网络游戏《魔兽世纪》的虚拟道具，其中商品"白毛犀牛"的单价为 1200 元，"幽灵虎""魔法公鸡"的单价为 1500 元。短短三天时间，就有大量买家拍下并付款，可付钱之后，卖家就石沉大海，没有了音讯。三天

后，淘宝因接到大量买家的投诉，这家网店被关闭。据李某供述，李某平时经常在网吧玩游戏，做过游戏代练，曾经也因为网络虚拟交易而上当受骗。为了顺利实施诈骗，李某先购买了一个二手店铺"水灵龙 cindy"，然后通过购买虚假交易刷信誉的方式对店铺进行包装，把店铺信誉度刷到了四钻，最后李某在店铺发布虚假商品信息，在买家拍下商品付款后，李某会以各种借口要求买家点击收货从而达到诈骗的目的。经查询交易记录，李某三天时间的诈骗金额高达 17 万元，被害人数量较多，且分布在全国多地。

（三）钓鱼网站诈骗

钓鱼是一种未经允许的电子邮件形式，它看起来像来自一家合法公司发送的，试图诱惑用户把账号和相关密码并经常解释说，公司记录需要更新，或者正在修改一个安全程序，要求用户确认你的账户，以便继续使用。钓鱼的一种常见做法是在电子邮件中包含一个表格，供收件人填写自己的姓名、账号、密码或者 PIN 号。钓鱼网站的行骗手段通常为，群发短信"善意"提醒，诱使网民上网操作；境外注册域名，逃避网络监管；高仿真网站制作，欺骗网名透露户口密码；连贯转账操作，迅速转移网银款项。钓鱼网站通常伪装成银行及电子商务，窃取用户提交的银行帐号、密码等私密信息的网站。不法分子仿冒真实网站的 URL 地址以及页面内容，或利用真实网站服务器程序上的漏洞，在站点的某些网页中插入危险的 HTML 代码，以此来骗取用户银行或信用卡账号、密码等私人资料。钓鱼网站的牟利模式通常为：黑客通过钓鱼网站设下陷阱，大量收集用户个人隐私信息，通过贩卖个人信息或敲诈用户；黑客通过钓鱼网站收集、记录用户网上银行账号、密码，盗取用户的网银资金；黑客假冒网上购物、在线支付网站，欺骗用户直接将钱打入黑客账户；通过假冒产品和广告宣传获取用户信任，骗取用户金钱；恶意团购网站或购物网站，假借"限时抢购""秒杀""团购"等噱头，让用户不假思索地提供个人信息和银行账号，这些诈骗分子可直接获取用户输入的个人资料和网银账号密码信息，进而获利。当前，互联网上活跃的钓鱼网站传播途径主要有八种：通过 QQ、MSN、阿里旺旺等客户端聊天工具发送传播钓鱼网站链接；在搜索引擎、中小网站投放广告，吸引用户点击钓鱼网站链接。假医药网站、假机票网站常用此手段诈骗;通过 Email、论坛、博客、SNS 网站批量发布钓鱼网站链接;通过微博、Twitter 中的短连接散布钓鱼网站链接;通过仿冒邮件,例如冒充"银行密码重置邮件",来欺骗用户进入钓鱼网站;感染病毒后弹出模仿 QQ、阿里旺旺等聊天工具窗口,用户点击后进入钓鱼网站;恶意导航网站、恶意下载网站弹出仿真悬浮窗口,点击后进入钓鱼网站;伪装成用户输入网址时易发生的错误,如 gogle. com、sinz. com 等,一旦用户写错,就误入钓鱼网站。

案例 1:盗用用户信息诈骗案。

2014 年 6 月,北京警方成功摧毁了一个利用钓鱼网站盗取用户信用卡资料并通过盗刷牟利的犯罪团伙。警方抓获盗号人员、机票代理、诈骗人员等嫌疑人 31 人,涉及盗刷案件 520 余起。经查,该团伙通过某网站平台发布虚假信息,诱骗网民登录钓鱼网站,非法盗取网民的个人信息及信用卡资料,再与机票代理勾结,通过网上快捷支付的方式购买机票并出售。该犯罪团伙已形成了一个完整的盗取公民个人信息、盗刷信用卡的黑色产业链条,涉案金额达 300 余万元。再如,广西南宁"村长"钓鱼案。2014 年 9 月,腾讯雷霆行动联合广西南宁警方成功地捣毁了一个以聊天诈骗为目的,非法制作、贩卖钓鱼网站的诈骗团伙,涉及木马制作者、钓鱼网站发布平台、诈骗团伙、取现团伙等一条完整的黑色产业链,并在广西南宁及重庆市抓获绰号为"村长"的业内头号钓鱼网站发布者等犯罪嫌疑人 6 名,涉案金额 30 万元。

案例 2:网银升级诈骗案。

近年来,以工商银行、农业银行等金融机构的手机银行或网银过期需要升级为由,进行诈骗的案件持续多发。诈骗分子通过群发短信,部分诈骗短信使用改号软件发送,来电号码显示为银行的官方客服号码,比如 95588、95599、95566 等,称当事人的手机银行、网银、电子密码器等将过期需要升级维护,并在短信中发送了与银行官方网站网址相近的钓鱼网站网址,诱骗当事人登录钓鱼网站,获取当事人账户号码、登录密码、口令卡密码或手机动态密码,并迅速将当事人账户内资金全部转走。例如,2013 年 11 月,余先生的手机收到一条来自 106575195599 号码的诈骗短信:"尊敬的农行用户您好,您的手机银行服务将于次日过期,请及时登入我行网址 wap. 95599xn. com

进行升级,给您带来不便敬请谅解(农业银行)"。余先生用手机登录该网址,按照提示输入了手机号码、银行密码及口令卡密码。仅仅 3 分钟后,余先生农业银行账户内 97000 元全被转走。无独有偶,叶女士的手机也收到一条显示为工商银行客服号 95588 的短信,称事主的工银电子密码于次日失效,要求尽快登入工行手机网 www.icbru.com 进行更新维护。叶女士用手机上网登录该网站,并按照提示输入手机银行登录密码、电子密码器密码后,其账户内 199987 元全被转走。再如,2015 年 9 月 7 日早上,许先生的手机收到了一条"95588"的号码发来的短信,短信提醒说:"您的工行电子密码器将于次日失效,请及时登录 www.ibnko.com 进行升级激活"。许先生就按照要求,一步步地输入银行卡号、密码、身份证号、验证码进行升级。当天下午 3 点左右,他收到一条 95588 发来的短信提醒,说他银行卡上的 310 元钱被转走了。他顿时感到很吃惊:自己只是升级了一下,卡上存的钱怎么会转走呢?他赶紧联系了工行客服,发现银行卡里只剩下一块多钱。许先生连忙报警。

(四) 网络购物诈骗

网络购物诈骗典型的手段有,犯罪分子为事主提供虚假链接或网页,交易显示不成功后,让多次汇钱诈骗;拒绝使用网站的第三方安全支付工具,私下交易诈骗;先收取订金然后编造理由,诱使事主追加订金诈骗;用假冒、劣质、低廉的山寨产品冒充名牌商品诈骗。典型案例如,网络购票诈骗案。不法分子通过搜索引擎、论坛、博客、微博等渠道散布虚假的低价打折机票、车票信息,诱骗网友访问,甚至直接套取用户的银行账户和密码。他们先"克隆"虚假购票网站,然后通过论坛、博客、微博等渠道散布虚假的低价打折票信息,并针对一些热门线路进行搜索引擎优化,诱骗网友访问;在进入"假机票网站"后,网页虽然和正常网站很相似,"假票网站"一般都不支持第三方支付,常常要求用户直接向个人账户汇款。绝大多数的"假票网站"一般会公开以 400、9501、800 等号码开头的客服电话,而"400"或"800"是很多大公司喜欢选用的客服电话。大家都误认为这种电话只有正规的企业公司才能使用。受骗用户汇完款后骗子却不给票,还会以各种理由欺骗用户,要求继续去 ATM 机上输入"激活码"转账,实际上是想通过一步步操作引导诱骗用户转出银行卡里的所有钱财。

案例1：网络购票诈骗案。

2014年春运期间，老家在湖南的刘小姐准备买张火车票回老家过年，在网上搜索到一个订购火车票的网址，并根据网页上的电话与一名自称是铁路运输部门的男子取得联系。"我说想买两张K1248宁波到湖南新化的卧铺票，身份信息也都告诉他了。过了一会，他说票已经预定好了，要我把买票的钱汇给他，就可以到售票点取票了。"刘小姐立即到银行把钱汇到了指定的账号上，"然后我打电话告诉他钱已经汇过去了。这时他又说，还要再办一张3000元存款的银行卡才能激活火车票。这下我就感觉不对了，一查果然是被骗了。"除了购买火车票时会遇上骗子，车票改签，也同样要当心。2015年1月6日，家住小港的王先生临时要变更出发时间，在百度搜索到一个可以改签火车票的网站。王先生拨通了网站提供的客服电话，"对方说他们是北京铁道部，可以改签车票，还给了我一个工商银行的账号，让我按照他说的转账。"王先生急着改签，就按照对方要求给对方转账588元。转完款后，改签车票却取不出来，王先生这才发现上当受骗了。买不到火车票就"飞回家"。还有，曹先生在百度上搜索到一个民航票务网站，按网页上的提示定购了3张从宁波到重庆的机票。"票价总共才1725元，和火车卧铺的价钱也差不多。我就急着赶紧买下，晚了机票可能还要涨价。"曹先生说。曹先生通过网银把钱汇到了对方的账户内。刚汇完款，曹先生就接到了该票务网站"客服"的电话。"说是我的身份证号码输错，检查后，我发现的确是输错了。按说输错了更正一下就行了，可是对方说订单已形成，改不了只能重新订票；而且退票也不行，要收取百分之三十的手续费。"曹先生这才明白，找了家黑网站，自己上当了！其次，网络购票诈骗也很容易发生在付款环节上，比如"假机票"诈骗案。网络订购机票因其快捷、价格便宜，逐渐被很多人认可，但一些不法分子也盯上了网络，冒充客服人员以低价吸引人们订票进行诈骗。2013年2月24日，事主王某收到一条信息，内容为："××航空紧急通知：尊敬的王××旅客，您预订的登机日期2014－02－25起降时间14：20－17：55城市：广州－沈阳航班因故已被取消。紧急提示：收到信息后请立即与本公司客服联系为您办理改签或退票，以免耽误您的行程。〔×

×航空官方网指定唯一办理客服电话：4009－961－×××]。"信以为真的王某立即拨打了该"客服电话"提出改签。电话另一头的"客服"称，如果改签的话，事主就要另外加20元改签费，并要求王某通过网上银行转账。"先查一查账户有多少钱，在转账过程中，输入大过账户余额20元的验证码验证后就行了"。"客服"随即给了王某一个账号。王某按照对方要求输入大过其网上银行余额20元的验证码转账，后发现被骗人民币208387元。无独有偶。2月23日，女事主陈某报警称，2月22日16时30分许，在荔湾区的公司内上网帮老板在携×网××航空购买贵阳－广州的机票，至23日10时22分许，被对方以航班机械故障需改签为由，分别通过手机银行、桥中河沙某银行自动取款机、中山八路某银行，先后给对方提供的银行账号转账人民币49988元、49988元、45678元，直至11时54分发现被骗，共损失人民币145654元。值得注意的是，在短信上，个人信息和航班信息清楚准确，很多人都会信以为真。因用户个人信息泄露，不法分子根据这些精准信息编造诈骗情节，让诈骗变得十分精准，成功率也极高。比如，2015年1月28日12时，中国羽毛球队知名运动员谢某某，手机收到一条机票改签的短信。此前，她在携程网上订了一张北京到深圳的飞机票。按照短信提示，谢某某与客服联系，并到北京西单大街一个ATM机前，向指定的银行账号转了10元手续费，在输入转账金额时，对方让谢某某输入她银行卡号的前5位并点击确认。谢某某银行卡前5位是45635，故被转走45635元。当时，谢某某对此操作提出过质疑，但对方称，"这只是一个验证码，以确认是旅客本人操作"，但就是在那一瞬间被骗。谢某某迅速报警。警方根据银行取款机上的线索追踪，发现儋州市民邓某叔侄涉嫌此案。不久，邓某叔侄落网。经法院审理，邓氏叔侄均构成诈骗罪，判处叔叔邓某有期徒刑1年6个月，判处小邓有期徒刑1年4个月，各判处罚金4000元。

此外，网络购物中"假手机""假琥珀""假蜜蜡"等诈骗案也层出不穷，特别是"双11购物狂欢节"，更是鱼龙混杂，防不胜防。

案例2：深圳"假手机"网络电信诈骗案。

2015年10月27日，龙岗公安分局宝岗派出所接华为公司报案称：其公司网站被人在互联网上制作假冒网站，以销售华为手机为幌子骗取消费者的钱财，并在消费者支付成功后拒绝发货，诈骗金额较大。受骗的消费者是通过搜索华为商城网站，然后与网站上留有的客服电话联系，选定手机型号支付购机款后，大部分人发现收到邮寄来的根本不是华为手机，而是劣质的山寨机和老人机，有的消费者甚至付款后一直没有收到手机。两个诈骗犯罪团伙都是通过制作假冒的华为商城网站、华为官方网站，并使用技术手段，经搜索网站推广平台推送至搜索置顶，消费者习惯性点击排在第一位置的网站后，就会进入假冒网站。团伙内部实行的是"股份制"公司化"经营"模式，如在胡某为首的团伙中，有3个股东，其中胡某与儿子、儿媳全家上阵，出资多是大股东，主要负责"售后服务"。嫌疑人孙某精通网络技术占"技术股"，负责制作假冒的网站、推广及日常维护和后台管理。另一名小股东是嫌疑人谭某，负责银行卡开户、发送"货不对板"的手机。一旦有消费者误入假冒的网站购买手机时，犯罪团伙中有专门的"客服"人员热情介绍手机性能，确认消费者已定购汇款后，再通知在深圳的发货嫌疑人邮寄劣质的山寨机和老人机。当消费者发现"货不对板"时或是没收到手机投诉时，有自称售后服务的嫌疑人出面以种种理由进行敷衍。消费者按正品手机3000元左右价格付款，收到的只是300元左右成本的劣质的山寨机和老人机。深圳龙岗警方辗转湖北、深圳两地，接连打掉了两个假冒华为商城网站进行网络电信诈骗的特大犯罪团伙，抓获35名犯罪嫌疑人，涉案价值达2000多万元。

案例3："刷单"换信誉商家伺机售假案。

王某和刘某通过"刷单"提高网店信誉，伺机销售假化妆品。据了解，嫌疑人王某和刘某曾在同一单位工作。刘某辞职后，于2012年5月开始在某知名电商平台上经营网店，销售化妆品。2013年12月，王某辞职与刘某合作。两人在昌平区承租房屋，先后注册多家网店，并招聘5名客服人员。经查，这几家网店均销售刘某购进的假冒注册商标的商品。据刘某交代，最初，他们从网上购买化妆品正品进行销售。为增加利润，他们从微信上联系购进假冒名牌化妆品进行销售。王某称，他们刚开始经营网店时销量不是很好。后来通过"刷单"提高信誉度。客服人员证实，在销售记录中，"刷单"占到70%。据了解，所谓的"刷单"是指模拟真实的网购流程，进行拍下、发货、收货、评价等，但实际上并没有货品被卖出。王某称，有人利用QQ

群从事刷单生意，店主只要将需求发在该 QQ 群，就会有人主动联系你"有偿"帮助刷单。客服在回答顾客提出的"是否正品、为何价格偏低"等问题时，一般会以"我们是会员，拿货是会员价"、"我们是厂家直销"等进行回复。对于一些顾客质疑为何到手的产品与正品不一样时，客服一般回答"因为产品的批次存在不同"。刘某说，他们网店上化妆品的销售价格会参考网上其他店铺的售价，销售价格一般比进货价格高 40% 左右，而销售的假冒品牌和正品价格至少差一倍多。2015 年 8 月 14 日，王某、刘某被查获，警方当场起获价值 80 万余元的假冒化妆品。目前，两人因涉嫌销售假冒注册商标的商品罪，被批准逮捕。

（五）伪基站诈骗

"伪基站"就是伪装成运营商的基站，一般由主机和笔记本电脑组成，通过短信群发器、短信发信机等相关设备能够搜取以其为中心、一定半径范围内的手机卡信息，并强行向这些手机发送短信。"伪基站"属于新型设备，有的只有 A4 纸大小，最大发射功率可达 60 瓦，可用遥控器控制"伪基站"的电源开关，并通过手机以 WIFI 方式联网控制"伪基站"设备，将编辑好的短信发送到"伪基站"进行群发。伪基站诈骗设备很简单，一台电脑、一台发射器、一根天线、一部手机、一个电瓶、一个电源转换器—这些设备组成的"伪基站"。"伪基站"可以测出某一区域通信公司基站的频点，在屏蔽附近用户正常手机信号的同时，群发垃圾广告和诈骗短信，并已经形成生产者、销售者、广告商、诈骗犯罪分子等一系列犯罪利益链条。它可大量群发短信，作案成本低；可绕开运营商端口，不受监管；可随处移动，逃避打击。犯罪嫌疑人通常将"伪基站"设备放置在汽车内，驾车在路上缓慢行驶，或者将车停放在特定区域，从事短信诈骗、广告推销等违法犯罪活动。它可以"广种薄收"：在银行、商场等人流密集的地方，以各种汇款名目向一定半径范围内的群众手机发送诈骗短信；也可以"定向选择"：筛选出"尾数较好"的手机号，以这个号码的名义发送短信，在其亲朋好友、同事等熟人中实施定向诈骗。"伪基站"还可冒用"95588"、"10086"等号码发送诈骗短信，或强行推送赌博、卖淫嫖娼、销售假冒伪劣商品等垃圾短信。

案例1：绍兴伪基站诈骗案。

2015年12月，绍兴市越城警方就抓获了两名犯罪利用伪基站在市区发送诈骗短信的嫌疑人。群众反映称手机里连续收到多条垃圾短信，并且这期间手机还无法正常接收信号。短信内容为"尊敬的建行用户：您账户已满一万积分可兑换5%的现金，请登入手机网wap.eebax.cc查询兑换，逾期失效"、"温馨提示：您的话费积分没有兑换即将清零，手机登录www.tvn.co，根据提示安装领取266元现金礼包。以免过期失效！《中国移动》"……警方在市区发现了一名疑似犯罪嫌疑人的男子，背着一个黑色双肩包，行色匆匆，他身上的背包就带着"伪基站"。他直接将伪基站放到书包里，伪装成背包客。和梁某一样使用伪基站发送诈骗短信的犯罪嫌疑人李某也在杭州一旅馆内落网，他是将伪基站放在了拉杆箱里，拖着拉杆箱，来回在各个街口游荡，里面的伪基站就会自动发送信息据悉，犯罪嫌疑人梁某12月初开始在绍兴街头利用伪基站发短信。而犯罪嫌疑人李某也交代，其每发送15万条信息，就能获得300元的报酬。目前，犯罪嫌疑人李某、梁某因涉嫌破坏公共电信设施罪已被依法刑拘。

案例2：伪"10086"积分兑奖诈骗案。

2014年12月以来，数十万广州市民收到"10086"发来的积分兑换现金短信，其提供的网址却与10086的官网不同，有人点进去，按提示激活下载软件，手机却中了木马，银行卡被莫名盗刷。广州警方联合茂名、中山、佛山、江门四地警方和中国移动省、市分公司，已经抓获这个冒充"10086"进行短信诈骗的特大团伙，抓获犯罪嫌疑人27名，缴获作案工具"伪基站"设备12套等。该团伙大部分成员都是茂名电白籍人，一半都是90后，且多是有专业技术的"黑客"。2015年4月10日至5月20日，他们就发送"10086"短信并植木马盗刷银行卡。"尊敬的客户：您的话费积分符合兑换498元现金条件，请用手机登录www.10086tct.cc根据提示激活，打开领取"。广州不少市民接到"10086"发来的类似短信。该短信与正常的10086短信处于同一短信界面，极难分辨。受害人高某收到一条涉及"10086"发来的积分兑换短信，高某随即用手机登录短信上的链接网址www.10086phk.com，并按照手机的提示信息输入与银行卡捆绑的手机号码、提现密码，提交后高某的手机就收到工商银行以及建设银行发来的银行卡被消费支出的提醒短信，高某的工商银行卡和建设银行卡一共被消费支付 16900 元人民币，高某才发现被骗，随即报警。案发前，广州警方已接报此类案件 400 多宗，每笔被骗数额从几千元到几万元不等，最高单笔被骗金额达十几万元。对此，广州警方开展专项侦查，发现一个以林某为首的广东电白籍团伙在广州以移动积分兑换为名进行诈骗。团伙成员主要分布在广州市白云区和茂名、中山、佛山、江门等地。5 月 20 日，广州市公安局组织 150 多名警力，联合茂名、中山、佛山、江门警方和中国移动省、市分公司，分别在上述五地统一收网，一举抓获包括团伙主要成员林某在内的 27 名犯罪嫌疑人，缴获 4 辆作案用车、12 套"伪基站"设备、7 台 POS 机、11 台电脑、90 部手机、60 张银行卡等。警方介绍，该团伙是通过"伪基站"设备强行向附近的手机发送"10086"短信，以兑换积分为名，引诱事主登录虚假移动网站，在骗取事主银行卡账号、密码、手机号码等关键信息的同时，通过木马拦截事主的银行验证码，将事主银行卡内的钱转到支付宝、易宝、宝付等平台进行消费。侦查发现，"伪基站"诈骗形成完整的产业链。该团伙已经形成了一套用"伪基站"进行诈骗的完整产业链，有明确分工。其中，嫌疑人叶某在互联网上注册了多个仿冒"10086"的虚假域名，并将部分域名出售给林某等人，林某团伙用这些域名建立了大批仿冒中国移动"10086"的虚假网站，如www. 10086cgk. cn、www. 10086cnr. cn、www. 10086vww. cn 等。这些网址域名看起来极似真正的 10086 官网，却在数字"10086"后多了 3 个字母。被抓获的 27 人中，绝大部分都是广东茂名电白人，基本是同乡，其中 2 人是兄弟。团伙成员年龄较小，基本在 20 岁至 30 岁之间，有一半是 90 后。团伙中还有大量的专业技术人员，有掌握木马技术的，有掌握网站技术的，有掌握银行卡盗刷的，他们分别负责不同的环节。该案中，嫌疑人的木马技术也有更新，嫌疑人的手机一旦点了链接被植入木马，木马便单独选择运营商、银行等官方机构发来的验证码等提示短信拦截，并同步转发到嫌疑人手机上。

伪基站的作案流程为：（1）注册伪装域名。嫌疑人叶某在互联网上注册多个仿冒"10086"的虚假域名，并将部分域名出售给团伙头目林某和肖某等人。（2）制作钓鱼网站。林某和肖某委托席某搭建并维护仿冒移动官网的钓鱼网站。（3）制售木马病毒。林某和肖某向专业人员霍某购买用于实施诈骗的木马，再转交给网站管理员席某仿冒中国移动官网10086的钓鱼网站。该病毒木马的作用是控制中毒用户手机，截取转发特定的短信。（4）发送诈骗短信。中山和广州的嫌疑人携带"伪基站"设备，在广州人口密集的地带流窜，发送"10086"移动积分兑换话费或套现的短信。（5）套取银行信息。被钓鱼的用户收到诈骗短信后，受诱骗点击相关链接，手机就被种植了木马，事主在虚假网站上输入的个人银行卡"4大件"信息（银行卡号、身份证号、密码、手机号）被骗取。（6）盗取存款洗钱。洗钱销赃人员通过预植的木马程序截获事主手机的随机验证码，并转发到指定的手机号，可到柜员机进行无卡转账或网上消费。

（六）网络中奖诈骗

网上中奖诈骗的作案手法通常是，犯罪分子利用传播软件随意向互联网QQ用户、MSN用户、邮箱用户、网络游戏用户、淘宝用户等发布中奖提示信息，受害人在浏览网页或者玩游戏的过程中，跳出一个小窗口，声称"您中奖了"，并给出一个网页的链接和查询电话。网页打开后，显示的往往是你中了某某知名公司奖项的通知或者成为幸运玩家被网站抽奖活动抽中，且奖金、奖品丰厚，与此配套的是精美的奖品图片和鼓动话语。只要按要求填写好个人资料，并按要求将领奖手续费汇到指定账号内就能得到奖品。由于和奖金相比，手续费只是很小一部分，受害人大多不会在乎。而后对方又称总奖金已提高，需要再缴纳保证金等，不断地找理由让受害人汇钱。等到受害人起疑时，对方的网页及电话往往已联系不上了。

虚假中奖诈骗。方式主要分三种：①预先大批量印刷精美的虚假中奖刮刮卡，通过信件邮寄或雇人投递发送；②通过手机短信发送；③通过互联网发送。受害人一旦与犯罪分子联系兑奖，即以"需先汇个人所得税"、"公证费"、"转账手续费"等各种理由要求受害人汇钱，达到诈骗目的。此类案件中，犯罪嫌疑人事先精心设计，通过自建或转用别人的网站群发器或网络方式，向不特定人群群发中奖短信，当事主抱着侥幸的心理登录网站后，骗子则会通过公证、保证等方式说明信息的真实性，并冒充客服人员，称事主手机号码被抽中大奖，但需要缴纳税费、保险费、公证费等费用后方能领取奖金，一旦事主上钩，冒充客服工作人员的犯罪分子便会要求事主在线网络支付或携带银行卡至银行 ATM 机按其提示操作或要求汇款至其指定账户，从而实施诈骗。

案例1：冒充"腾讯"公司员工发布虚假中奖信息诈骗案。

福建宁德中级人民法院 10 月 24 日发布消息称，该院近日二审审结一起特大电信诈骗案件，犯罪团伙通过互联网发布"QQ 中奖"等虚假信息，诈骗全国各地受害者金额 265 万元，8 名团伙成员分别被判处 11 年 6 个月至 1 年 3 个月不等有期徒刑。具体案情是，2012 年 5 月，被害人何某在宁德蕉城区家中上网，看到其 QQ 号中了二等奖的信息，奖品为 8.8 万元和一台三星笔记本电脑，他当即拨打中奖信息上的联系电话。犯罪人员陈某冒充"腾讯"公司员工接听电话，以领奖需要交纳手续费为由诱骗何某向指定账户汇款 2600 元，其后，陈某又以需要缴纳个人所得税的名义骗取何某 8800 元。陈某发现被害人何某比较容易上当，便指使同伙主动拨打何某的电话继续诱骗，犯罪人员冒充"腾讯公司老总""银行行长"等身份，继续以缴纳个人所得税、媒体宣传费、购买激活码、获奖证书等种种名义让何某汇款到指定的银行账户。何某信以为真，于 5 月 3 日至 4 日陆续通过网上银行转账汇款到犯罪人员指定的 5 个账户，汇款金额共计 71.5 万余元。法院审理查明，2012 年 1 月至 7 月间，以陈某为首的犯罪团伙在互联网上发布"QQ 中奖""低价购买火车票、飞机票"等虚假信息，骗取各地受害者金额共计 265 万元。

案例2：浙江湖州短信"虚假中奖"诈骗案。

2014 年 5 月，浙江湖州警方摧毁了一个群发诈骗短信的犯罪团伙，抓获犯罪嫌疑人 18 名。经调查，自 2012 年以来，该团伙由组织者联系诈骗上家人员接收群发诈骗短信业务，再用电话、网络等渠道将任务派单给下家，由下家通过群发器、SIM 卡和电脑等设备，累计群发中奖等网络诈骗短信上亿条，非法获利 300 余万元。无独有偶，犯罪嫌疑人钟某利用在互联网上购买的 QQ 号（号码：1270071268，昵称：系统抽奖）向被害人王某某的 QQ 号发送虚假中奖信息，称王某某已获得腾讯公司周年庆典二等奖的奖品 1 台三星笔记本电脑及奖金4.8万元，王某某向虚假中奖信息中的联系方式打电话询问，被告人钟某谎称其是腾讯公司客服中心工作人员，并称兑换奖金和奖品需要缴纳2800元的手续费，王某某信以为真，于当晚通过其银行账户向被告人钟某提供的银行账号转账2800元，后被告人钟某以需要缴纳个人所得税、过渡费为由，分别骗取被害人王某某人民币5800元、2000元、3188元。

（七）"补卡解码"诈骗

"补卡解码"是指不法分子盗取网民的qq邮箱、支付宝等各种账号和密码来挂失、补办手机卡，用手机卡盗取网银账号，然后和邮箱qq密码进行比对，如果密码是相同的就会窃取网银，盗走银行卡钱。这是一种新型的信用卡诈骗手段，其犯罪手法可以简单地概括为四个字，即"补卡截码"。所谓"补卡"就是犯罪嫌疑人利用伪造的受害人身份证，到通讯运营网点补办与银行卡绑定的手机卡。所谓"截码"就是犯罪嫌疑人补卡成功以后，在盗刷、盗转受害人银行卡时，利用所截获的短信等动态验证码信息，在没有银行卡密码或网银支付密码的情况下也能将钱转出并已经形成了一条完整的犯罪链。"补卡解码"诈骗必须借助钓鱼网站完成。这类钓鱼网址往往只能在手机浏览器中打开，使用电脑浏览器访问时会提示必须用手机打开，或者干脆不显示内容。骗子利用伪基站设备发送短信大量传播，谎称网银密码器到期升级、异地异常消费验证、信用卡提额、刷卡消费兑换积分等等谎言，欺骗受害者提交身份证号、姓名、银行卡号、密码等信息，骗子拿到这些信息后再采取"补卡解码"、下载手机病毒拦截交易验证码，或者干脆电话或QQ骗取验证码，将受害者网银一扫而空。"补卡截码"犯罪流程为（1）利用钓鱼骗取受害人"四大件"（身份证号、银行卡号、密码、手机号）。（2）制作受害人假身份证并恶意补卡。利用获取受害人姓名和身份证号制作假身份证，身份证头像会被换成骗子的头像，然后骗子持假身份证到通信营业网点补办手机卡，因部分网点未能很好地落实手机卡实名制的规定，且未使用第二代身份证识别器鉴定身份证真伪，导致不法分子补办受害人手机卡成功。（3）补卡成功，迅速盗窃。被补卡后，受害人手机立即无法使用，不法分子会在最短的时间内迅速使用受害人身份消费，所有身份验证短信被不法分子截获，受害者银行卡内资金悉数被盗。

案例 1 补办手机卡诈骗案。

2015 年 9 月，江苏的刘小姐突然发现自己的网银账户无法登陆了，经查证，原来是密码被人改了，银行卡账户里的 18 万多元也不翼而飞，其原因就是被人"补卡解码"了。原来，骗子利用伪造的身份证，补办与银行卡绑定的手机卡。骗子补卡成功以后，利用所截获的短信等动态验证码信息，在没有银行卡密码或者网银支付密码的情况下将钱转出。而盗刷的方式主要是通过第三方支付平台或者网银转账。为此，除故障因素外，如果手机长时间没信号或无法使用，就要警惕，很可能被他人补办了自己的手机卡，更换了手机号。出现上述情况，一定要及时解绑相关的银行卡。如果发现网银被盗，第一时间跟银行联系，或采取银行卡挂失等隔离措施，若发生资金损失，应立即向警方报案。

再如，2015 年 4 月湖北荆州警方成功侦破了湖北省首例恶意补办手机卡盗刷银行卡资金系列案件，将以代某某为首的涉嫌新型信用卡诈骗的犯罪团伙 20 人一网打尽。2014 年 12 月 1 日，受害人何某到荆州开发区公安分局长港路派出所报案，称银行卡内的 3 万多元钱不翼而飞。其间，卡一直在他身上，也没有在网上购物。而且，他的手机突然显示"卡未注册"，无法正常拨打电话和发短信。据何某介绍，当初他在银行办卡时，预留的就是这个突然"作废"的手机卡。随后，民警通过电信部门查询，得知何某的手机卡曾被人在监利县补办过。就在民警对此案进行调查中，12 月 30 日，曹某来报警称银行卡内的 8 万元被人取走。根据曹某描述，其情况与何某如出一辙。经调查，曹某的手机卡也曾被人在监利县补办过。专案组在仙桃市将该团伙主要犯罪嫌疑人代某等 8 人抓获归案，并乘胜追击，分赴海南、温州、深圳、山西临汾等 10 余省市，行程 3 万多公里，成功地将为该团伙提供储户信用卡信息（供料）和转账（洗料）的何某某等另外 7 名犯罪嫌疑人抓获归案。该案共侦破系列案件 10 起，涉案金额达百万元，收缴作案用手机 30 余部、笔记本电脑 3 台、银行"黑卡" 10 余张、手机"黑卡" 10 余张、银行卡复制器一套、伪基站一套，成功斩断了继续伸向银行卡资金的黑手。本案中，犯罪团伙在互联网上相互勾结，由深圳、海南嫌疑人负责"供料"，其中包括深圳某银行一女性职员，向犯罪嫌疑人代某提供储户信用卡"四大件"（身份证、银行卡号、手机号、密码）等信息。之后，代某利用这些个人信息再找高位截瘫的陈某帮其制作受害人的假身份证，然后组织补卡者持假身份证到电信运营网点补卡。补卡成功之后，为其"洗料"的下线负责将银行卡内资金盗刷、盗转，从而完成整个犯罪过程。据代某供述，他与案中很多嫌疑人只是在网上联系，从未见过面，他对外名字叫"周杰"，每一个帮他成功补卡的人都可以获得一万元不等的费用。本案中，犯罪嫌疑人作案目标特定，选择的作案目标均是开通网银，具有网上支付功能，且未绑定"U盾"等安全工具的银行卡。此类银行卡登录网银转账时只需要"登录密码 + 手机动态验证码"即可，犯罪嫌疑人恶意补办受害人手机卡后，即可获知上述密码，继而实施违法犯罪。此外，犯罪嫌疑人利用电信运营商在城乡接合部实名制补卡审核把关漏洞，利用假身份证恶意补办到受害人网银绑定的手机卡，通过重置密码方式获得网银密码和动态验证码，从而最终实现盗转储户信用卡资金的犯罪行为。

（八）"醒目"信息诈骗

当收到"看看你干了什么好事"的手机短信时，有的市民出于好奇心，点开链接后，其手机就感染了病毒，其结果就是手机银行、支付宝内的存款不翼而飞。这类短信都带有木马病毒，点击后，手机就会安装木马程序，从而，手机里运行的程序或软件就有可能被监控，如QQ、微信、支付宝、手机网银等，且木马程序还有可能自动运行手机，向手机通讯录里的联系人群发带有病毒的短信。一旦手机感染病毒，不但会产生大量短信费用，还会带来个人信息外泄、网银被盗、手机其他联系人也上当受骗等隐患。

案例1："你看你最近都做了什么好事"诈骗案。

2015年3月，贵州省遵义警方透露，该市不少民警最近都接到以局领导名义发送的诈骗短信，诱导手机用户点击指定网址，下载木马病毒。该条短信的内容为：×××，我是×××，你看你最近都做了什么好事，都传到网上了，并附有网址，你自己看看吧，下载打开激活就看到。短信中的两个"×××"，分别为手机用户名和遵义市公安局某领导的名字。事实上，这个网址链接的是某种木马病毒程序，木马病毒程序一旦被激活，会自动读取手机里用户信息、网银资料等。这种诈骗短信是经过精心策划，针对不同群体设置内容后发送的。

案例2："你自己看吧，丢人啊！"信息诈骗案。

随着手机的大量应用，病毒传播类网络安全案件正逐渐向手机终端蔓延。手机用户盲目打开不明来源的链接或扫描二维码，手机里存放的个人敏感信息，如身份证照片、银行卡号码及密码等均被病毒木马窃取。骗子向手机用户发送敏感信息，比如"×××经济报，你自己看吧，丢人啊！（网址）"；"×××，这是我们以前的照片，你手机打开看看。（网址）"；"你竟然做出了这样的事，实在让人不能原谅！（网址）"；"看你干的好事，自己看吧！打开，证据都在里面呢！（网址）"；"有人悄悄在生日管家记录了您的生日，点击了解（网址）。"；"闽C××××于市区闯红灯，拟扣6分，罚款200元。电子拍摄记录已上传，违章查询（网址）（交警一大队）。"这些短信后面均附有一个网址。有多人曾收到类似短信，且短信的称呼都能直呼其姓，甚至是全名、职业、工作单位的信息都很准确。这类短信一般都是外地号码发出，且大多数发送的时段在晚上或清晨，这个时候，市民防范意识没那么强，一旦好奇点开链接，手机就会中毒。对于短信中能直呼其名、职业等问题有可能是市民的某个手机联系人的手机中毒后，其通讯录被窃取。

（九）隐藏木马病毒的"伪链接"诈骗

诈骗分子可以通过一些交友网站拿到一些人的手机号码，然后通过某安全公司的一些网盘，来推送给你一条带'木马'链接的信息，因为这条信息是来自于安全公司的网盘，用户会认为里面没有风险。当用户点击这个含有木马病毒的"伪链接"以后，手机就会被控制。不法分子借此可以拿到用户的短信和验证码，接着通过一些网购平台，或电信运营商的平台拿到用户的身份信息和银行卡信息，最后在用户毫不知情的情况下把银行卡开通支付功能，把钱取走。此外，网络黑色产业链如今呈现出新特性。犯罪团伙的分工专业化越来越细。比如一个诈骗团伙就可以分为头目、盗号人、聊天人、取款人。"头目"负责整个诈骗的实施，有专门人来设定诈骗的场景，把用户带到这个场景当中，而"盗号人"负责专门植入"木马"盗号，"聊天人"冒充被盗人的亲属和好友进行聊天，而"取款人"通过 ATM 机取现。另外，网络黑产跨平台诈骗的趋势凸显，不法分子通过某一网购平台购物，利用另外一个公司的聊天软件去接触。如此一来，就可以脱离任何一家互联网公司的技术打击。为防范此类犯罪，手机勿裸奔勿点开不明链接。对于一些来历不明的链接和非官方软件，解决不点击不下载，去正规应用市场或官方网站下载 APP。同时，手机和电脑需要安装安全防护软件，不要裸奔。针对安全性较高的 IPHONE，用户则不要"越狱"，否则不仅不受苹果保修，还为不法分子打开了"大门"。

案例 1：重庆警方捣毁"手机短信拦截马"盗刷银行卡案。

2014 年 6 月，重庆警方破获的一起利用手机短信拦截木马盗刷银行卡的网络犯罪案件，该案的两名主犯是在校应届大学生。受害人吴先生向重庆警方报案称，他绑定手机的两张银行卡被盗了 8 万多元，而他的手机并没有收到任何短信提示。警方侦查人员发现，吴先生的两张银行卡盗刷的 8 万余元都是通过网购，以线上支付的消费方式被盗走。同时，吴先生 2 月份有三天的手机银行短信全部被转发到了另外一个陌生的手机号码上。而根据被盗刷两张银行卡的交易流水显示，被盗的 8 万多元被用来在网购平台上购买手机、相机、手表、电话充值等。随后，警方在广州抓获了嫌疑人林某。在其家中，警方发现了其用事主吴先生的银行卡在网上购买相机、手机、手表和平板电脑等赃物，并在林某电脑上发现了一款用于作案的"木马"程序。吴先生的手机正是被林某电脑上一款名为"手机短信拦截马"的"木马"程序所入侵。警方还根据网友的举报，以及林某提供的证据，最后锁定了黑龙江省某市两名在校大学生陈某和王某，认定他们就是这款"木马"的制作者。而在陈某的电脑中，警方查获了其用于作案的"手机短信拦截马"源程序。陈某和王某就通过技术制作病毒代码提供给林某这样的人，最后他们将盗取的钱财分成。据陈某和王某交代，从 2013 年 12 月开始，陈某负责制作"木马"，诈骗分子则利用它通过各种方式去诱导其他人下载到手机，比如通过时下热门社交软件，或者假扮买家给网购平台上的卖家发送"木马"链接。而且，"木马"除了链接外，还会伪装成各种美女、足球等图片。一旦点击了这个图片，手机就会被"种"下"木马"，先是盗取机主的身份信息，然后以此开通网络支付，修改并拦截短信验证，从而进行盗刷。据悉，吴先生回忆，此前他曾经点开过陌生手机号发来短信中的一个链接。机主点击链接之后，不法分子就用专门窃取手机验证码的"木马"，获取机主的个人信息，同时再获取其手机验证码，最后实施资金转移。

案例2：内蒙古病毒盗链盗刷银行卡案。

2015年2月，内蒙古包头市的穆女士点开了一条自己手机上的短信网址链接，结果几天后与手机捆绑的银行卡竟然被盗刷了6000多元。几天前，穆女士收到自己父亲转发来的一条短信，内容说：自己的手机坏了，希望能帮忙看一下链接里面的内容。自从点过这个链接后，穆女士的手机始终提示有病毒存在。两天后，穆女士陆续接到了多名朋友打来的电话，问她给大家发的带有网址链接的短信是怎么回事，原来，那条奇怪的短信，竟然通过穆女士的手机，自动转发给了手机通讯录中的朋友。这下，穆女士警觉了。穆女士当天晚上九点多给银行打电话，把跟手机捆绑的所有的银行账户全都封了。账户暂时安全了，穆女士放心了，但是接下来的几天，由于工作需要，穆女士又把银行卡解冻，并且还取了五千块钱。取完钱从银行出来也就十分钟，就有一个短信提醒说穆女士银行卡消费了487元，接下来的半个小时，穆女士接连收到了20多条消费短信，银行卡里的6000多元瞬间被异地消费掉了。从短信来源看，发送短信的人叫黄振洲。穆女士说，这人是父亲一位相熟的老朋友。而黄振洲说自己压根没发过那条带链接的短信，自己也收过这种短信，链接也打开了。经过警方鉴定，原来这条短信的网页链接暗藏着一个手机病毒。只要点开链接，手机就会被自动安装一个病毒程序，这个程序会盗取手机里的电话本，然后再以机主的名义，向手机里的联系人继续发送这样的短信。病毒还能窃取你的姓名、手机号码、身份证号码、银行账户等个人信息，然后在后台通过网络支付工具，开通第三方快捷支付方式。开通之后，验证方法就是手机的密码，因为犯罪分子已经事先截取了手机短信，不需要银行密码就可以直接盗刷银行卡。这些病毒往往通过短信、邮件、第三方应用程序等载体传播。一旦这些病毒装在了手机上，却很难再被删除。

（十）网络贷款诈骗

网络贷款诈骗花样翻新，常见贷款诈骗手段有：（1）无抵押无担保贷款诈骗：以无抵押无担保贷款当天发放为诱饵，骗取借款人提前缴纳所谓的利息费、手续费、担保费等资金。其实，真正的贷款并不需要在见到放款前缴纳任何费用，如若不了解流程，借款人极易上当。（2）网络转账诈骗：该类骗局仍以轻易为借款人放款为诱饵，但往往称资金需要经过中间中转，如骗子称已到中间账户等，需要提供借款人的银行卡账户密码，如果借款人提供了该密码，那银行卡中的资金就将转。（3）以合同为要挟骗取借款人：如果借款人提出贷款申请，对方会以传真等形式将合同件发送过来，然后称借款人需签名传真回来。但之后，便以合同为要挟，称必须缴纳相关费用，否则违反合同法。（4）冒充正规机构大肆行骗：现在不少贷款骗子都学会了"借壳"，谎称自己是正规的小额贷款公司、担保公司，实施全国放款。其实，只需要在工商部门及金融主管单位进行查询，便可得知对方信息的真假。此类诈骗犯罪手法有以下特征：一是贷款门槛低，只需要提供基本资料，无须抵押和担保；二是冒充真实的贷款公司开设网站，伪造虚假证书执照以增加可信度；三是自称放款速度快，申请成功数小时内放款；四是贷款利率低，月息只要1%－3%；五是号称公司在各大城市都有分支机构，各地都可以方便办理业务；六是只提供手机号、联系人和QQ，无固定电话，无具体办公地址；七是待借款人联系后，不法分子会以支付"预付利息""风险保证金""手续费""考察费"等名义要求借款人向其账户汇款。借款人一旦放松警惕误信谎言，向对方银行账户支付利息或费用，就陷入了犯罪分子的诈骗陷阱。随后，被害人就会发现根本无人放款，电话再也联系不上。

案例1：网络无抵押、无担保贷款诈骗案。

受害人欧阳女士因创业急需一笔资金，四方筹措后仍有很大缺口。欧阳女士无奈之下在互联网上搜索到一个名为"北京石金小额贷款股份有限公司"的网站。点击该网站后发现网站制作精美，网页上各种证书齐全，更有一些"贷款者"的感谢信。看到这些后欧阳女士深信不疑，立即按照网站上显示的业务QQ和该"公司"客服联系。经过一番了解后，欧阳女士确定这是一个正规的放贷公司，而且无须抵押，当即表示自己需要贷款 4 万元，问该公司能不能放款。"客服"称需要请示经理，经理回话说可以放款，但是需要欧阳女士先办理一份 800 的平安保险，以便公司掌握客户的身份信息，客户只需要汇款过去由"公司"代办即可。欧阳女士向对方提供的银行账号汇去第一笔款。办完"保险"后，一个自称是该公司业务部"王经理"的人打来电话，告知欧阳女士由于他们公司是无抵押放贷，所以按规定需要客户先支付利息，欧阳女士想想觉得"有道理"，于是又向对方提供的银行账号汇去两年的"利息"共计 6000 多元。支付"利息后"，"王经理"告知欧阳女士现在可以放款了，但是还需要到北京某公证处做一次公证，公证费由贷方出，需要 1000 元，欧阳女士又按对方要求汇去 1000 元。第二天，"王经理"来电告知欧阳女士已经放款并提供一个"银行查询"的电话号码给欧阳女士，称欧阳女士可以拨打该电话查询款项到账的情况。欧阳女士立即拨打该电话查询，不料"银行客服"告知已到账 5 万元，比贷款金额多出一万元。欧阳女士打电话询问"王经理"怎么回事，"王经理"回答由于财务部操作失误，多放了一万元，要求欧阳女士将多余款项退还公司。于是欧阳女士再次向对方提供的银行卡号汇去 1 万元。汇款后，"王经理"再次联系欧阳女士，要求她传一份她银行卡的资金来往明细给他们"公司"，以验证欧阳女士是否有还款能力。欧阳女士按对方要求传了一份明细过去，对方看了之后称未见卡上有大额资金进出，不认为有还款能力，所以需要欧阳女士再汇一万元过去方便他们做假账，于是欧阳女士又按对方要求汇去 1 万元。汇款后，欧阳女士发现自己的银行卡中并未有"5 万元"的贷款到账，顿感不妙，于是询问"王经理"怎么回事，"王经理"借口可能是银行转账不能及时到账的缘故，要她耐心等等。欧阳女士这时越想越心惊，自己贷款一分钱没拿到，反倒陆陆续续给对方汇去了 35000 多元，会不会遇上骗子了？于是欧阳女士提出不办理贷款，要求"王经理"将她所汇的钱退回，"王经理"称退款可以，但是需要欧阳女士再汇 4000 多元的退款手续费，欧阳女士这时终于恍然大悟，意识到这是一个骗局，于是向警方报案。2013 年 12 月，江西省抚州市公安局网安支队成功侦破这起涉案资金达三百余万元的网络贷款诈骗案件，抓获犯罪嫌疑人 4 人，现场缴获作案电脑 5 台及 28 部作案手机和

43 张银行卡，冻结涉案资金 13 万元。

案例 2：台湾人为首的特大网络新型诈骗案。

受害人香港刘某到深圳市公安局刑侦局报案称：他通过对方短信和网站得知深圳富达公司开展所谓快速贷款业务，对方开出的放款条件极低，为低息或无息且放款速度快捷，他因手头资金周转吃紧，遂马上联系富达公司请求贷款。在得知刘某意图后，对方要求其表示借款诚意和体现还款能力，刘某对对方的提问一一作答，并按要求输入银行信息。最后，刘某在自己的账户上按要求存入保证金、授信费、律师费、手续费共计 170 余万，但不久后，刘某即发现存在自己银行账户上的这笔钱不翼而飞，他随即报案。随后，专案组发现以同样手段被骗的并不止刘某一个人，这是一起高智能型的系列盗骗案，其中涉及被骗客户多达数百名，涉案数百宗，涉案资金过亿元人民币，受害人分布在深圳、珠海、上海、武汉和岳阳等数十个城市。自 2007 年 12 月 25 日至 2008 年 1 月 8 日，以台湾人彭某崇（男，34 岁）、王某达（男、37 岁）等 7 人为首的网上盗骗团伙头目先后在广东、湖南、湖北等地落网，团伙成员何某莉（女、20 岁、湖北人）等 11 人也同时落网。彭某崇等人从台湾引进作案技术和工具，然后在大陆通过人才市场以公司名义招聘年轻女性，针对网上诈骗进行专门培训后，彭某崇等人将诈骗程序进行精心设计，以能够提供免息或快速贷款为诱饵，通过短信和网站骗取一些急需资金周转生意人的信任，当有事主与虚假的富达公司联系时，案犯就以贷款为由要求事主按设定格式输入提供个人或公司资料、账户信息等等，当贷款方在自己电脑上输入自己的信息时，案犯通过语音网关及相关软件获取该信息，案犯很快骗取事主的账号和密码信息。由于贷款方急于得到贷款，彭某崇等人不断要求对方在自己账户上存钱，由于贷款方认为钱是存在自己的账户没有任何戒备，于是不断存钱进账户，不想自己账户已被该团伙控制，该团伙成员得手后迅速将事主账户内的资金全部盗走。该团伙按公司化运作，从人才市场招进业务员后分配到该团伙控制的分布在多个城市的窝点，分配至窝点的成员经过统一培训，然后一是由老板分配不同的手机号码的号段，接到任务的业务员不断地向所持号段的手机发送骗人信息，二是在网站设置骗人程序诱使他人逐步上当。每个业务员跟定所谓"客户"后，然后一直"跟单"到底，如果骗金一旦到账，团伙成员人手持一卡很快将数百万现金通过转账方式分批转走。如果团伙最后成功拿到骗金，业务员都有不同程度的奖励。2008 年 1 月，深圳警方成功捣毁这一专门针对网上银行的特大盗骗团伙，以 7 名台湾人为首的 18 名作案成员全部被抓获归案，该团伙利用具有高科技含量的新型工具从事网上银行盗骗，致使内地数十个城市的数百名客户受损，涉案资金总数过亿元。

（十一）二维码、WLAN、WIFI、微信公众号 AA 诈骗

二维码以其特有的功能，为人们带来方便，但新的安全隐患也随之而来。近日，有不法分子利用二维码新技术，传播恶意网站，发布手机病毒，手机用户在"拍一拍、扫一扫"的过程中，不知不觉跌入陷阱，轻则个人信息被泄露、倒卖，重则被乱扣话费并消耗大量上网流量。二维码技术已然成为手机病毒和钓鱼网站传播的新渠道。利用二维码实施木马钓鱼的伪装性很强，这种钓鱼方式主要针对的是淘宝卖家。骗子以买家的名义联系受害者，并以看上了受害者淘宝店铺中多件商品的名义发来二维码，要求受害者用手机扫描后即可看到详情。受害者卖货心切，扫描二维码后，其实是下载了一个手机木马。该木马会拦截并窃取受害者的验证码短信，黑客利用验证码短信，并通过其他渠道获取受害者身份证号，即可盗刷受害者的支付宝账户。"二维码"暗藏病毒。如今对二维码的监管尚属"空白"，不法分子在网上下载"二维码生成器"后，再将病毒程序网址粘贴其上，"坐等"受骗人扫"毒"。

另外，"免费 WI－FI"黑你没商量。随着网络科技的发展和普及，为吸引招揽顾客，现在越来越多的商场、娱乐场所、餐饮、酒店等公共场所投顾客所好，提供免费公共 WIFI，但是随着蹭网族的壮大，因使用手机上网，发生支付宝、网银账户资金被盗案件也随之增多。这种骗术非常简单，仅需一台电脑、一套无线网络及一个网络包分析软件，设置一个无线热点 AP，就可以轻松地搭建一个不设密码的 WIFI。此类 WIFI 名称往往同一些商场、酒店、餐饮场所提供的公共 WIFI 名称类似，市民很难分辨哪个账号是不法分子搭建的。一旦有蹭网者通过 WIFI 信号上网，骗子便可通过替换非法网站，轻松截获网络数据并破解密码，篡改收款人转账接受账户等方式盗取转移受害

人的钱财。现如今公共场所免费 WIFI 铺天盖地，市民很难分辨哪个账号是不法分子搭建的。如果不慎使用了，不法分子只需 15 分钟就可窃取手机上的个人信息和密码，包括网银密码、炒股账户密码、信用卡账户密码等。利用 WIFI 窃取他人信息，主要手段有，以假当真：把正当网站的地址"绑架"到自己的非法网站上。使用者输入的网址虽然没错，但登录的却是一个仿真度极高的假网站；半路拦截：不法分子还可以依靠软件截获网络数据，再通过分析软件，对数据进行分析破解来获得账号和密码；偷梁换柱：有些"菜鸟"黑客破解不了用户的账户密码，却可以通过陷阱 WIFI 截获受害人转账的接收账户，改成自己的账户，就能收到受害人的转账。

还有，微信公众号 AA 诈骗，也成骗子新宠。AA 收款是一个用于聚会、活动等场景，向多人进行平均收款的便捷转账工具。微信表示，收抢微信红包从来不需输入密码，春节期间有人利用 AA 收款实施诈骗，通过"伪装红包""转发返现"等非法手段骗取钱财。骗子先是假冒官方销售或活动人员，以极低的价格销售假的产品或参与就送礼，来打动不知内情的网友。然后，套取微信号和密码，登录你的微信盗取你微信钱包里的钱。甚至欺骗你的朋友购买他指定的商品或打钱到他指定的账号。针对猖獗的微信公众号犯罪，微信官方的"谣言过滤器"在 2015 年就封停众多公众微信账号，其中不乏微信名称为"XIAOMI"（微信 ID "ZHANGSHANGXIAOMI"）、"健康养生"（微信 ID "JKJK300"）、"全球热点资讯"（微信 ID "QQ－RDZX"）、"冷笑话"（微信 ID "LENGXIAOHUAS"）、"火辣短片"（微信 ID "HUOLATV"）、"早安正能量"（微信 ID "ZAOAN456"）以及"珠海活动平台"（微信 ID "ZHUHAIBEST"）等的公众号。

案例 1：免费 WIFI 手机网诈骗系列案。

2015 年 6 月 9 日，一女子在麦当劳门前高举抗议牌表示抗议。原来该女子在照片身后的这家麦当劳里连接免费 WIFI 手机网购，丢失了 2000 元。该名女子网购被盗的原因很可能与"钓鱼"WIFI 有关：黑客只需要通过简单的设置，就可以搭设一个免费 WIFI 环境。一旦有人连上黑客搭设的 WIFI，所有操作就都会被黑客掌控，包括网购时输入的支付账号密码等。利用免费WIFI 实施诈骗的案例并不少见。南京市民张先生就曾因使用公共 WIFI，导致网银账号密码被盗，卡中的 6 万余元在两天内被人盗刷一空。类似案件还有，2015 年 10 月 21 日，被害人刘某前来山东农行东营分行东营区支行商贸城分理处反映近期自己卡里的资金总是莫名其妙被转为定期存款，并收到农行 95599 发来的短信，短信内容为"尊敬的农行用户：我行将在当日 19：00 前从您账户支取交易费＊＊＊元，详情咨询免费电话 4006797735（中国农业银行）"。农行东营商贸城分理处工作人员查询了客户交易明细，明细显示客户账户于 20151015、20151020 转开整整交易，转存金额与短信提示支取交易费金额相同，且均为电子渠道转开整整，客户表示无丢失、无外借电子产品的 K 宝、K 令现象。柜员后经过沟通了解到客户近期曾在农行网点办理业务等待过程中连接过农行 WIFI，验证过程中收到一个 95599 发来的验证短信，短信内容为验证失败请点击以下链接继续，客户点击链接后发现 WIFI 链接成功，并进入手机银行进行了账户余额查询。农行 WIFI 短信验证信息发送号码为 10658569 并非 95599，且 95599 不会发其他送链接给客户。诈骗分子利用伪基站发送显示 95599 号码发送的短信，通过链接盗取不明真相的客户的手机银行登录密码，将客户自金转入整整账户，随后发送收取交易费的短信，诱使客户拨打诈骗电话进行进一步的资金诈骗。在农行员工的协助下，客户更改了手机银行登录密码，解除淘宝、微信等银行卡绑定，未再按照短信提示进一步操作，保证了资金安全。

案例 2：虚假微信公众号 AA 诈骗案。

甘肃省酒泉市的邵先生是手机游戏"××熊猫"的热心玩家。2015 年 4 月，邵先生在微信上搜索"××熊猫"时，偶然看到一个名为"××熊猫限量礼包"的公众号。于是邵先生就添加关注了这个微信公众号。邵先生看到一个充值兑换的优惠活动信息。信息显示：活动参与者可以选择多种套餐进行充值，充值后可获得非常优惠的游戏道具兑换与话费充值。同时，活动信息还提示，充值只有通过微信公众账号进行才有效，在游戏内进行充值是无效的。看到是微信公众号发布的信息，邵先生并没有过多的怀疑，就点击了活动公告参加优惠活动。活动采用的是 AA 付款的方式进行收费，邵先生在活动界面上购买了 968 元的套餐产品。付款后，从 AA 收款的消息界面上可以看到，共有 8 个人参与了这个活动，总共付款 7744 元。可是，邵先生刚刚完成付款没多久，就有一个自称是客服的名为 KEFU568 的微信号联系了邵先生，并告诉邵先生其购买的商品出现了问题，资金已被冻结，需要给邵先生退款。此时的邵先生略微有一些焦急，便向这个客服号询问如何取回资金，并询问是否可以重新参加活动。KEFU568 向邵先生提供了两种解决方案，一个是再付一次款，这样前一次的付款就会自动退回。另一种方法是等 9－10 个工作日后到银但邵先生认为这两个方法都很难接受，于是继续和这个客服号沟通。最后 KEFU568 给邵先生发了一个二维码，要求邵先生用支付宝扫描一下这个二维码就可以完成退款。邵先生扫描了这个二维码后，账户中又被转走了 968 元，收款人为"李传利"。邵先生向 KEFU568 询问是怎么回事，对方表示说可能还是交易异常，请邵先生再扫一次二维码。结果邵先生扫过二维码后，支付宝又被扣款 968 元。KEFU568 劝说邵先生，要解除异常，就必须继续充值或扫描二维码退款。邵先生觉得这个是个无底洞，拒绝继续操作。于是，KEFU568 告诉邵先生，72 小时后钱会自动退款到邵先生的网银账户。次日，邵先生再次向 KEFU568 询问自己的钱什么时候能退，对方则继续劝邵先生等待。又过了半天，邵先生发现 KEFU568 已经联系不上了，而"××熊猫限量礼包"的公众账号也找不到了。这才确信自己已经上当这是一个连环陷阱的骗局：骗子首先冒充游戏官方的微信公众号骗取玩家关注，之后向玩家发送 AA 收款链接要求玩家付款。玩家付款之后，骗子又通过虚假的微信客服号以交易异常、继续付款才能退款为由，诱骗玩家反复付费。玩家拒绝再向 AA 收款付费后，骗子又给玩家发送了一个支付宝的转账二维码链接，用户扫描该链接并确认后，实际上是通过支付宝又向骗子支付了一笔新的费用，从而陷入反复被诈骗的困境之中。微信 AA 收款，目前还不具备直接为第三方游戏账号充值的功能，所以，通过微信活动获取礼包的行为都具有一定的风险性。

（十二）其他形式的网络诈骗

除了上述常见、高发的网络诈骗外，其他形形色色的诈骗形式仍日益涌现，且手段不断翻新，欺骗性更强。比如，（1）"刷卡消费"诈骗。不法分子通过手机短信提醒手机用户，称该用户银行卡刚刚在某地（如××百货、

××大酒店）刷卡消费 5968 或 7888 元等，如用户有疑问，可致电××××号码咨询，并提供相关的电话号码转接服务。在用户回电后，其同伙即假冒银行客户服务中心及公安局金融犯罪调查科的名义谎称该银行卡可能被复制盗用，利用受害人的恐慌心理，要求用户到银行 ATM 机上进行所谓的更改数据信息操作，或是根据其电话指引进行所谓的加密操作，逐步将受害人引入"转账陷阱"，将受害者卡内的款项转到犯罪分子指定的账户，达到诈骗的目的。（2）"冒充领导"诈骗。不法分子通过电话询问、上网查询等手段，详细收集基层企、事业单位以及上级机关、监管部门等单位主要领导的姓名、手机号码、办公室电话等有关资料。获取资料后，不法分子即假冒领导、秘书或部门工作人员等身份打电话给基层单位负责人，以推销书籍、纪念币、划拨款项、配车、帮助解决经费困难等为由，让受骗单位先支付订购款、配套费、手续费等到指定银行帐号，实施诈骗活动。（3）ATM 机虚假告示诈骗。犯罪分子预先堵塞 ATM 机出卡口，并在 ATM 机上粘贴虚假服务热线告示，诱使银行卡用户在卡被吞后与其联系，套取密码，待用户离开后到 ATM 机取出银行卡，××××用户卡内现金。（4）虚构个股走势以提供信息炒股分红为由实施诈骗。犯罪分子以某某证券公司名义通过互联网、电话、短信等方式散发虚假个股内幕信息及走势，甚至制作虚假网页，以提供资金炒股分红或代为炒股的名义，骗取股民将资金转入其账户实施诈骗。（5）"高薪招聘"诈骗。不法分子利用通过群发信息，以高薪招聘"公关先生"、"特别陪护"等为幌子，要求受害人到指定酒店面试。当受害人到达指定酒店再次拨打电话联系时，犯罪分子并不露面，声称受害人已通过面试，向指定账户汇入一定培训、服装等费用后即可上班。步步设套，骗取钱财。（6）以销售廉价违法物品为诱饵诈骗。发送短信内容为"本集团有九成新套牌走私车（本田、奥迪、帕萨特等）在本市出售，另防身武器。电话×××。"此类骗术是利用人们贪便宜的心理，谎称有各种海关罚没的走私品，可低价邮购，先引诱事主打电话咨询，之后以交定金、托运费等进行诈骗。（7）"丢卡"诈骗。嫌疑人自己制作所谓消费金卡，背面写有卡上可供消费的金额和联系网址、电话，并特意说明该卡不记名、不挂失。他们将这些金卡扔在一些大型商场、超市、高档娱乐场所的显眼处，如有人捡到卡，拨打卡上的联系电话或上网咨询，对方就会告诉事主要先汇款到指定账户，缴纳一定手续费进行"金卡激活"后才能消费，从而实施诈骗。(8) 以销售廉价违法物品为诱饵诈骗。发送短信内容为"本集团有九成新套牌走私车（本田、奥迪、帕萨特等）在本市出售，另防身武器。电话×××。"此类骗术是利用人们贪便宜的心理，谎称有各种海关罚没的走私品，可低价邮购，先引诱事主打电话咨询，之后以交定金、托运费等进行诈骗。(9) 网上和电话交友诈骗。不法分子利用网络和报纸等刊登个人条件优越的交友信息（如：谎称自己为"款姐"或"富商"），在网络和电话沟通中，以甜言蜜语迷惑事主。后以在途中带给事主的礼物属文物被查扣为由让事主垫付罚款或保证金，或以自己新开店铺让事主赠送花篮等礼物为由，让事主向其同伙账号内汇款。(10) 快递签收诈骗。犯罪分子冒充快递人员拨打事主电话，称其有快递需要签收但看不清具体地址、姓名，需提供详细信息便于送货上门。随后，快递公司人员将送上物品（假烟或假酒），一旦事主签收后，犯罪分子再拨打电话称其已签收必须付款，否则讨债公司或黑社会将找麻烦。(11) 复制手机卡诈骗。犯罪分子群发信息，称可复制手机卡，监听手机通话信息，不少群众因个人需求主动联系嫌疑人，继而被对方以购买复制卡、预付款等名义骗走钱财。(12) 虚构色情服务诈骗。犯罪分子在互联网上留下提供色情服务的电话，待受害人与之联系后，称需先付款才能上门提供服务，受害人将钱打到指定账户后发现被骗。(13) 收藏诈骗。犯罪分子冒充各种收藏协会的名义，印制邀请函邮寄各地，称将举办拍卖会并留下联络方式。一旦事主与其联系，则以预先交纳评估费、保证金、场地费等名义，要求受害人将钱转入指定帐户。(14) ATM 机告示诈骗。犯罪分子预先堵塞 ATM 机出卡口，并在 ATM 机上粘贴虚假服务热线告示，诱使银行卡用户在卡被吞后与其联系，套取密码，待用户离开后到 ATM 机取出银行卡，盗取用户卡内现金。(15) 微信诈骗。微信诈骗形式多样，比如，伪装身份诈骗。犯罪分子利用微信"附近的人"查看周围朋友情况，伪装成"高富帅"或"白富美"，骗取感情和信任后，随即以资金紧张、家人有难等各种理由骗取钱财。另如，代购诈骗：犯罪分子在微信圈假冒正规微商，以优惠、打折、海外代购为诱饵，待买家付款后，又以"商品被海关扣下，要加缴关税"等为由要求加付，一旦获取购货款则无法联系。

三、网络诈骗应对

电信诈骗案件高发态势，是一个社会治安的突出问题，已经成为社会公害。为此，必须根治这类犯罪，加大打击力度，遏制电信诈骗的势头，消除负面影响。

（一）健全刚性的问责机制，细化分解各项指标

充分发挥考评奖惩的激励和警示作用，将打击整治工作的成效纳入党政干部绩效考核和综治责任状考核内容，实行一票否决。对监管不力、放纵诈骗犯罪的，坚决按照相关法律、法规规定，严格追究其责任。对党员、干部参与诈骗活动，或充当诈骗分子的"保护伞"，或为诈骗分子通风报信，干扰办案的党员、干部，一经发现，严肃查处，绝不姑息。同时，进一步完善基层组织管理，依法办事，夯实打击电信诈骗基础，坚决打赢这场没有硝烟的战争。同时，要讲求工作方法，确定近期和远期目标任务，细化各项指标，专业队要发挥"尖刀"作用，定期梳理、分析电信诈骗犯罪活动规律、特点，确定诈骗活动区域、销售网点，指导派出所开展清查、打击工作；相关部门要发挥"引导"作用，重点追查涉案资金流向和诈骗电话，调取落地取款监控录像，深入分析排查诈骗犯罪团伙成员真实身份、活动轨迹和犯罪窝点，实现精确打击效果；派出所要发挥"眼睛"作用，通过开展集中清查、设卡盘查等措施，担负起抓捕本辖区内参与电信诈骗犯罪嫌疑人的主要任务。

（二）强化群众防范意识，加强网络诈骗法制教育

宣传教育部门要把打击防范电信诈骗的宣传、教育工作作为普法教育的重要组成部分，围绕打击、防范、教育、转化四个重点环节，灵活运用以案释法、法制宣传、新闻报道、定期发送预警信息等方式，将宣传教育贯穿于打击防范工作的始终，营造铺天盖地的宣传攻势，提高广大人民群众的诚信

意识和防范意识，最大限度减少群众被骗，形成打击电信诈骗犯罪强大的舆论合力。要教育群众拒绝诱惑、警惕"天上不会掉馅饼"的好事。广大群众要深知，中奖、退税、无担保低息贷款等好事不会无缘无故地降临到你头上。因此，对陌生人用电话或手机短信发给你的信息一概不予理睬。要教育群众当面咨询、沉着应对。电信诈骗是一种虚拟引诱，受害群众一般有较充裕的时间来应对，因此，对于事主实在不放心，想探明究竟的"信息"，可以直接拨打110询问，或到银行、税务、电信、公安机关当面咨询。要告知群众凡是涉卡转账，均应立即停止。电信诈骗不管犯罪分子编造各种理由，设置种种陷阱，最后都会提到钱的问题，诱骗受害人进行银行卡（信用卡）转账，其本质就是银行卡诈骗犯罪，一旦群众受骗时，不管什么理由，当要你提供银行卡号、密码或在 ATM 机上转账时，应当猛然醒悟，停止操作，捂紧钱袋。要警示群众，防范网络诈骗应做到"三不一要"：一不轻信：不要轻信来历不明的电话和手机短信，不管不法分子使用什么花言巧语，都不要轻易相信，要及时挂掉电话，不回复手机短信，不给不法分子进一步布设圈套的机会。二不透露：巩固自己的心理防线，不要因贪小利而受不法分子或违法短信的诱惑。无论什么情况，都不向对方透露自己及家人的身份信息、存款、银行卡等情况。如有疑问，可拨打110求助咨询，或向亲戚、朋友、同事核实。三不转账：学习了解银行卡常识，保证自己银行卡内资金安全，绝不向陌生人汇款、转账。四要及时报案。

（三）健全社会联动机制，露头就打

防治网络诈骗犯罪涉及到社会各个部门、各个层面，只有全社会行动起来，各司其责、各履其职，形成合力，才能有效预防和减少案件的发生。要"防"字当先。宣传是预防通讯（网络）诈骗犯罪最有效的方法之一。及时将其诈骗手段、形式、过程曝光，提高社会的防范意识和能力，通讯（网络）诈骗犯罪就难以得逞。要"打"字当头。要坚决果断铲除了诈骗网络平台，深入排查为不法分子提供技术支持的不法网络运营商、代理商，快速及时地封堵其账号，依法追究其刑事责任。要密切注意通讯（网络）诈骗职业犯罪的高危人群，主动开展侦查，一旦查实诈骗窝点，坚决予以一窝端、连

根拔起。要"治"字当中。要强力整治非法电信营运商，强力整治银行可疑账户。督促各级电信运营商依法经营，对非法提供改号、网络平台服务的不法运营商，一律依法严厉打击。金融部门要加大自身监控管理，规范办理银行账户、银行卡行为，落实银行账户实名制。要"建"字贯穿。建立警种联动机制。各警种、各部门发挥自身优势，上下联动，左右贯通，健全打、防、管、控一体化的工作格局；建立联席会议机制。建立打击网络诈骗犯罪联席会议制度，定期召开公安、银监、信通、银行等部门会议，总结交流打击网络诈骗犯罪工作经验；建立督导工作机制。要加强对相关部门防治网络诈骗犯罪工作督导，对监管不力、放纵诈骗犯罪的，坚决按照相关法律、法规，与工商管理等部门一起严肃追究其法律责任。

（四）集中开展专项整治，精准打击网络诈骗

公、检、法司法机关的联动，形成打击合力，成立打击电信诈骗合成作战联合小组，定期开展打击网络诈骗专项整治活动，打击、根治此类犯罪。专项整治活动应本着标本兼治、综合治理、齐抓共管、落实责任的工作方针，重拳出击，重典治乱，打防并举，集中侦破一大批案件，打掉一大批违法犯罪团伙，铲除一大批违法犯罪窝点，整治一批重点地区，坚决遏制当前电信网络新型违法犯罪发展蔓延的势头。要精心组织，重拳出击，迅速掀起专项行动高潮。公安机关要充分发挥职能作用，对专项行动确定的重点违法犯罪人员出重拳、下重手，坚决查处犯罪链条上的主要违法犯罪人员。要认真研究此类犯罪特点，创新打击方式，切实做到打得准、打得狠，部、省两级公安机关要挂牌督办一批大案要案，直接组织指挥侦办一些特别重大、地方侦办有困难的案件。要用足法律武器，依法从严从重打击，让犯罪分子认识到"诈骗必被抓、被抓必严惩"，确保法律效果，彰显法制权威。要综合施策，多管齐下，确保专项行动取得实效。要在整治重点地区上下功夫，相关地方联席办要积极配合公安部门在当地组织开展的专项打击行动，并结合本地实际，制定专门的整治方案。要在治理违规行为上下功夫，对违规出租电信线路、使用非实名电话卡、银行卡等重点违规行为，迅速开展全国大排查和重点治理，切实阻断电信诈骗犯罪的实施途径和渠道。

第六章

刑法视野下的网络公民个人信息的保护

（浙江越秀外国语学院　晁金典　312000）

（山东省汶上县人民法院　赵新泉①　272400）

内容摘要： 本文以刑法为视角，以个人信息犯罪及立法保护为切入点，针对我国当前的个人信息保护刑事立法存在的问题，提出了刑法应对策略：对极端的"人肉搜索"行为可以入罪以寻衅滋事罪、侮辱罪、诽谤罪打击网络犯罪；增设侵犯公民个人信息犯罪的刑事自诉程序；既要实行"网络实名制"，又要兼顾信息流通性原则，既要有"避风港"又要有法律边界等。

关键词： 公民个人信息；人格权；隐私权；犯罪

当前，非法收集、披露、买卖公民个人信息犯罪层出不穷，并与绑架、敲诈勒索、暴力追债、非法经营等黑恶犯罪合流，严重威胁着社会安全和管理秩序。面对形形色色的侵犯公民个人信息犯罪，公民个人信息的刑法保护已提上日程。刑法成为制裁侵犯公民犯罪的最后法律防线。目前，我国制定的有关保护个人信息的相关刑法规范，除了刑法典中规定的之外，相关刑事司法解释主要有 2000 年 12 月，全国人大常委会《关于维护互联网安全的决定》、2004 年 9 月，最高人民法院、最高人民检察院《关于办理利用互联网、移动通信终端、声讯台制作、复制、出版、贩卖、传播淫秽电子信息刑事案件具体应用法律若干问题的解释》；2004 年 12 月，最高人民法院、最高人民检察院《关于办理侵犯知识产权刑事案件具体应用法律若干问题的解释》；

---

① 赵新泉，男，山东省汶上县人民法院审判员，主要从事民事强制法研究。

2005 年 5 月，最高人民法院、最高人民检察院《关于办理赌博刑事案件具体应用法律若干问题的解释》；2007 年 4 月，最高人民法院、最高人民检察院《关于办理侵犯知识产权刑事案件具体应用法律若干问题的解释（二）》；2009 年 9 月《最高人民法院、最高人民检察院关于执行 < 中华人民共和国刑法 > 确定罪名的补充规定（四）》（该规定补充了如下涉及计算机信息犯罪《刑法》第 253 条之一第 1 款 出售、非法提供公民个人信息罪；第 253 条第 2 款非法获取公民个人信息罪；第 285 条第 2 款非法获取计算机信息系统数据、非法控制计算机信息系统罪；第 285 条第 3 款提供侵入、非法控制计算机信息系统程序、工具罪）；2010 年 8 月，最高人民检察院、最高人民法院、公安部《关于办理网络赌博犯罪案件适用法律若干问题的意见》2011 年 8 月最高人民法院 最高人民检察院《关于办理危害计算机信息系统安全刑事案件应用法律若干问题的解释》2012 年 12 月全国人大常委会《关于加强网络信息保护的决定》；2013 年 9 月，最高人民法院 最高人民检察院《关于办理利用信息网络实施诽谤等刑事案件适用法律若干问题的解释》等。

一、法律角度上的个人信息内涵和外延

（一）公民个人信息概念

公民个人信息包括姓名、职业、职务、年龄、婚姻状况、学历、专业资格、工作经历、家庭住址、电话号码、信用卡号码、指纹、网上登录账号、密码等能够识别公民个人身份的信息。从内涵上看，公民个人信息指反映公民个人生理及身份特征、社会生活经历及家庭、财务状况，也包括公民在社会生活过程中取得、采用的个人识别代码。它具有三个典型特征（1）与公民个人直接相关，能够反映公民的局部或整体特点；或是一经取得、使用即具有专属性。前者如公民的出生日期、指纹等，后者如身份证编号、家庭住址等。（2）具有法律保护价值。公民个人信息承载了公民的个体特征，甚至各项权利，如果任由他人泄露、获取，必然导致公民时刻处于可能遭受侵害的危险状态。（3）公民个人信息的保护不以信息所有人请求为前提。除非基于维护国家利益、公共利益的需要、信息所有人的意愿，任何组织和个人均无权泄露、获取其个人信息。从外延上看，一般而言，公民个人信息是指人们通常能够用个人信息表示具备识别或是锁定某个目标个体的一种特殊信息，又或是能与其他资源一起用来识别某个个体。这些信息包括：个人身份信息，如：姓名、性别、出生日期、居住地址、证件号码、电话号码、受教育程度、工作经历、宗教信仰、政治面貌、指纹、血型、遗传特征等；个人金融信息，如：个人财产状况、个人信用状况等；个人家庭基本信息，如：父母、配偶、子女的基本情况等；个人动态行为信息，如：个人行踪、购物记录、通讯记录等；个人观点以及他人对信息主体的相关评价。

（二）公民个人信息的分类

公民个人信息按照不同的标准可以划分为：（1）个人一般信息与个人敏感信息。欧盟国家通常将个人信息分为一般信息和敏感信息。欧洲理事会通过的《资料保护公约》中首次对敏感资料的特殊保护制度作出了确认，并在该公约中将透露种族、政治观点、宗教和其他信仰以及与健康、性生活和刑事判决相关的资料界定为特殊类型的资料。英国在 1998 年《资料保护法》中规定，敏感个人资料是"由资料客体的种族或道德起源，政治观点，宗教信仰或与此类似的信仰，工会所属关系，生理或心理状况，性生活，代理或宣称的代理关系，或与此有关的诉讼等诸如此类的信息组成的个人资料"。（2）个人直接信息与个人间接信息：根据个人信息是否可以直接识别个人为标准，将个人信息分为个人直接信息与个人间接信息。"识别"是构成个人信息的一个实质要素，能直接识别特定个人的信息，如肖像、姓名、身份证号码等；相反，不能单独识别特定个人，但可与其他信息相结合而进行识别的个人信息，可称为间接个人信息，如兴趣爱好、身高体重、学历学位、职业收入等。对于那些不可能识别个人的信息，明确排除在个人信息保护范畴之外。（3）公开的个人信息和不可公开的个人信息（个人隐私）：通过相关法律途径合法获取的个人信息就属于可公开的个人信息。在可公开的信息中，即使有一些信息主体不愿意透露的个人信息，也不能成立个人隐私，而必须纳入法律允许的公开范畴。一般来说，已公开的信息无私密性可言，是与个人隐私相对的概念，但已公开的信息也必须通过合法的途径获得，这就意味着即便是已公开的个人信息，也不能任意处理。

（三）我国公民个人信息的法律界定

我国法律等规范性文件将个人信息以列举式规定为自然人基因信息、病历资料、健康检查资料、犯罪记录、家庭住址、私人活动等个人隐私和其他个人信息。比如，2014 年 6 月《最高人民法院关于审理利用信息网络侵害人身权益民事纠纷案件适用法律若干问题的规定》第十二条：网络用户或者网络服务提供者利用网络公开自然人基因信息、病历资料、健康检查资料、犯罪记录、家庭住址、私人活动等个人隐私和其他个人信息，造成他人损害，被侵权人请求其承担侵权责任的，人民法院应予支持。有些地方规章，还把民族、种族、家庭出身、宗教信仰、政治信仰以及身体形态也纳入了公民个人信息保护范围。比如，《上海市个人信用征信管理试行办法》规定，征信机构不得采集下列个人信息：（1）与个人信用无关的信息；（2）民族、种族、家庭出身、宗教信仰、政治信仰以及身体形态、基因、血型、疾病和病史等可能使被征信个人受到歧视的信息；（3）法律、法规规定应当保密或者禁止采集的其他个人信息。

值得注意的是，在司法实践中，我国把侵犯个人隐私严格界定为侵犯公民个人信息。个人隐私信息是指自己个人私事，个人信息等个人生活领域内的事情不为他人知悉，禁止他人干涉的权利。隐私权作为一种基本人格权利，是指自然人享有的私人生活安宁与私人信息秘密依法受到保护，不被他人非法侵扰、知悉、收集、利用和公开的一种人格权，而且权利主体对他人在何种程度上可以介入自己的私生活，对自己是否向他人公开隐私以及公开的范围和程度等具有决定权。根据我国国情下列行为被归入侵犯隐私权范畴：未经公民许可，公开其姓名、肖像、住址和电话号码；非法侵入、搜查他人住宅，或以其他方式破坏他人居住安宁；非法跟踪他人，监视他人住所，安装窃听设备，私拍他人私生活镜头，窥探他人室内情况；非法刺探他人财产状况或未经本人允许公布其财产状况；私拆他人信件，偷看他人日记，刺探他人私人文件内容，以及将他们公开；调查、刺探他人社会关系并非法公之于众；干扰他人夫妻性生活或对其进行调查、公布；将他人婚外性生活向社会公布；泄露公民的个人材料或公之于众或扩大公开范围；收集公民不愿向社会公开的纯属个人的情况等。

二、对《刑法修正案（七）》侵犯公民个人信息犯罪的思辨

为了保护公民的个人信息不被侵犯，2009 年 2 月 28 日，第十一届全国人大常委会第七次会议审议通过了《刑法修正案（七）》《刑法修正案（七）》将一些严重侵害公民权益的行为规定为犯罪。

（一）对出售、非法提供公民个人信息罪思辨

修正案（七）规定，在刑法第二百五十三条后增加一条，作为第二百五十三条之一，其中第一款规定："国家机关或者金融、电信、交通、教育、医疗等单位的工作人员，违反国家规定，将本单位在履行职责或者提供服务过程中获得的公民个人信息，出售或者非法提供给他人，情节严重的，处三年以下有期徒刑或者拘役，并处或者单处罚金。"出售、非法提供公民个人信息罪有以下特征：

1. 犯罪主体是特殊主体，即国家机关或者金融、电信、交通、教育、医疗等单位的工作人员。因为国家机关负有公共管理职能，金融、电信、交通、教育、医疗等单位肩负着为社会和大众提供公共服务的职责，在这些机关或单位工作的人员，可以很容易地接触到大量公民个人信息。这里的"国家机关"，是指国家权力机关、行政机关、司法机关和军事机关。本款所说的"金融"，是指从事金融活动的机构或金融部门。一般是指各种银行，如中国人民银行、政策性银行和商业银行。金融机构还包括保险公司、信托投资公司、证券机构、财务公司、信用合作组织等其他金融机构。这里的"电信"，是指电信部门和电信营业机构。"交通"，是指从事旅客和货物等运输部门，如铁路运输、公路运输、水路运输以及航空运输等部门。"教育"，是

指各级各类学校或培训机构，包括民办和公办的教育机构。"医疗"，是指依据《医疗机构管理条例》和《医疗机构管理条例实施细则》的规定，经登记取得《医疗机构执业许可证》的机构。如各级各类医院、保健院、卫生院、门诊部、急救中心等诊疗机构。值得注意的是，该罪的犯罪主体不是"任何单位和个人"。本条主要是对在履行职责或提供公共服务过程中利用某种程度的"公权力"采集到的公民个人信息的国家机关或者单位，违反法律规定的保密义务的应负的刑事责任，这些保密义务在刑事诉讼法、邮政法、律师法、居民身份证法、反洗钱法、劳动争议仲裁法、行政许可法、公证法、人民银行法、银行业监督法、保险法、电信条例等法律、行政法规中都已作规定。

2. 行为人实施了将本单位在履行职责或者提供服务过程中获得的公民个人信息，出售或者非法提供给他人的行为。这里的"公民个人信息"包括：姓名、职业、职务、年龄、婚姻状况、学历、专业资格、工作经历、家庭住址、电话号码、信用卡号码、指纹、网上登录账号和密码等能够识别公民个人身份的信息。应注意的是，这个信息是单位在履行职责或者提供服务过程中获得的信息，也就是说利用"公权力"或者提供公共服务过程中依法获得的信息。如购买飞机票必须提供本人的身份证号码和在银行等金融机构办理金融业务时，必须提供个人的身份证号码等情况。"出售"，是指将自己掌握的公民信息卖给他人，自己从中牟利的行为。"非法提供"，是指不应将自己掌握的公民信息提供给他人而予以提供的行为。这里的"他人"，包括单位和个人。

3. 行为必须是"情节严重的"，才构成犯罪。本罪主要针对负有保密义务的单位和个人违反对公民个人信息的保密义务，或者以非法手段获取公民个人信息，破坏公民个人信息的安全性的犯罪。因此一般来讲，违反了对个别公民个人信息的保密义务，不构成犯罪。"情节严重"是指出售公民个人信息获利较大，出售或者非法提供多人信息，多次出售或者非法提供公民个人信息，以及公民个人信息被非法提供、出售给他人后，给公民造成了经济上的损失，或者严重影响到公民个人的正常生活，或者被用于进行违法犯罪活动等情形。

但是，出售、非法提供公民个人信息罪"的立法修正，从法的实效性角度来看，仍旧存在不足：（1）主体范围过窄。《刑法》第253条之一将"出售、非法提供公民个人信息罪"的其犯罪主体限制规定为国家机关或者金融、电信、交通、教育、医疗等单位的工作人员，范围过窄。事实上，能够大量收集他人个人信息的单位远不局限于上述行业，其他单位比如电商网站、网络游戏公司、职介所、婚介所等也同样能够接触到大量公民个人信息，同样存在非法出售、提供的行为。（2）行为方式单一。从当前存在的严重危害公民个人信息安全的行为方式看，除本条规定的"出售或者非法提供给他人"以及"窃取或者以其他方法非法获取"的行为方式外，还存在非法采集、非法存储、非法处理以及非法使用等侵犯公民个人信息安全的行为方式，而这些行为与本条规定的行为方式之社会危害性相差无几，理当入罪或予以明确。（3）"违反国家规定"的限定将可能使一些地方性法规、行业规定等成为空文。如，《上海市个人信用征信管理试行办法》第犯条规定，征信机构工作人员的行为构成犯罪的，依法追究刑事责任。但由于我国还没有一部统一的征信立法。如果根据非法提供公民个人信息罪的前置条件，国家规定又是必不可少的。因此，这种限定性规则的制定会使法律的适用出现障碍，形成一种明文规定却无据可循的怪圈。

（二）对窃取、非法获取公民个人信息罪思辨

修正案（七）在第二百五十三条第二款规定："窃取或者以其他方法非法获取上述信息，情节严重的，依照前款规定处罚"。鉴于单位在出售、非法提供、非法获取公民个人信息方面的问题也比较严重，修正案（七）在第二百五十三条之一第三款规定："单位犯前两款罪的，对单位判处罚金，并对其直接负责的主管人员和其他直接责任人员，依照各该条的规定处罚。"本款对单位犯罪规定了双重处罚原则，即对单位判处罚金，罚金的具体数额法律未作规定，可由司法机关根据犯罪情节决定；在对单位判处罚金的同时，对单位直接负责的主管人员和其他直接责任人员，分别按照第一款或第二款自然人的犯罪处罚，即对直接负责的主管人员和其他直接责任人员，应当处三年以下有期徒刑或者拘役，并处或者单处罚金。

非法获取公民个人信息罪的犯罪构成。该罪侵犯的客体是公民个人身份信息的安全和公民身份管理秩序;该罪客观方面表现为行为人以窃取或者以其他方法非法获取公民个人信息,情节严重的行为;该罪犯罪主体为一般主体,单位可以构成本罪;主观方面表现为故意。所谓故意,即明知公开、泄露他人信息会侵犯他人的权益和危害社会,却仍然去实施这种行为的心理状态。侵犯的客体:是公民个人身份信息的安全和公民身份管理秩序。客观方面:表现为行为人以窃取、收买等方法大肆收集公民个人信息,情节严重的行为。

但是,本条款立法也存在不足。(1)修正案(七)在第二百五十三条之一第二款规定:"窃取或者以其他方法非法获取上述信息,情节严重的,依照前款规定处罚"。该规定中使用了"依照前款规定处罚"的用语,这种规定方式容易造成本条两款是否为两罪的歧义。为减少不必要的歧见,此处的表述应当明确表述为"依照前款规定的刑罚处罚",以此将本款规定与前款规定在罪名上明确区分。推而广之,从提高立法技术上考虑,刑法典中如果同一法条前后款之间属于一个罪名,并且借用前款法定刑的,应将后一款明确规定为"依照前款规定定罪处罚";如果前后款之间不属于一个罪名,而后款是要借用前款法定刑的,则应将后款明确规定为"依照前款规定的刑罚处罚"(2)犯罪罪名体系不周延。首先,犯罪圈划定的主要依据是对相关危害行为犯罪状况及社会发展趋势做出合理的预测,同时也要借鉴和吸纳其他国家的立法成果和经验。从世界部分国家和地区关于侵犯个人信息安全犯罪的规定情况看,各国根据本国的不同情况,为侵害个人信息犯罪划定了大小不一的犯罪圈。例如,法国刑法典规定了非法收集个人信息、不正确处理个人信息、不正当使用个人信息等7条犯罪。我们认为,从保护公民个人信息安全出发,以下行为应当考虑被规定为犯罪:非法收集公民个人信息,情节严重的行为;不正当使用(不合收集目的而使用)公民个人信息,情节严重的行为;非法处理公民个人信息,情节严重的行为;非法存储、持有公民个人信息,情节严重的行为等。

其次,应按照犯罪客体的性质,将侵犯公民个人信息安全的各罪与相关的犯罪共同列为一节。刑法典章节划分的主要依据在于犯罪行为侵犯的犯罪客体的性质。就法律对公民个人信息所要保护的客体而言，学界存在不同认识。有的认为个人信息体现的是人格权中的人格尊严；有的认为是隐私权；还有的认为是自由权。从部分国家和地区的立法情况看，有些国家将侵害信息犯罪单独规定为一章或者一节，并将其确定为侵害个人信息权利的犯罪。例如，法国刑法典将其规定在第 6 章第 5 节侵害信息处理或者信息缩片产生的人之权利罪中；有些国家将侵害个人信息的犯罪与侵害其他私人权利犯罪不做详细区分，而规定在同一章节中。例如，奥地利刑法典将此类犯罪规定在侵犯隐私和特定的职业秘密罪中。我们认为，公民对其个人信息享有的主要是一种个人隐私权，即其私生活不受干扰的权利。当然，其中也必然会涉及其人格尊严和个人自由的权利。按照此种理解，应当将侵犯公民个人信息的各种犯罪规定为一类犯罪，可以考虑与同样侵犯公民个人隐私的犯罪，如侵犯公民通信自由罪，私自开拆、隐匿、毁弃邮件、电报罪等一起作为刑法典第四章侵犯公民人身权利、民主权利罪中的一节，建立起较为完善的罪名体系。

（三）对非法获取计算机信息系统数据罪、非法控制计算机信息系统罪思辨

修正案（七）规定，在刑法第二百八十五条中增加两款，作为第二款、第三款，其中第二款规定："违反国家规定，侵入前款规定以外的计算机信息系统或者采用其他技术手段，获取该计算机信息系统中存储、处理或者传输的数据，或者对该计算机信息系统实施非法控制，情节严重的，处三年以下有期徒刑或者拘役，并处或者单处罚金；情节特别严重的，处三年以上七年以下有期徒刑，并处罚金。"

1. 非法获取计算机信息系统数据罪和非法控制计算机信息系统罪的犯罪主体是一般主体，其犯罪行为是指行为人实施了侵入普通计算机信息系统或者采用其他技术手段，获取计算机信息系统数据，或者对计算机信息系统实施非法控制的行为。

该款条文概括了两种非法获取计算机信息系统数据或者实施非法控制的途径：一是非法"侵入计算机信息系统"，实施"获取该计算机信息系统中

存储、处理或者传输的数据，或者对该计算机信息系统实施非法控制"，常见的方式是利用他人网上认证信息进入计算机信息系统，或者在计算机系统中植入木马、后门程序，获取该计算机信息系统中存储、处理或者传输的信息数据，或者对计算机信息系统实施非法控制。所谓"非法控制"，比较常见的是行为人利用网站漏洞将木马植入到网站上，在用户访问网站时利用客户端漏洞将木马移植到用户计算机上，或在互联网上传播捆绑有木马的程序或文件。当用户连接到因特网时，这个程序就会通知黑客，报告用户的 IP 地址以及预先设定的端口。黑客在收到这些信息后，再利用这个潜伏的程序，就可以任意地修改用户的计算机的参数设定、复制文件、窥视硬盘中的内容等，从而达到控制用户的计算机的目的。利用各种特洛伊木马程序、后门程序和黑客自己编写的导致缓冲区溢出的程序进行攻击，前者可使黑客非法获得对用户机器的完全控制权，后者可使黑客获得超级用户的权限，从而拥有对整个网络的绝对控制权。这种攻击手段，一旦奏效，危害性极大。木马程序与计算机病毒相比，计算机病毒只是破坏用户的信息，而木马控制计算机，窃取用户的信息。值得注意的是，考虑到计算机犯罪的特殊性，行为人侵入大量的计算机或者非法控制大量计算机，获取大量信息，在很多情况下难以证明其是否利用获取的信息实施了其他犯罪。刑法第二百八十五条第一款已将非法侵入国家事务计算机信息系统的行为规定为犯罪，侵入计算机信犯罪信息系统或者非法控制计算机信息系统本身就严重危及网络安全和广大用户的信息及财产安全，具有严重的社会危害性。将侵入普通的计算机信息系统非法获取计算机信息，或者对计算机系统实施非法控制，情节严重的行为，规定为犯罪，也是合理的。因此，修正案（七）将这种行为单独规定为犯罪。

2. "利用其他技术手段"非法获取数据信息。所谓"利用其他技术手段"，主要是指假冒或者设立虚假网站，或者利用网关欺骗技术，行为人并不需要进入他人的计算机信息系统就可获取其他计算机处理、传输的数据信息。所谓"假冒"网站一般是指冒充国家机关、金融系统已经建立的网站；所谓"设立"虚假网站，一般是指以国家机关、金融系统的名义建立并不存在的网站。所谓"网关欺骗"技术，就是通过 ARP 欺骗技术建立假网关，让被它欺骗的个人电脑向假网关发送数据，而不是通过正常的路由器上网，使所有发送的数据都要先经过假网关中转一次。这样，就可以窃取到被它欺骗的计算机系统数据了。假冒、设立虚假网站或者利用网关欺骗等行为欺骗性很大，不明真相的互联网用户在点击登录网站，处理、传输数据时，这些数据就被他人非法获取。这类案件在实践中日益增多。目前已经查处的假冒、设立虚假的网站案件中，有的假冒国际、国内知名银行网站主页，伺机窃取网民网上银行认证信息；有的设立虚假公务员招考网站、在职研究生招考网站等。

3.“情节严重”的，才构成犯罪。这主要是指，通过上述手段获取了大量计算机信息系统数据、多次作案，或者非法控制了计算机信息系统的许多台计算机等情况

（四）对提供非法侵入、控制计算机信息系统专用程序、工具罪思辨

修正案（七）在刑法第二百八十五条中增加的第三款中规定：“提供专门用于侵入、非法控制计算机信息系统的程序、工具，或者明知他人实施侵入、非法控制计算机信息系统违法犯罪行为而为其提供程序、工具，情节严重的，依照前款的规定处罚。”

提供非法侵入、控制计算机信息系统专用程序、工具罪在犯罪构成上有以下特征：

1. 犯罪主体是任何提供专门用于侵入、非法控制计算机信息系统的程序、工具的人。

2. 行为人实施了“提供专门用于侵入、非法控制计算机信息系统的程序、工具，或者明知他人实施侵入、非法控制计算机信息系统违法犯罪行为而为其提供程序、工具”的行为。

当前，几乎所有网络应用服务和计算机信息系统以及相关设备均依靠认证信息和工具来识别用户的身份并授权其使用相关的网络服务和计算机资源，因此，保护认证信息和工具是保障网络和计算机信息系统安全的第一道防线。用户一旦持有这些认证信息和工具，即可使用与其相关的网络应用服务资源和计算机信息系统。所谓“专门用于侵入计算机系统的程序、工具”，

主要是指专门用于非法获取他人登录网络应用服务、计算机系统的账号、密码等认证信息以及智能卡等认证工具的计算机程序、工具。所谓"专门用于非法控制计算机信息系统的程序、工具",主要是指可用于绕过计算机信息系统或者相关设备的防护措施,进而实施非法入侵或者获取目标系统中数据信息的计算机程序,比如具有远程控制、盗取数据等功能的木马程序、后门程序等恶意代码,它的特点是此类程序通常不会对计算机系统原有的功能和数据造成破坏,不会影响计算机的正常使用,但行为人可以通过此类程序对他人计算机系统进行非法控制。所谓"提供",是向他人供给的意思,既包括出于营利目的的有偿供给,如网上销售,也包括不以营利为目的的免费供给,如将程序贴在网上供网民免费下载;既包括向特定对象提供,也包括向不特定的社会公众提供。

对于本款"明知他人实施侵入、非法控制计算机信息系统违法犯罪行为而为其提供程序、工具"的人,是作为实施犯罪行为的共犯还是单独规定为犯罪进行了研究。考虑到提供实施侵入、非法控制计算机信息系统程序、工具的行为在网络犯罪中所起的重要作用和对网络信息安全造成的实际危害严重,如果将提供者作为使用这些程序和工具进行犯罪的共犯处理,假如使用这些程序的人员实施的行为不够刑事处罚,则无法将提供者作为共犯处理。另外,提供者通常是以层层代理的方式销售,规模庞大,要查清每个销售出去的程序和工具是否被用于实施网络攻击几乎是不可能的,获利最大的提供者很容易逃避打击。提供行为与使用行为相对独立,单独入罪,可以减少在移送起诉、审判之间的相互牵连,更有利于对此类危害社会行为的打击。因此,修正案(七)规定:"提供专门用于侵入、非法控制计算机信息系统的程序、工具,或者明知他人实施侵入、非法控制计算机信息系统违法犯罪行为而为其提供程序、工具,情节严重的,依照前款的规定处罚",即单独定罪名,按第二款规定的刑罚处罚。

3. 情节严重的,才构成犯罪。这主要是指提供了大量专门用于侵入、非法控制计算机信息系统的程序、工具的;出售专门用于侵入、非法控制计算机信息系统的程序、工具数额大的;或者由于其提供的专门用于侵入、非法控制计算机信息系统的程序、工具被大量使用造成严重危害的等情况。

三、侵犯公民个人信息犯罪的刑法完善

我国的个人信息犯罪立法走在国际立法前沿，具有其时代进步性，同时也有诸多不足与缺陷，需要加以适当的完善。从刑事法学角度看，可以考虑如下几个方面的完善：

（一）信息的可识别性、可固定性是界定网络个人信息的关键

个人信息的内涵和外延的界定，直接影响到定罪量刑。因此，应借鉴国际通行经验，并立足中国互联网发展实际和我国特有的法律习惯、社会习俗等实际情况，为公民个人信息设定法律界限。我国制定个人信息保护法，在个人信息范围的限制问题上，应明确规定个人信息的构成的实质要件和形式要件。（1）个人信息的实质要件是指构成个人信息在内容上不可或缺的法律要件，又称个人信息的一般要件。构成个人信息的实质要件是"识别"。个人信息是可以直接或间接识别本人的信息。能直接识别本人的个人信息，如肖像、姓名、身份证号码、社会保险号码等；不能单独识别本人，但与其他个人信息相结合才能识别信息卞体的个人信息，称之为间接个人信息，如性别、爱好、兴趣、习惯、职业、收入、学历等等。（2）个人信息的形式要件。个人信息的形式要件是指构成个人信息必须满足的特定形式要件，又称构成个人信息的特别要件。构成个人信息的形式要件有两个：得以固定和可以处理。当前可以考虑，将个人信息定义为：所谓个人信息是自然人已经被识别或可以用来被识别的个人化网络信息资料，体现的是公民的一般人格利益和价值，以及因可利用性而带来的经济价值，其法律表现形式就是个人信息安全权。

由于网络特点的加入，个人信息呈现如下特征：（1）人身性：个人信息是附属于个人人身的生物信息或社会信息，其存在载体是个人人身；（2）专属性：个人信息是专属于个人，个人对其拥有充分的占有和支配的权利。（3）关联性：个人信息能直接或间接与个人产生关系，并通过一定的路径识

别个人。（4）价值性：个人信息相对于个人须产生一定的价值，无论其价值具体反映为物质，抑或其他客观外化的内容。（5）虚拟性：数字是构成网络环境最基本的元素。所有在网络环境中传递的信息都是以基本数字"0"和"1"形式存在，并由此导致了网络是一个虚拟的空间，并没有实体存在。虚拟性则意味着个人信息在网络的存在并没有实际载体，网络使用者可以自由选择隐蔽或公开自己的网络信息。但是，无论上述个人信息有多少形式要件、实质要件，甚或多少特点、特征，信息的可识别性、可固定性才是公民个人信息把握的核心要件，为此，司法实践应强化对公民个人信息可识别性、可固定性的认识，严格科学界定侵犯公民个人信息的行为。

（二）极端的"人肉搜索"可以入罪

"人肉搜索"入罪问题很复杂，涉及到方方面面，需要解决三个前置条件，（1）"人肉搜索"的概念涉及他的界限如何界定？"人肉搜索"其实包括了很广的范围，有的是在网上搜索他人的信息，有的是在网下搜集他人信息贴在网上，有的是在网上造谣，还有的是在网上、网下对他人进行辱骂、骚扰……对他人进行造谣、诽谤的，刑法规定了诽谤罪，并不需要再设立专门罪名；对于在网上、网下进行辱骂、骚扰，刑法也规定了侮辱罪，也不需要设立专门罪名；对于侵犯他人隐私的轻微行为，可以通过民事诉讼来解决，也不需要动用刑罚这种最严厉的惩罚措施。唯有"人肉搜索"侵犯他人隐私情节非常严重时，才可能要由刑法来制裁，但是，这个"情节严重"的标准是什么呢？是以造成了当事人自杀、自残或者精神失常的后果还是其他什么呢？（2）如何区分"人肉搜索"中正当舆论监督与侵犯隐私？一般而言"人肉搜索"在某种程度上，也是一种公民行使监督权、批评权的体现。网民在网上将涉嫌违法、违纪或道德上存在严重问题的人和事以及相关信息公布在网上，进行评判，如果行使得当，有利于社会进步，也有利于公共利益的实现。从目前的法律来看，相关的民事法律并没有界定隐私权的内涵和外延。隐私权在法律上的不甚明确，导致了"公众人物"的隐私权及其界限没有法律上的依据。因此，在对社会不良现象进行批评、对"公众人物"监督与侵犯他人的隐私之间没有一个平衡点，故难以对"人肉搜索"中侵犯他人隐私权的行为进行刑罚处罚。（3）对"人肉搜索"入罪的实效性究竟如何？"人肉搜索"责任主体分散，难以发现责任人，取证成本高。如果由个人进行调查取证，很不现实。目前诽谤罪、侮辱罪都是自诉案件，是告诉的才处理的，如果对"人肉搜索"侵犯隐私也规定为自诉案件，在取证难的情况下，"人肉搜索"入罪能起到多大的作用值得考虑。

"人肉搜索"行为对个人信息构成致命威胁而被称为个人信息安全的"天敌"。某些极端性的"人肉搜索"行为，只图一己私利而不顾公益限制，最终严重侵犯到他人信息安全，这种违反社会公德超越自由表达合理界限的行为，亦为社会伦理所不容，不能完全排除在特殊情况下需对其进行刑事制裁的可能性。人肉搜索也有法律边界，只能用于社会监督和舆论监督，不能用来侵犯他人隐私，损害其名誉，不能随意进行网络审判，滥施网络暴力。否则，就必须承担由此产生的法律后果，"人肉搜索"可以入罪。特别是对那些因人肉搜索随意传播他人隐私而致使受害者精神失常、导致自杀或报复社会等严重后果的行为，必须追究刑事责任。在现行刑法立法体制下，恶意"人肉搜索"可以考虑以"寻衅滋事""侮辱罪""诽谤罪"、非法提供、非法获取公民私人信息罪入罪，但如果仅就"人肉搜索"单独独立为一个罪名"人肉搜索罪"则值得考虑。另外，在加强对隐私权的立法、界定隐私权的范围与边界、在强化有关行政机关在打击违法"人肉搜索"行政处罚力度，在"人肉搜索"的社会危害性达到了社会公众普遍不能容忍的程度等这些基础条件成就后，再考虑"人肉搜索"入罪问题不迟。

（三）对出售、非法提供公民个人信息犯罪可以做扩张性解释

出售、非法提供公民个人信息罪的犯罪主体是特殊主体，即国家机关或者金融、电信、交通、教育、医疗等单位的工作人员。但不包括股市、期货、房地产行业、各种服务中介等。这就导致了刑法适用上的限制，不能有效打击社会上肆意横行的兜售公民信息的违法行为。从刑法理论上来看，司法上的犯罪化是在适用刑法时，将迄今为止没有适用刑法作为犯罪处理的行为，通过新的解释将其作为犯罪处理。没有伸缩性的概念，就没有裁量的空间，不足以实现正义。具有伸缩性的抽象性、一般性规定，不仅使司法上的

犯罪化完全成为可能，而且能够使司法上的犯罪化没有超过刑法的抽象性、一般性概念的约束。有关该罪犯罪主体的规定就是一个类型性、伸缩性的概念描述。随着网络信息时代的到来，其他主体侵犯个人信息的行为将逐渐增多，社会危害性也将随之增强，特别是随着个人信息保护相关法律法规的日益健全和完善，法律工作者在实际考虑可行性和必要性的需要下，通过立法或司法途径适时颁布相关立法、司法解释，将非特定主体纳入刑法视野以完成对该罪主体要件的补充，从而满足刑事调整的需求。

（四）可以"以公诉为主，自诉为辅"

对侵犯公民个人信息犯罪的诉讼程序上，应增设刑事自诉程序。国际上对侵犯公民个人信息犯罪采取的追诉方式有的以公诉方式为主，有的则把权利交于受害者选择自主追诉。考虑到个人信息的概念内涵及侵犯个人信息犯罪的法益和社会危害性，若按现行刑事诉讼法的规定将此类犯罪一概设定为公诉案件则严重加大了司法机关的任务，且在我国现行司法资源有限的情况下，对此种犯罪的打击力度势必弱化、虚化。故可以根据我国实际并参考国外相关立法经验做出更合理、灵活的变动。另外，通常情况下侵犯个人信息犯罪主要侵犯的是公民个人的相关人格权利益，权益主体应有权主张是否对该犯罪行为进行追诉，享有自诉追诉权，而不必一定要接受刑法公权力的强制介入，除非此种犯罪严重破坏国家利益和社会公共利益。因此，侵犯个人网络信息犯罪，可考虑"以公诉为主，自诉为辅"刑事追究方式，既切实尊重并有效保护了被害人的个人权益，体现了人权精神，又兼顾了国家与社会的公共利益。

（五）"网络实名制"在打击侵犯公民个人信息网络犯罪中有利有弊

网络实名制是指将上网者的身份和其真实姓名、身份证号等相对应联系及统一的一个制度。其目的主要在于净化网络环境，抑制网络犯罪。但是，网络实名制有利有弊，推行的必要性和可实施性值得探讨。对此世界各国都在分析研究，谨慎慢行。到目前为止，全球只有韩国政府下决心将网络实名制付诸实施。韩国信息通讯部调查发现，实名制实施后，诽谤跟帖数量从

13.9％降到12.2％，减少了1.7个百分点；但是，以IP地址为基准，网络论坛的平均参与人数从2585人减少到737人，实名制明显抑制了网上交流沟通；同时也存在有人盗用他人的身份证号码进行注册情况。更大的问题是，实名制信息使韩国各大网站成了黑客们攻击的主要对象，2011年7月，韩国发生了前所未有的信息外泄案件，不少民间组织和专家认为是"互联网实名制"惹的祸，要求废除实名制的呼声高涨。韩国行政安全部2011年8月已经表示，政府拟逐步取消网络实名制。

我国应当吸取韩国的网络实名制的经验，也要吸取其教训。一方面，在我国民主制度尚不健全，政府与公民沟通渠道还不畅通，官员腐败难以遏制情况下，公民通过微博、博客参政议政、通过网络舆论监督官员行为，甚至通过网络敦促政府解决一些经久不决的具体的或个人的问题，微博博客为他们提供的平台，起到了积极的作用。如果推行网络实名制，或许会减少些网上发牢骚、造谣传谣的言论，但同时将对网民参政议政、监督政府的积极性产生伤害；就算是诚信守法的网民，出于自我保护，也会担心个人信息被泄露、被利用、或者被打击报复而减少注册或减少发言。对想方设法逃避管理的人，即使实行实名制也难以达到约束目的。另一方面，网络实名制不能"一刀切"的根本原因之一还在于，网络具有流通性特点。换言之，虽然公民个人信息关系到公民人格权、财产权，关系到公民的隐私、名誉、人身安全和尊严，但是，依法合理进行的个人信息流动，也有助于提高交易活动的效率，刺激商业发展，帮助社会公共利益实现和维护社会秩序的稳定。因此，不排除基于特定的公共利益需要或其他特定理由而出现侵犯公民个人信息的情况，此时，应该针对该类特殊情形建立豁免制度，建立"避风港"，使侵犯人不因其侵犯行为必然受到刑法的制裁。

当然，为了避免豁免制度在实践中成为为犯罪分子开脱的工具，需要对豁免制度进行严谨的设计，应严格限定公共利益或其他特定理由的范围。比如，为了国家安全或者社会利益，需要使用或提供个人信息的，特别是国家司法机关、新闻舆论监督需要的。再如，使用单位或个人在使用他人信息前，已经进行预先审批程序的；或者信息所有人进行了不法或严重不当行为，而信息使用者有必要利用信息所有人的信息来维护自己的权利。还有，为了防止对任何人的健康的伤害或者损害，在紧急状况下要求的透露。特别是在对携带传染性病毒的犯罪嫌疑人的通缉和抓捕中，警方为避免更多的人遭受伤害，有必要向社会公布犯罪嫌疑人的感染等具体情况。总之，我们还需审慎考虑，如何控制侵犯个人网络信息行为犯罪化的范围不宜过宽以及保证个人信息的自由流动不受影响。在现代社会中，由于信息处理技术的发展，特别是互联网搜索和链接技术的发展，一些个人的信息无须费力便能在网络上收集，如果侵犯个人信息行为犯罪化，很容易导致将这些行为入罪，从而不利于信息的传播。但是，在保证信息畅通的同时，我们还应注重对个人信息安全的保护，特别是对涉及敏感个人信息侵犯的行为应入罪化。

第七章

网络犯罪阶段性分析及刑法变革

（浙江越秀外国语学院　晁金典　312000）

（山东省济宁市中级人民法院　李　贺①　272400）

内容摘要：网络犯罪经历了网络作为犯罪对象、网络作为犯罪工具、网络作为犯罪空间三个阶段，网络的跨时空性、高科技性、高智能性为网络犯罪提供了滋生的土壤，使得传统犯罪在网络中发生变异、异化，并催化出形形色色的新型网络犯罪。面对网络虚拟社会和现实实体社会中交叉发生的种种犯罪，并着力运用网络思维，积极地、前瞻性地应对网络犯罪，构筑网络犯罪刑法运行与适用，是本文探讨的宗旨和意义所在。

关键词：犯罪、虚拟空间、网络、网络思维、刑法

网络不仅是信息交流和传播的媒介，还是基本的生活和工作的平台，网络不仅是生活的工具，还是制约重塑着社会基本关系网络和组织形态。网络信息技术的深度社会化，正在彻底改变着人们的社会面貌和生活。换言之，信息网络技术革命，已深刻影响并渗透到人们生活的方方面面，成为人们生活的新的社会范式，并严重冲击着传统的制度体系。网络对于刑事法律体系的冲击和影响日益增大，已经不再局限于刑事立法的一般框架和范畴，转而开始侵蚀、弱化、异化、虚化传统刑事基础理论的架构，由此，正视网络空间刑事法律规则的整体不足，完善网络犯罪的刑法应对体系，显属必要。尤其在云技术时代，网络平台化成为新的犯罪空间，刑法理论、刑事立法、刑

---

① 李贺，男，本科，主要从事民事强制法研究。

事司法均面临着新的挑战。在此背景下，深入研究"网络空间"的变异特性和网络犯罪的新形势，树立"网络思维"理念，对惩治和防范网络犯罪，促进互联网的健康发展，无疑有着重要的现实意义。

一、网络犯罪发展的四个阶段

（一）1986 年—1994 年，以计算机、电脑、软件等为犯罪物的阶段

从 1986 年启动中国学术网项目，并通过卫星链路远程访问日内瓦的主机节点，到 1987 年从本土经由意大利和德国的互联网络由节点发出第一封电子邮件，再到 1990 年注册登记了我国的顶级域名 CN，以及 1993 年中科院高能物理所租用美国卫星链路接入美国能源网，最终到 1994 年 4 月初，中国互联网终于得到美国国家科学基金会（NSF）的认可，正式开启中国拥抱全球互联网的时代。

该阶段，由于互联网初期的技术门槛较高，资源极为紧缺，因此仅有科技工作者、科研技术人员等很少的人群使用，而且使用的范围也被限制在科学研究、学术交流等较窄领域。此时的计算机带有鲜明的科研属性，存在于科研机构，用于学术研究，就像是存于档案室的"国宝"一样，未联网、远离社会公共生活领域，未对社会公共秩序产生冲击，故针对计算机的犯罪，实质上就是对待"电脑""物"的犯罪。此后，伴随着计算机的小型化，"微机"成为千家万户的普通百姓的生活工具，计算机软件开始成为犯罪的对象。尤其是单机游戏软件具有巨大盈利空间，因此针对游戏软件犯罪便接踵而来。

为此，我国刑法开始关注最为原始的计算机犯罪。1994 年 7 月 5 日全国人大常委会通过的《关于惩治侵犯著作权的犯罪的决定》第一条规定，以营利为目的，未经著作权人许可，复制发行其文字作品、音乐、电影、电视、录像作品、计算机软件及其他作品的；出版他人享有专有出版权的图书的；未经录音录像制作者许可，复制发行其制作的录音录像的；制作、出售假冒他人署名的美术作品的，违法所得数额较大或者有其他严重情节的，处三年

以下有期徒刑、拘役，单处或者并处罚金；违法所得数额巨大或者有其他特别严重情节的，处三年以上七年以下有期徒刑，并处罚金：第二条规定，以营利为目的，销售明知是第一条规定的侵权复制品，违法所得数额较大的，处二年以下有期徒刑、拘役，单处或者并处罚金；违法所得数额巨大的，处二年以上五年以下有期徒刑，并处罚金。与此相应，我国《刑法》第 217 条侵犯著作权罪，制裁未经著作权人许可复制发行其计算机软件的行为；第 218 条销售侵权复制品罪，制裁"以营利为目的"销售明知是侵权复制品，违法所得数额巨大的行为。

这一阶段，计算机软件犯罪对《刑法》所造成的冲击是微乎其微的，只是将"作品"的范畴扩大解释为包括"计算机软件"，无须《刑法》条文的修正。换言之，当时的软件盗版还不是网络犯罪，只能算是计算机犯罪的初始形态时期，是传统犯罪中出现了涉及计算机"电脑"物的因素。因此，"对未与网际网络相连接的电脑所为的犯罪行为，即是过去所称'电脑犯罪'，并不在网络犯罪意义之列"，因此，最初的针对计算机软件的原始计算机犯罪，与既有的、传统的侵犯著作权犯罪本质上并没有区别，都是针对在传统物理空间中"有形物"所进行的犯罪，比如关于此的立案追诉标准，也延续了"复制品数量合计"的传统刑事定量标准模式，与针对其他类型作品的侵权犯罪行为并无差别。

（二）1994 年—2001 年，以"计算机系统"为犯罪对象的阶段

1994 年 4 月 20 日，中国实现与国际互联网的第一条 TCP/IP 全功能链接，成为互联网大家庭中一员，从此，中国互联网进入 web1.0 时期，直至 2001 年。这一阶段，互联网具有鲜明的商业化、新闻媒介属性，互联网显著特质是以"联"为主，尚无法实现网络终端或网民间的互动。网民在网络面前只能是"受众"，由此，个人与系统之间的"冲突"成为犯罪的唯一表现形式，个人挑战、攻击系统成为当时的"标准化"犯罪模式，系统完全是犯罪对象。黑客、黑客攻击网络系统成为当时网络犯罪的流行语。故当时的计算机犯罪，主要指向利用计算机操作所实施的危害计算机信息系统，如内存数据、文档、程序等安全的犯罪行为。

为此，规制网络违法、犯罪行为的规章制度应运而生。1996 年 2 月 1 日，国务院第 195 号令发布了《中华人民共和国计算机信息网络国际联网管理暂行规定》。这是在中国接入国际互联网后，国家首次较全面地从法律层面出台规范性文件，对互联网产业良性发展打下了基础。6 月 3 日，中国互联网络信息中心（CNNIC）成立，《中国互联网络域名注册暂行管理办法》和《中国互联网络域名注册实施细则》发布，标志着中国开始从机构、法规两方面同时加强网络域名管理。1997 年 12 月 30 日，公安部发布了由国务院批准的《计算机信息网络国际联网安全保护管理办法》。1998 年 3 月 6 日，国务院信息化工作领导小组办公室发布《中华人民共和国计算机信息网络国际联网管理暂行规定实施办法》。1998 年 8 月，公安部正式成立公共信息网络安全监察局，负责组织实施维护计算机网络安全，打击网上犯罪，对计算机信息系统安全保护情况进行监督管理。2000 年 1 月 1 日，由国家保密局发布的《计算机信息系统国际联网保密管理规定》开始施行。2000 年 9 月 25 日，国务院发布《中华人民共和国电信条例》，这是中国第一部管理电信业的综合性法规，标志着中国电信业的发展步入法制化轨道。同日，国务院公布施行《互联网信息服务管理办法》。

与此相应，我国《刑法》对网络犯罪增设了新的罪名。《刑法》第二百八十五条 违反国家规定，侵入国家事务、国防建设、尖端科学技术领域的计算机信息系统 的，处三年以下有期徒刑或者拘役。第二百八十六条 违反国家规定，对计算机信息系统功能进行删除、修改、增加、干扰，造成计算机信息系统不能正常运行，后果严重的，处五年以下有期徒刑或者拘役；后果特别严重的，处五年以上有期徒刑。违反国家规定，对计算机信息系统中存储、处理或者传输的数据和应用程序进行删除、修改、增加的操作，后果严重的，依照前款的规定处罚。故意制作、传播计算机病毒等破坏性程序，影响计算机系统正常运行，后果严重的，依照第一款的规定处罚。第二百八十七条 利用计算机实施金融诈骗、盗窃、贪污、挪用公款、窃取国家秘密或者其他犯罪的，依照本法有关规定定罪处罚。

应当注意的是，此时《刑法》对网络犯罪的规制，是指针对计算机信息系统所实施的犯罪，比如，非法侵入计算机信息系统罪、破坏计算机信息系统罪等。换言之，此时的"计算机"、"网络"，更多的仍然只是犯罪的对象，即犯罪行为只能通过计算机非法操作来实施，而行为所指向的对象则是计算机信息系统（包括信息系统的内存数据和程序）的安全。"计算机犯罪"、"网络犯罪"概念并存，但仍有细微区分。前者更多的是指利用计算机作为犯罪工具，针对计算机信息系统实施的犯罪行为，重在强调技术犯罪，《刑法》第285、286条立法意旨则倾向于前者；后者则指向显露端倪的利用互联网平台，在网络空间所实施的传统犯罪，《刑法》第287条立法意旨则倾向于后者。由此可见，当时刑事立法、刑事司法更为关注和惩处的是"计算机犯罪"而不是"网络犯罪"。换言之，严厉制裁的重点是技术攻击和破坏计算机信息系统的犯罪。

（三）2000 年—2009 年，以互联网网络为"犯罪工具"的阶段

从 2000 年开始，特别是 2005 年，以博客为代表的 Web2.0 概念推动了中国互联网的发展，标志着互联网新媒体发展进入新阶段。在博客被广泛使用的同时，也催生出了一系列社会化的新事物，比如 Blog，RSS，WIKI，SNS 交友网络等。Web2.0 时期是一个以"互"为主的互联网时代，网民之间、网民与网络之间的"互动"是根本特点，"点对点"的互动交流是网络的基本特征，以此为基础的电子商务等快速兴起，网民之间"点对点"地利用网络为工具的犯罪行为标准模式。

这一阶段，利用网络作为犯罪工具成为犯罪的主要形态，比如：

1. 涉及危害互联网运行安全的犯罪主要表现为故意制作、传播计算机病毒等破坏性程序，攻击计算机系统及通信网络，致使计算机系统及通信网络遭受损害；擅自中断计算机网络或者通信服务，造成计算机网络或者通信系统不能正常运行等。

2. 利用互联网危害国家安全和社会稳定的犯罪主要表现为，利用互联网造谣、诽谤或者发表、传播其他有害信息，煽动颠覆国家政权、推翻社会主义制度，或者煽动分裂国家、破坏国家统一；通过互联网窃取、泄露国家秘密、情报或者军事秘密；利用互联网煽动民族仇恨、民族歧视，破坏民族团结；利用互联网组织邪教组织、联络邪教组织成员，破坏国家法律、行政法

规实施。

3. 利用互联网销售伪劣产品或者对商品、服务做虚假宣传；利用互联网损坏他人商业信誉和商品声誉；利用互联网侵犯他人知识产权；利用互联网编造并传播影响证券、期货交易或者其他扰乱金融秩序的虚假信息；在互联网上建立淫秽网站、网页，提供淫秽站点链接服务，或者传播淫秽书刊、影片、音像、图片。

4. 利用互联网侮辱他人或者捏造事实诽谤他人；非法截获、篡改、删除他人电子邮件或者其他数据资料，侵犯公民通信自由和通信秘密；利用互联网进行盗窃、诈骗、敲诈勒索等等形形色色的网络犯罪充斥着网络空间。

在此阶段，我国法律进行了积极应对。2000年12月28日，九届全国人大常委会第十九次会议表决通过《全国人民代表大会常务委员会关于维护互联网安全的决定》。这一《决定》以"立法解释"型单行刑法的形式，对于网络作为"犯罪工具"的定性问题进行了整体解释。这一解释的其实是网络作为"犯罪工具"时的传统犯罪的定性规则。2001年4月13日，信息产业部、公安部、文化部、国家工商行政管理总局部署开展"网吧"专项清理整顿工作。2001年7月11日，中共中央在中南海怀仁堂举办法制讲座，强调运用法律手段保障和促进信息网络健康发展。同年10月27日，"信息网络传播权"正式列入第九届全国人民代表大会常务委员会第二十四次会议审议通过的修订后的《中华人民共和国著作权法》，有关新条款使今后网络传播环境下的著作权保护有法可依。2003年8月，网络游戏玩家李宏晨在北京市朝阳区人民法院对网络游戏《红月》的运营商北京北极冰科技发展有限公司提起诉讼，此案从法律上引出了网络中虚拟财产的界定问题。2004年6月10日，由中国互联网协会互联网新闻信息服务工作委员会主办的"违法和不良信息举报中心"网站（net.china.cn）开通，其宗旨是"举报违法信息，维护公共利益"。同年7月16日，全国打击淫秽色情网站专项行动电视电话会议召开，标志着全国打击淫秽色情网站专项行动的开始。次日，中央宣传部、公安部、中央对外宣传办公室、最高人民法院、最高人民检察院、信息产业部等14个部门联合发布《关于依法开展打击淫秽色情网站专项行动有关工作的通知》。2006年2月21日，信息产业部启动了"阳光绿色网络工程"系列活动。包括：清除垃圾电子信息，畅享清洁网络空间；治理违法不良信息，倡导绿色手机文化；打击非法网上服务，引导绿色上网行为等活动。2006年7月1日，经国务院第135次常务会议通过的《信息网络传播权保护条例》开始施行。2007年7月，在中国股市热浪中号称"天下第一博客"的"带头大哥777"博主王晓被吉林警方刑事拘留，案件定性为"新型涉众型经济犯罪"。2008年1-2月，一批香港女艺人的不雅照片被泄露到网上，被称为"艳照门"事件。该事件引发社会公众对网络环境净化及互联网上个人隐私保护问题的讨论。2008年4月28日，工业和信息化部委托中国互联网协会设立12321网络不良与垃圾信息举报受理中心，举报方式包括电话、网站、邮件、短信和移动互联网WAP网站等多种方式。

2004年9月6日，最高人民法院和最高人民检察院出台的《关于办理利用互联网、移动通信终端、声讯台制作、复制、出版、贩卖、传播淫秽电子信息刑事案件具体应用法律若干问题的解释》开始施行。《刑法》第287条"利用计算机实施金融诈骗、盗窃、贪污、挪用公款、窃取国家秘密或者其他犯罪的，依照本法有关规定定罪处罚"，这一口袋条款凸显重要，成为传统犯罪网络异化的定性准则和依据，并几乎解决了所有利用计算机、网络进行的犯罪的定性问题。但是，对于爆发式增长的网络工具性的传统犯罪，其"定量规则"，尤其是入罪化标准和升格法定刑的定量标准尚处空白。这就使得最高司法机关通过司法解释构筑传统犯罪网络化的定量标准体系成为长期艰巨的任务。

需要注意的是，在此阶段"计算机犯罪"和"网络犯罪"的概念不再并行，"计算机犯罪"的概念弱化，利用网络实施的传统犯罪在数量和社会影响上的绝对优势，让"计算机犯罪"几乎完全退出了历史舞台，"网络犯罪"成为广泛认可的流行术语，二者演变为一种"种属"关系，"计算机犯罪"成为"网络犯罪"的一种类型，一个子概念。刑事立法、司法关注的中心是打击和预防重点"网络犯罪"，严厉制裁的重点不再是技术攻击和破坏计算机信息系统的犯罪，而是利用网络实施的犯罪。

（四）2009 年—至今，网络思维型、智能型犯罪阶段

2009 年下半年起，新浪网、搜狐网、网易网、人民网等门户网站纷纷开启或测试微博功能。微博客吸引了社会名人、娱乐明星、企业机构和众多网民加入，以此为标志互联网进入 Web3.0 阶段，代表着未来互联网发展的方向。网站信息可以直接和其他网站信息进行交互，通过第三方信息平台同时对多家网站信息进行整合使用；用户在互联网上拥有自己的数据，并能在不同的网站上使用；完全基于 Web，用浏览器即可实现复杂的系统程序才具有的功能。可以说 Web3.0 代表着三广 + 三跨（广域、广语、广博、跨区域、跨语种、跨行业）更加细分、更加专业、更加兼容的互联网未来发展方向。

web3.0 不仅是技术的创新，而更多的是思想的创新，进而指导技术的发展和应用。web3.0 平台模式和平台思维的形成也意味着"网络思维"的真正形成。web3.0 不仅为网络犯罪提供了犯罪平台、犯罪工具，而更多地提供了思维材料、思维路径、思维空间、智能思维、情感思维、个性思维、思维技术等思维要素。此阶段的网络犯罪具有了鲜明的智能思维特质。网络成为犯罪空间，而网络智能型犯罪具有了"思维"特性。

此阶段网络犯罪的新的形式和特点主要表现在：

1. 网络分工细化、利益链条化。当前，网络犯罪已形成分工负责、利益共享的利益链条，从网站建设、广告推广、资金流转、技术支持、利益分配等各个环节，分工更细，一个犯罪行为人可能同时为大量其他行为人提供帮助。这使得行为人之间形成错综复杂的关系，同时也大大降低了犯罪技术门槛，导致网络犯罪泛滥。

2. 跨地域、群发性、群体性网络犯罪频发。犯罪行为人借助网络跨地域针对不特定人实施诈骗、敲诈勒索等犯罪活动，以积少成多的方式牟取暴利，或者组织众人共同实施网络攻击、网络赌博等犯罪活动。

3. 技术含量高、作案隐蔽性强。传统犯罪与网络高新技术相结合，容易形成新的高技术型犯罪，如通过盗窃 QQ 号骗取汇款，通过诱骗获取银行账户、密码窃取资金，通过变音软件模拟声音诈骗被害人亲友钱财等等作案，其犯罪技术性特征更加显著。此外，网络犯罪借助互联网实施，更容易通过

加密等技术措施隐蔽犯罪行为、隐藏身份，使得侦查、取证难度和成本日益加大。

网络犯罪的上述特点，对打击犯罪提出了新的挑战：

1. 案件管辖不明确。网络犯罪的跨地域，使得犯罪嫌疑人、被害人以及银行账户、虚拟身份、网站等基本要素分布在不同的地方。例如，在网络诈骗、网络赌博、网络传销等案件中，嫌疑人通过层层发展下线形成金字塔型的组织结构，涉及多人、多地。此类案件中，由于司法管辖法律规定不明确，导致了有关机关常因管辖权问题产生争议。

2. 取证成本高、取证更困难。网络犯罪相关网络数据、网络设备、银行账户等要素分布在不同地方，甚至涉及不同国家、不同地域、不同国籍的人，根据传统取证程序，难以有效调取相关证应用。特别是，行为人借助计算机网络针对或者组织、教唆、帮助不特定多数人实施的网络犯罪案件，被害人、涉案人员众多，办案部门难以逐一取证认定被害人数、被侵害的计算机信息系统数量、涉案资金数额等犯罪事实。

3. 可采取的侦查措施不明。刑事立案前公安机关可以采取哪些调查措施，刑事诉讼法对此未做明确规定。然而，众多网上违法犯罪线索如不经过立案前调查则很难确定是否达到立案标准。比如，网上发布虚假销售信息，如未进行调查则无法确定是否存在销售虚假商品的事实，更难以立案，致使大量网上违法犯罪线索难以进入侦查程序。

4. 电子证据取证程序、证明力、证明标准等证据规范有待明确。虽然刑事诉讼法已明确将电子数据作为新的法定证据类型，但对于电子数据的提取、固定、出示、辨认、质证等活动缺乏具体规定，对此需要做出明确规定。

web3.0 网络平台思维在刑法上的映射，就表现为犯罪空间的生成和变异网络化、智能化、网络思维化。这客观上要求，在打击网络犯罪中，必须考虑网络犯罪的网络空间思维的特质，积极推进刑法思维、刑事立法、司法、刑法理论的同步变革。

为此，2009 年至 2014 年，为适应打击网络违法犯罪的需要，我国法律运行也进行了必要的有益的探索和跟进。2010 年 6 月 3 日，文化部公布《网络游戏管理暂行办法》，这是我国第一部针对网络游戏进行管理的部门规章。同年 6 月 8 日，国务院新闻办公室首次发表《中国互联网状况》白皮书，说明了中国政府关于互联网的基本政策："积极利用、科学发展、依法管理、确保安全"。

2010 年 8 月 31 日，最高人民法院　最高人民检察院　公安部公布了《关于办理赌博刑事案件具体应用法律若干问题的解释》。2011 年 12 月 16 日，最高人民法院发布《关于充分发挥知识产权审判职能作用推动社会主义文化大发展大繁荣和促进经济自主协调发展若干问题的意见》进一步明确了网络环境下的著作权侵权判定规则。2012 年 12 月 28 日，第十一届全国人民代表大会常务委员会第三十次会议通过《关于加强网络信息保护的决定》，要求保护个人电子信息、防范垃圾电子信息、确立网络身份管理制度，并赋予了有关主管部门必要的监管权力。2013 年 6 月 25 日，在公安部指导下，阿里巴巴、腾讯、百度、新浪、盛大、网易、亚马逊中国等 21 家互联网企业，成立了"互联网反欺诈委员会"，以推进全网联合，打击网络诈骗，共建交易安全生态圈。

2013 年 9 月 9 日，最高人民法院和最高人民检察院公布《关于办理利用信息网络实施诽谤等刑事案件适用法律若干问题的解释》。10 月 25 日，最新《中华人民共和国消费者权益保护法》发布，规定经营者采用网络、电视、电话、邮购等方式销售商品，消费者有权自收到商品之日起七日内退货。此外还明确了个人信息的保护，以及规定了网络交易平台的责任等。

2013 年 11 月 9 日至 12 日，中国共产党十八届三中全会在北京召开，全会决定要求加大依法管理网络力度，加快完善互联网管理领导体制，形成从技术到内容、从日常安全到打击犯罪的互联网管理合力，确保国家网络和信息安全，以维护国家安全和社会稳定。12 月 4 日，最高法院公开开庭审理奇虎与腾讯不正当竞争纠纷上诉案，持续 3 年的"3Q 大战"走向最终审理。判例将对互联网产业竞争格局、互联网经济生态系统发展、信息社会竞争规制等产生深远影响。2014 年 2 月，中央网络安全和信息化领导小组成立，中共中央总书记习近平任组长。同年 6 月 23 日《最高人民法院关于审理利用信息网络侵害人身权益民事纠纷案件适用法律若干问题的规定》。

2014 年 7 月 2 日，最高人民法院 最高人民检察院 公安部公布《关于办理网络犯罪案件适用刑事诉讼程序若干问题的意见》。8 月 12 日最高人民法院、最高人民检察院公布《最高人民法院关于办理走私刑事案件适用法律若干问题的解释》。9 月 9 日，最高人民法院 最高人民检察院 公安部公布《关于办理暴力恐怖和宗教极端刑事案件适用法律若干问题的意见》。10 月 31 日，最高人民法院公告公布《最高人民法院关于北京、上海、广州知识产权法院案件管辖的规定》。

二、网络智能型犯罪的刑法应对

网络平台、网络空间、网络思维的形成，标志着虚拟网络社会开始形成。实体现实社会与虚拟网络社会同时存在的"双重社会"，成为新的社会生活、工作的平台。在"双重社会"背景下，传统犯罪可以在网络空间、现实空间中均能生成，还可以实现线上和线下的互动、现实空间和网络空间的过渡。传统犯罪的一个行为既可以是全部犯罪过程都发生于网络空间，也可以同时跨越网络空间和现实社会两个平台，使得传统犯罪网络化、异化、智能化。

（一）刑事实践应对

在网络作为"犯罪工具"的阶段，网络、系统、程序、文档等网络因素只是主要地介入传统犯罪而已，传统的定性、定量标准等规则体系基本未变，网络只是犯罪的一个手段、一个工具，网络犯罪针对的仍然是现实社会的法益。但是，在网络虚拟空间段，智能型、思维型网络作为个犯罪空间，成为一些变异后的犯罪行为的独有温床、土壤、母腹、孕袋，特别是还催生了一些不同于传统犯罪的新型网络犯罪，比如，网上虚拟婚姻诈骗、网上虚拟恐怖信息发布、网上杀人抢劫犯罪行为传授模拟等。这些新型网络犯罪或者称之为虚拟犯罪。虚拟犯罪间接地、渐进式地影响着现实社会中的不特定多数人的思维变异、成型，并在适当时间、适当空间中诱发诸多不可预测、不可控制的社会突发事件。针对网络智能型犯罪，我国刑事司法实践进行了积极应对。

比如，2013年最高人民法院、最高人民检察院出台了《关于办理利用信息网络实施诽谤等刑事案件适用法律若干问题的解释》。该解释第五条，利用信息网络辱骂、恐吓他人，情节恶劣，破坏社会秩序的，依照刑法第二百九十三条第一款第（二）项的规定，以寻衅滋事罪定罪处罚。编造虚假信息，或者明知是编造的虚假信息，在信息网络上散布，或者组织、指使人员在信息网络上散布，起哄闹事，造成公共秩序严重混乱的，依照刑法第二百九十三条第一款第（四）项的规定，以寻衅滋事罪定罪处罚。该条前段规重在制裁"利用信息网络辱骂、恐吓他人，情节恶劣，破坏社会秩序的"行为，后段重在制裁"编造虚假信息，或者明知是编造的虚假信息，在信息网络上散布，或者组织、指使人员在信息网络上散布，起哄闹事，造成公共秩序严重混乱的"行为。前种行为实际上打击的是"利用信息网络"的行为，也就是网络作为"犯罪工具"的问题；后种行为实际上打击的是"在信息网络上散布、起哄闹事"的行为，也就是网络作为"犯罪空间"问题。换言之，刑事司法解释着手尝试解释在"寻衅滋事罪"中，网络空间能否视为"公共场所"以及寻衅滋事罪中的"公共秩序"在网络空间中的具体体现问题。

再如，2010年两高和公安部《关于办理网络赌博犯罪案件适用法律若干问题的意见》，该解释第一条利用互联网、移动通信终端等传输赌博视频、数据，组织赌博活动，具有建立赌博网站并接受投注的；建立赌博网站并提供给他人组织赌博的；为赌博网站担任代理并接受投注的；参与赌博网站利润分成的，属于刑法第三百零三条第二款规定的"开设赌场"的行为。这也标志着刑事司法理论和实践都将把精力和重心投放到"网络虚拟空间犯罪"方向上去。

（二）刑法理论应对

网络智能型犯罪开始对刑法学理论产生多方位冲击，并严重冲击和销蚀着传统刑法基础理论，使得与工业文明相适应的传统刑法理论、刑事立法，在网络信息社会呈现出明显的体系性滞后。因此，正视传统犯罪网络变异带来的挑战，尤其是由此导致的法益增生及犯罪行为变异、异化，以更广阔、更前瞻的视野对于网络和刑法的关系进行全局性、系统性思考，已成当务之急。

1. 树立预备行为实行化、共犯行为的正犯化理念，最大程度上遏制网络犯罪。

（1）预备行为实行化。

传统犯罪的预备行为、帮助行为的危害性明显小于实行行为，因此《刑法》规定对其从轻、减轻或免除处罚。但发生于网络空间中的犯罪，其预备行为的社会危害性往往远超实行行为，其帮助行为的危害性往往远超正犯的实行行为。因此，对传统犯罪的网络变异，刑事立法上应当重视网络犯罪的极大社会危害性，并进行有力的刑法规制。比如，非法侵入计算机信息系统罪。从法学理论上来说，非法侵入计算机信息系统的行为是一种犯罪预备行为，但此类预备行为所涉及的犯罪性质严重，且一旦实施或实施完毕，其危害后果可能难以预测、无法评估和难以挽回。另一方面，此类犯罪也有可能即使实施完毕也未必产生实际危害结果，未必能够被最终发现、查证。鉴于此类犯罪严重的社会危害性及其犯罪行为的特殊性质，《刑法》第285条将这种实质上的犯罪预备行为提升为具体犯罪犯罪构成中的实行行为，以严厉打击此类犯罪。此种情况在今后涉及计算机犯罪的刑事立法中，将成为常见的立法选择模式，即网络犯罪预备行为被法定提前化、独立化为一种新的犯罪类型，将代表了未来网络立法的趋势。

（2）共犯行为正犯化。

在传统共同犯罪中，共犯行为之间，共犯行为与正犯行为之间区分起来较为明确易行。但是，当共同犯罪进入了网络空间，组织、教唆的模糊，教唆、帮助的模糊，帮助、实行的模糊等共同犯罪的网络异化现象都出现了，并严重冲击着传统共同犯罪的罪行评价。与"网络平台思维"相伴而来的是"跨界思维"对于刑法理论的挑战已迫在眉睫，对此，如何对网络犯罪共犯行为进行定性，如何适应网络共同犯罪特点进行定量处理，这些都需要进行系统的梳理和刑法理论的创新。

2011 年《最高人民法院、最高人民检察院关于办理危害计算机信息系统安全刑事案件应用法律若干问题的解释》。该解释第 9 条将明知他人实施破坏计算机信息系统功能或者数据的犯罪行为而向其提供破坏性程序或者工具的行为作为共犯处理，"认定为共同犯罪，依照刑法第二百八十六条的规定处罚"。此时，它强调的是"明知"而不是"事先通谋"，是单向犯意联系，而不是双向犯意联络，以此单向"犯意联系"去判断网络共同犯罪的成立与否，是近年来相关司法解释中的标准表述。换言之，某些网络共同犯罪，虽然在名称上没有自己独立的罪名，但其在事实上就是共犯经由司法实践而独立入罪的"共犯行为正犯化"，这在一定程度上预示着未来的司法实践和立法实践的发展方向。但是，对"明知"如何判断？在缺乏双向犯意交流的证据的情况下，要求网络空间、平台的提供者具有单向"明知"，可能在证据上、在实践上更不具有可操作性，这将构成刑法理论探讨的难点和司法实践的焦点、热点。

2. 树立网络思维模式，实现一类罪种到数类罪种的跨越式思维。

从网络犯罪的角度出发，跨界思维将意味着，同一个网络平台上不同种类的犯罪可以同时发生，且不再局限于以往的单一罪行。犯罪形态也将不仅仅是单一犯罪、一行为数罪、数行为一罪、数行为数罪，而是一类罪种到数类罪种的跨越。比如，当一个网络平台同时成为赌场、借贷、视频、电子商务等平台时，它实际上跨越了刑法不同的章节罪名体系，不仅涉及市场经济秩序、社会公共秩序、公民人身权财产权的保护，还可能会涉及整个国家的网络信息、金融活动、国家安全、社会管理秩序等。该网络平台已成为几乎无所不包的生活平台、工作平台，冲击的不仅仅是单一的秩序，更是全面的安全和秩序。换言之，智能型网络思维犯罪使得网络平台成为网络犯罪的大熔炉、大暖床，时刻滋生着形形色色的犯罪形态，并全方位、多领域、多层次地冲击、考验着刑法保护的各个法益边界，这是十分恐怖的，也是刑法理论创新、刑事司法实践要时刻警惕和努力方向所在。

若对未来每种犯罪现象都进行专门研究和立法，则将会增加法治成本并使得刑法理论和立法疲于奔命、穷于应付，最终无所适从。故树立网络思维，对网络犯罪本质的精确把握与发展趋向的准确预测，从全局、整体上治理网络犯罪，成为当前和未来网络犯罪立法、实践的根本路径。现行网络犯罪的传统刑法应对显然力不从心。我国《刑法》第285条、第286条、第287条，在思维上的观测点仅仅限于"计算机软件""计算机系统"计算机数据"三类犯罪对象，并仅仅规定了有限的几个罪名："非法侵入计算机信息系统罪""非法获取计算机信息系统数据、非法控制计算机信息系统罪""提供侵入非法控制计算机信息系统程序、工具罪"和"破坏计算机信息系统罪"。这就使得刑法运行仅仅在有限的几个罪名之间进行"反复炒作"，从而导致应对手段和力度日益有限的困局。这对于网络时代特别是云技术时代的网络犯罪，无疑显得明显滞后和苍白无力。

刑法应对的指导理念应当快速从"软件、系统、工具、对象"思维跃升到"网络思维""智能思维"。具体而言：

（1）针对网络犯罪的跨领域、高技术、跨时空、高智能、多环节等特点，应当打破传统刑法法益的划分路径，将个人法益和公共法益看成一个集成法益，综合考察网络犯罪的社会危害性、应受惩罚性、刑事立法性。换言之，网络立法趋势本有混合法益之趋势，对于电脑网络犯罪不宜再以个人法益或社会法益为分类标准，而应该对新制定的新兴犯罪类型，思考新的保护法益概念。故应通过立法解释或刑法修正案，将"软件、系统、数据、网络"作为网络犯罪惩戒的着力点。

（2）虽然现行网络犯罪的司法解释努力跟踪网络犯罪的足迹，但网络犯罪往往呈现犯罪链条思维，这就使得司法解释疲于奔命、脚痛医脚、头疼医头、力不从心。故应当在网络思维反应模式下，按照一体化的思维构筑网络犯罪刑法规制的法律运行机制。

（3）网络云技术时代的犯罪制裁需要全新的定罪量刑标准。大数据时代，数据泄露或者黑客攻将对整个企业甚至整个行业带来毁灭性打击。网络犯罪的定罪量刑应当充分考虑到这种社会危害性和群发性，予以有力的刑事制裁和定性。

3. 增设网络犯罪专门章节。

网络作为"犯罪对象""犯罪工具""犯罪空间"的本质仍旧是借助网络兴风作浪，故刑法应对的逻辑起点仍旧应着力于网络犯罪的对象性、工具性、空间性、智能性，构筑符合现实罪情和发展趋势的刑法反应体系。可以考虑在刑法典中设立独立的"网络犯罪"章节，以此来解决只能在有限的条文之间"见缝插针"般地增补几个条款去应对现实的固有套路。对于"网络对象"型网络犯罪，可以增加体系化的罪名，体系化地设置侵害软件、系统、数据、网络的犯罪，再以"共犯行为的正犯化"思路，解决以技术、工具、程序、网络等因素实施犯罪帮助行为的独立定罪问题。对于"网络工具"型的网络犯罪，则侧重于增加罪名，比如用于制裁将整个网络平台作为犯罪工具的罪名或者用于制裁一些利用网络非法使用、获取数据等的罪名或者用于制裁网络服务商等平台、服务提供者的罪名。也可以对《刑法》第287条进行修正增强该条款的定性指导功能和法律实战覆盖面。对于"网络空间"型网络犯罪，则侧重于增加定性引导性、指向性条款，还可以增设一部分专用罪名，以解决当前出现的网络云犯罪问题。

4. 增强刑事诉讼程序设置的科学性。

网络犯罪的虚拟性、高科技性、跨地域性、跨时空性，致使对网络犯罪案件的侦办范围、管辖、初查、跨地域取证、电子数据的取证与审查等程序性问题更加复杂。为此，应当构建科学合理、有序有效的网络犯罪刑事诉讼程序，规范侦查、起诉、审判各个环节，最大程度、最大可能地打击形形色色的各种网络犯罪。

（1）将网络智能犯罪与借助网络实施的传统犯罪（涉网犯罪）区别开来。

许多犯罪与网络交织或者发生关联。有些犯罪虽然与网络有关联，但实际上与传统犯罪并无差别，比如通过网络交友后的杀害行为。因此，应将涉网犯罪与网络犯罪区分开来，明确四种类型的犯罪才是涉网犯罪：（1）危害计算机信息系统安全犯罪案件：非法侵入计算机信息系统罪，非法获取计算机信息系统数据、非法控制计算机信息系统罪，提供侵入、非法控制计算机信息系统程序、工具罪，破坏计算机信息系统罪四个罪名；（2）通过危害计算机信息系统安全实施的盗窃、诈骗、敲诈勒索等犯罪案件；（3）涉众型网络犯罪案件，即在网络上发布信息或者设立主要用于实施犯罪活动的网站、通讯群组，针对或者组织、教唆、帮助不特定多数人实施的犯罪案件；

（4）主要犯罪行为在网络上实施的其他案件。

（2）多点布控，明确网络犯罪管辖权。

网络犯罪具有多环节、跨时空特点，仅仅局限于犯罪地管辖则明显不足。为此应当明确网络犯罪案件由犯罪地公安机关立案侦查。网络犯罪案件的犯罪地包括用于实施犯罪行为的网站服务器所在地，网络接入地，网站建立者、管理者所在地，被侵害的计算机信息系统或其管理者所在地，犯罪嫌疑人、被害人使用的计算机信息系统所在地，被害人被侵害时所在地，以及被害人财产遭受损失的等。必要时，可以由犯罪嫌疑人居住地公安机关立案侦查。涉及多个环节的网络犯罪案件，犯罪嫌疑人为网络犯罪提供帮助的，其犯罪地或者居住地公安机关可以立案侦查。

（3）并案处理，提高办案效率。

网络犯罪分工合作，形成了错综复杂的关系，导致了此类犯罪在管辖方面更为复杂。为此，对一人犯数罪、共同犯罪、共同犯罪的犯罪嫌疑人、被告人还实施其他犯罪的、多个犯罪嫌疑人、被告人实施的犯罪存在关联的案件应并案处理，这有利于查明案件事实真相。另外，网络犯罪具有间接帮助、组织和非法交易关系的特性，其犯罪形态一般呈金字塔结构，位于犯罪链顶端的嫌疑人往往会给多个不同的下游团伙提供犯罪帮助或支持，但是公安机关往往只对其中的某一犯罪链条或环节具有管辖权，不利于查清全部犯罪事实。涉众型网络犯罪，特别是因网络交易、技术支持、资金支付结算等关系形成多层级链条、跨区域的网络犯罪案件，共同上级公安机关可以按照有利于查清犯罪事实、有利于诉讼的原则，指定有关公安机关一并立案侦查，需要提请批准逮捕、移送审查起诉、提起公诉的，由该公安机关所在地的人民检察院、人民法院受理。对于极个别具有特殊情况的网络犯罪案件，如犯罪嫌疑人与本地有关部门有密切联系，可以指定其他省（自治区、直辖市）公安机关立案侦查。

第八章

《反不正当竞争法》修订与网络不正当竞争

（浙江越秀外国语学院　晁金典　312000）

（山东省嘉祥县人民法院　薛广坤①　272400）

内容摘要：科学把握网络不正当竞争的新形式、新特点，加快修订《反不正当竞争法》更显必要。建议该法修订中，坚持宏观和微观的统一，科学厘清网络服务商不当竞争行为的法律边界；体现现代反不正当竞争法精神，扩大保护消费者的权利；坚持主观和客观相统一，适度地认定网络服务商主观过错程度；列举典型的网络不正当竞争行为，并增加兜底性条款；扩大网络不正当竞争主体"经营者"的范围。

关键词：网络、不正当竞争、法律

一、问题的提出

（一）网络不正当竞争与我国"网络大国向网络强国迈进"是极不协调的

2018 年是中国接入国际互联网 24 周年。24 年来，中国互联网突飞猛进。据中国互联网络信息中心（CNNIC）在京发布第 41 次《中国互联网络发展状况统计报告》（以下简称为《报告》）。截至 2017 年 12 月，我国网民规模达 7.72 亿，普及率达到 55.8%，超过全球平均水平（51.7%）4.1 个百分

---

① 薛广坤，男，山东省嘉祥县人民法院审判员，本科，主要从事民商法研究。

点，超过亚洲平均水平（46.7%）9.1个百分点。我国网民规模继续保持平稳增长，互联网模式不断创新、线上线下服务融合加速以及公共服务线上化步伐加快，成为网民规模增长推动力。截至2017年12月，中国域名总数同比减少9.0%，但"CN"域名总数实现了1.2%的增长，达到2085万个；我国手机网民规模达7.53亿，网民中使用手机上网人群的占比由2016年的95.1%提升至97.5%；共享单车国内用户规模已达2.21亿，并渗透到21个海外国家；电子商务、网络游戏、网络广告收入水平增速均在20%以上，发展势头良好。其中，1～11月电子商务平台收入2188亿元，同比增长高达43.4%。中国网信建设突飞猛进，已由由网络大国迈向网络强国。

但是，伴随网络经济的快速发展，网络不正当竞争行为也日益加剧。网络不正当竞争与我国"网络大国向网络强国迈进"是极不协调的。据北京市第一中级人民法院2014年6月召开的"涉互联网不正当竞争案件审理情况"新闻通报会，通报了互联网不正当竞争诉讼所反映的突出问题，并发布该院审理的十大典型案例。据悉，典型案例主要涉及域名抢注、搜索引擎排名、商业诋毁、恶意插标等企业竞争行为。互联网业界大佬百度、腾讯、奇虎等均有涉案。除了通过网络发布诋毁他人商誉、虚假宣传这类传统不正当竞争行为，网络不正当竞争行为还主要体现在，因搜索引擎竞价排名引发纠纷、互联网企业同类产品互相干扰和涉及垂直搜索、搜索引擎的robots协议等新兴技术手段或经营模式上。另外，部分早已被法院判决认定的不正当竞争行为，仍在持续出现，甚至还出现了某些互联网企业重复实施相同不正当竞争行为的情形；从受害者转变为施害者的情况频发；互相实施的不正当竞争行为增多；不正当竞争行为的新型表现形式不断涌现。再据中国新闻网2014年2月26日报道，截至2013年12月31日，中国各地工商机关探索查处利用互联网销售仿冒商品、虚假宣传、商业诋毁、软件不兼容等涉网不正当竞争案件2163件，较2012年增长近3.5倍。再据中国民营科技促进会维权工作委员会于2014年3月7日发布的《互联网不正当竞争案件观察报告》显示，自2004年以来，仅互联网行业内部涉及不正当竞争的案件就有79件，其中涉及"安全产品"（包括安全软件、安全插件等）的案件共计19件，数量排在第一位；涉及"网站经营"的案件有17件，排在第二位；涉及"搜索服务"的案件共有 16 件，数量位居第三。其中，安全产品来主要涉及阻碍软件安装、阻碍软件运行、破坏软件、诱导卸载软件、恶意卸载软件、安装恶意插件、诋毁商誉等；网站经营主要涉及商业混同、侵犯商业秘密、擅自使用内容、诋毁商誉等；搜索服务主要涉及篡改搜索结果、诋毁商誉、商标侵权、擅自使用其他企业名称等。

（二）网络不正当竞争是传统不正当竞争在网络时空中的延续，并有了新特点

传统不正当竞争，是指经营者采取不正当手段争取交易机会，损害其他经营者合法权益，扰乱社会经济秩序的行为。我国《反不正当竞争法》所界定的不正当手段主要包括假冒或仿冒、垄断经营、商业贿赂、虚假广告、侵犯商业秘密、压价销售、搭售、不正当有奖销售、损害商誉、串通招投标等。网络不正当竞争借助 Internet 为工具，其中许多不正当竞争手段在网络时空有了新的表现形式。按其主体不同，因特网上的不正当竞争行为可分为三类：传统企业之间利用网络进行经营活动过程中发生的不正当竞争行为、网络服务商与传统企业之间的不正当竞争行为以及网络服务商之间的不正当竞争行为。其中既包含传统不正当竞争行为在网络环境中的新表现，也有互联网络条件下独有的不正当竞争形态。

近年来，引起舆论普遍关注的网络不正当竞争案件层出不穷，比如，杜邦公司诉北京国网信息有限责任公司侵犯商标权及不正当竞争纠纷案——我国首个认定未经许可恶意将他人驰名商标注册为域名构成不正当竞争的生效判决（2000 年）；百度在线网络技术（北京）有限公司等诉北京三七二一科技有限公司不正当竞争纠纷案——针对同类产品不恰当的软件冲突提示和警告构成不正当竞争（2005 年）；北京百度网讯科技有限公司诉北京珠穆朗玛网络技术有限公司等不正当竞争纠纷案——未经许可强行修改他人搜索页面构成不正当竞争（2005 年）；北京枫叶之都旅游文化交流有限公司诉百度在线网络技术（北京）有限公司、北京百度网讯科技有限公司不正当竞争纠纷案——北京市首例搜索引擎排名案，认定网站自行设定自然排名算法规则不具有违法性（2007 年）；腾讯科技（深圳）有限公司诉北京搜狗科技发展有

限公司等不正当竞争纠纷案——设置进程阻碍用户使用他人同类产品构成不正当竞争（2010年）；上海汉涛信息咨询有限公司诉爱帮聚信（北京）科技有限公司等不正当竞争纠纷案——关于垂直搜索是构成不正当竞争行为的认定（2011年）；北京金山安全软件有限公司诉北京奇虎科技有限公司不正当竞争纠纷案——关于商业诋毁行为区分于基本事实描述的认定（2013年）；北京奇虎科技有限公司诉北京金山安全软件有限公司、贝壳网际（北京）安全技术有限公司等不正当竞争纠纷案——关于散布未经证实的消息构成商业诋毁的认定（2013年）；北京百度网讯科技有限公司等诉北京奇虎科技有限公司等不正当竞争纠纷案——恶意插标及劫持流量行为构成不正当竞争（2014年）；北京奇虎科技有限公司诉北京百度网讯科技有限公司不正当竞争纠纷两案——北京市一中院在现行《民事诉讼法》实施后首次发出诉讼行为禁令（2014年），尤其是"3Q大战"（奇虎360与腾讯QQ网络不正当竞争互诉案），创造了我国反不正当竞争法上的多个"之最"。面对纷繁多变的网络不正当竞争，如何厘清网络不正当竞争的法律边界？如何构建清朗的网络竞争法治空间和秩序？已成为社会各界关注的焦点，考验着人们的智慧。

（三）网络不正当竞争的新形式

常见、多发的网络不正当竞争行为集中表现在：网络软件恶意滋扰、网络商业诋毁、非法网络公关、网络域名侵权、网络不当链接、网络虚假宣传，具体而言：

1. 跳转和不当链接行为。

网络经济是"眼球经济"、"注意力经济"。依靠广告、增值服务获得收入，是互联网经营者惯常的经营模式，故网络用户访问量直接决定着网络经营效益。为此，网络经营者往往花费巨大人力、物力、财力来制作精彩、独特内容的网站，以吸引用户的注意力。但是，不当链接者，意图"移花接木"，采取深度链接、视框链接、埋置链接等技术，直接链接到他人网站，无偿使用他人成果。这种做法，往往导致广大网络用户"张冠李戴"，将被链者网站信息误认为设链者的网站信息，致使设链者网站访问者增加而被链者网站访问者减少，最终导致被链者网站经济利益严重受损。这种不正当链接行为，违背了 IT 业界公认的商业道德和商业惯例，严重窒息了互联网创新，阻碍了互联网业的健康发展。不当链接主要有深度链接、视框链接、埋设链接。深度链接是指用户可绕过网站主页而直接链接到该网站深层次内容，是一种赤裸裸的"傍名牌""搭便车"行为。典型案例如，2000 年 6 月，北京金融城网络有限公司诉成都财智软件有限公司深度链接"外汇币种交易走势图"纠纷案。值得重视的是，近年来，深度链接常常被用于网络影视侵权并日益蔓延。网络盗版影视和"伪正版"盗版行为采用深度链接的手段更加的具有隐蔽性，并创造出"嵌入网页""链接式盗播"和"展示页面与影视内容不在同一网站"等新形式。

另外，埋置链接（元字标记）也是常见的一种不当链接形式。埋置链接是设链者将链接对象的网址"埋"在自己的网站或网页当中，成为自己网页的一个组成部分。埋置链接可以在网页初次下载时就导引浏览器去连接对象所在服务器自动获取所链信息。由于在浏览器的地址栏里不显示被链接的网址，链接设置者的网络用户并不知道设链者网站或网页同其他网站或网页建立了链接，并不知道其访问的网站或网页非屏幕上所显示的网址所在以及其下载行为是通过链接的方式完成的。

还有，视框链接也是常见的不当链接一种形式。视框链接属于超链接中的一种特有形式，是以视框将网页分割为不同的区间，每一个区间都可以呈现不同的信息资料内容。基于此种技术，在屏幕上的视框为该网站的广告等商业信息，在某一视框内或区间内则呈现其他网站的信息，而其他网站上的广告等商业信息则被排除在链接之外。这实际上是借用他人的商誉为自己牟利的行为，该行为影响了被加框网站的访问量，造成被加框网站广告收入的减少，已经构成了不正当竞争行为。

案例 1：北京网尚文化传播有限公司诉凉山日报社著作侵权纠纷案。

北京网尚文化传播有限公司诉称，该公司享有电视剧《法证先锋》在中国大陆的信息网络传播权。被告凉山日报社在其开办的 WWW.1s666.com 网站上，对该电视剧进行深度链接，并开通视频在线直播功能，且网页地址始终在"凉山新闻网"项下，始终未显示原告网址、网页。北京网尚文化传播有限公司认为，凉山日报社在其主办的网站中播放了涉案电视剧，侵犯了北京网尚公司的独家信息网络传播权，请求判令凉山日报社停止侵权、赔偿损失。

四川省凉山彝族自治州中级人民法院一审驳回北京网尚文化传播有限公司诉求。北京网尚文化传播有限公司不服，提起上诉。2010 年 12 月，四川省高级人民法院终审认为，北京网尚公司依据电视连续剧集《法证先锋》的版权所有人电视广播有限公司（TVB）的授权，享有该剧在中国大陆的信息网络传播权，其权利应受我国著作权法保护。根据北京网尚公司提供的公证材料显示，凉山日报社所属网站"凉山新闻网"提供了《法证先锋》的分集视频，用户可以点击进行在线播放，从播放时直接呈现在视频上的标志以及显示的播放地址等，可以确认播放内容来源于"优酷"或"56.com"网站。但是，该信息只能证明其信息来源问题，而不能证明其提供链路通道的服务，公证材料显示，在点击播放《法证先锋》的分集视频时，网页地址始终在"凉山新闻网"项下。使用者不能明确知道自己已经脱离了先前进入的网站，转入了他人的网站即另外一个网站观看该电视剧，故凉山日报社的行为已经不是仅仅提供链路通道服务，而是直接参与了相关信息的加工处理，并对加工处理后的信息提供给用户，因此凉山日报社提出在其网站中为用户提供在线播放电视剧《法证先锋》的播放方式为链接方式的理由不能成立。其次，凉山日报社为"凉山新闻网"网站的经营者，即使向用户提供在线播放电视剧《法证先锋》确系源于"优酷"或"56.com"的应用代码，凉山日报社亦应对"优酷"或"56.com"播放电视剧《法证先锋》是否获得权利人合法授权履行合理审查义务，但凉山日报社却疏于对被链接网站资源的合法性进行合理审查，其主观上具有过错。"凉山新闻网"通过上述方式，为用户提供《法证先锋》的分集视频，该行为应认定为直接使用传播的行为。凉山日报社的上述行为侵犯了北京网尚公司对《法证先锋》享有的信息网络传播权。根据《中华人民共和国著作权法》第四十七条第一款第（一）项"未经著作权人许可，复制、发行、放映、通过信息网络等向公众传播其作品的，应当根据情况，承担停止侵害、消除影响、赔偿损失等民事责任"，判令凉山日报社停止侵权、赔偿损失。

案例 2：深圳市富安娜家居用品股份有限公司诉罗莱家纺股份有限公司、

上海罗莱家用纺织品有限公司、北京谷翔信息技术有限公司商标侵权及不正当竞争纠纷案。

原告深圳市富安娜家居用品股份有限公司诉称，该公司1994年成立，一直使用"富安娜"作为企业的字号。主要从事床上用品、纺织品等商品的生产和销售，并在1996年7月14日及2000年5月14日申请"富安娜FU AN NA及图"和"富安娜"商标核准注册成功。但是，在2009年9月30日，原告在谷歌中文搜索栏中输入"富安娜"，搜索结果处于首位的，却是"买富安娜到LOVO"，并直接指向罗莱家纺股份有限公司、上海罗莱家用纺织品有限公司共同经营的网站www.lovo.cn。另外，罗莱家纺在其网站推介过程中，还利用Google竞价排名置顶等手段，虚假宣传"富安娜，全场一折"，但是，在消费者点击该链接页面后，打开的却是罗莱家纺的电子商务网站，网站销售的也仅仅是罗莱家纺的产品。2010年7月，原告向北京市海淀区人民法院提起诉讼。2012年3月，北京市海淀区人民法院判令罗莱家纺及其关联公司停止侵权、消除影响，并赔偿经济损失。

案例3：北京A科技有限公司与沈某不正当竞争纠纷案。

原告鸿宇昊天公司诉称：该公司出资建设了"东北人在北京"（http://www.dbrbj.com）网站，对网站的整体设计和图片、文字内容享有著作权。网站自2003年创建至今，得到众多界内人士的好评和认可，逐渐发展成为在北京的东北人网上的交流场所。2004年该公司发现被告人沈某筹办的IT技术工作室网站（bply.51.net）上的《防病毒技巧》《网线的种类》《域名常识》《网站的商业价值》四篇文章系嵌套链接自该公司网站，使网友误以为页面系IT技术工作室所创作，损害了该公司的商业利益。该公司的经营范围与IT技术工作室网站相同，IT技术工作室的行为目的是利用所链接的内容增加网民的浏览量和网站知名度，增加交易机会，以获取不正当的商业利益。经调查，该网站是IT技术工作室所建立的，该工作室正在筹备中，未取得营业执照，沈丽为该工作室负责人，应对IT技术工作室的行为承担责任。故诉至法院，请求判令：被告停止侵权、赔偿经济损失。

法院审理查明，被告沈某筹办了"IT技术工作室"。点击该网站的相关链接，相关网页分别显示《域名常识》《网站商业价值》《防病毒技巧》、

《网线的种类》四篇文章。上述四篇文章所在网页的显示方式为：中间部分显示文章内容，文章上面显示"IT技术工作室"网站的相关菜单，下面显示该工作室地址、负责人沈丽的联系电话和信箱。将上述四篇文章与"东北人在北京"网站上同名的四篇文章进行对比，二者的内容、排版方式均相同。法院认为，本案涉及的链接属于"异站链接"的一种，即"加框链接"。现在的网页技术允许制作者将显示画面分割成几个独立显示的区域，每个区域可以同时显示不同来源、不同内容的文字和图像，并且可以单独改变显示内容而不影响其他区域。本案中，沈丽负责的网站就是利用此技术将"东北人在北京"网站上的四篇文章分别显现在四个网页的中间区域内，而网页的其他区域所显示的内容（如地址、电子信箱、联系电话、菜单条等）保持不变。这样，用户在进行搜索或浏览内容时，根本不知道他浏览的实际上是"东北人在北京"网站的相关内容。由于沈丽使用框架将自己不需要的内容遮盖，仅仅取用自己需要的材料，而同一网页上的地址、电子信箱、菜单条等内容则使用框架加以掩盖并换上自己的，从而将原告鸿宇昊天公司的劳动成果据为己有，构成不正当竞争。据此法院判令，被告人沈某停止侵权、赔偿经济损失。

2. 诋毁商业信誉、商品声誉行为。

网络商业诋毁是传统商业诋毁在网络空间上的延续和扩展，是指网络经营者借助网络传媒，捏造、散布虚伪事实，对竞争对手的商业信誉、商品信誉进行恶意的诋毁、贬低，削弱其市场竞争能力，以谋取不正当利益的行为。虽然二者形式、特点不同，但本质上是一致的。网络商业诋毁往往表现为，网络经营者虚假、歪曲或片面地认定其竞争对手软件及服务存在安全隐患、偷窥隐私、产品缺陷，误导、限制用户自主选择不同的服务；或在他方搜索引擎上默认开启插入己方软件标签功能，强行对他方搜索结果进行标注、篡改，误导用户安装己方浏览器；利用散发公开信、召开新闻发布会、刊登对比性广告、声明性广告等形式，制造、散布贬损竞争对手商业信誉、商品声誉的虚假事实；在对外经营过程中，向业务客户及消费者散布虚假事实，以贬低竞争对手的商业信誉，诋毁其商品或服务的质量声誉；利用商品的说明书，吹嘘本产品质量上乘，贬低同业竞争对手生产销售的同类产品；

唆使他人在公众中造谣并传播、散布竞争对手所售的商品质量有问题，使公众对该商品失去信赖，以便自己的同类产品取而代之；组织人员，以顾客或者消费者的名义，向有关经济监督管理部门做关于竞争对手产品质量低劣、服务质量差、侵害消费者权益等情况的虚假投诉，从而达到贬损其商业信誉的目的等等。

商业诋毁行为不仅给竞争对手的名誉造成损害，而且会给竞争对手带来经济上的损失。对经营者商业信誉、商品声誉的任何诋毁或贬低，都可能给该经营者的正常经营活动造成消极的影响，甚至可能使其遭受严重的经济损失，如失去交易伙伴和消费者，或造成资金和原材料供应的困难或产品的滞销，损失大量的利润和市场竞争的优势地位，乃至破产或被迫转产等等。恶意诋毁、贬低他人商誉的诽谤行为，包括损人利己、尔虞我诈，不惜以诽谤他人商誉的非法手段挤垮竞争对手而牟取暴利，它不但损害了竞争对手的合法权益，而且也欺骗了其他经营者与消费者，最终必然破坏市场公平竞争的正常秩序。近年来，网络商业诋毁已是网络不正当竞争案的常例。如，搜狗与腾讯"拼音输入法"互诉不正当竞争案、百度诉奇虎360不正当竞争案、腾讯QQ诉奇虎"360隐私保护器"不正当竞争案等等。

案例1：上海率捷科技发展有限公司诉被告烟台贝茨网络有限公司诋毁商业信誉不正当竞争纠纷案。

原告上海率捷科技发展有限公司诉称：被告烟台贝茨网络有限公司于2003年7月2日，在其经营的网站（聚氨酯中国网//www.chinapu.com）的首页刊出醒目的郑重声明，声称"上海联景物资有限公司姓郑的女士打电话给聚氨酯中国网，表达其总裁蔡建国的合作意思，希望与我们合办TDI的市场研讨会，取消其8月份的研讨会，chinapu不屑一顾"。该声明又称："puchina（系原告经营的网站——中国聚氨酯网）随后又在网上发表了其可笑的声明"。"两面三刀的把戏，对对手用这样手段，足可见其心虚，卑鄙的嘴脸及阴险狡猾的别有用心"等。同日，被告在其经营的网站的"新闻中心"的"行业新闻"栏目以《竞争源自公平公正》为标题，将上述声明内容重复刊载。同日，被告还在其网站上以《掀开"廉价"的面纱》为标题大量捏造事实，称原告网站的"市场分析存在问题"，"能够这样做的网站是全心全意为其真正主人××物资有限公司服务","自家库存多了,开始喊:TDI市场一片光明,估计什么时候会涨到什么程度","自家TDI没货了,开始喊:TDI市场阴云密布,联景到货数量多少,估计会有大幅下跌,建议赶紧抛货……","很多不知底情的客户会不知所措!业内知情人士此刻骂其无耻"。原告认为,被告上述行为严重诋毁了原告商品和所提供服务的信誉,破坏了原告中国聚氨酯网在社会公众及化工界的形象,构成了不正当竞争。

经审理,法院认为:经营者在市场经营活动中,应当遵循诚实信用原则,遵守公认的商业道德。被告在其经营的聚氨酯中国网上刊登《郑重声明》《竞争源自公平公正》,使用侮辱性词语称原告网站使用"两面三刀的把戏""足可见其心虚"及其"卑鄙的嘴脸及阴险狡猾的别有用心"等,被告没有相关的证据印证上述事实,而且严重偏离了公认的商业准则,损害了原告的商业形象,构成了不正当竞争。同时,被告在《掀开"廉价"的面纱》中称,"据调查上海很多贸易公司反映上海这家网站市场分析存在问题,比如:TDI,自家库存多了,开始喊:'TDI市场一片光明,估计什么时候会涨到什么程度';自己TDI没货了,开始喊:'TDI市场阴云密布,联景到货数量多少,估计会有大幅下跌,建议赶紧抛货……'",上述说法也没有任何事实依据,该文进而得出"业内知情人士此刻骂其无耻"的推断,更是严重损害和贬低了原告的商业信誉,因此该文也对原告构成不正当竞争。被告捏造、散布虚伪事实,使用侮辱性语言损害了竞争对手的商业信誉,构成了不正当竞争。

案例2:北京爱康、上海爱康诉江苏爱康、黄健商业诋毁案。

2011年6月,爱康网健康科技(北京)有限公司、上海爱康网健康信息咨询有限公司诉江苏爱康世纪健康顾问有限公司、黄健商业诋毁纠纷一案,由江苏省高级人民法院终审裁判。经审理查明,2008年12月-2009年5月,江苏爱康世纪公司及其法定代表人黄健先后在 www.ikang-wq.cn、www.ikang-wq.com、www.ikwq.net 网站上散布诋毁、侮辱爱康网北京公司、爱康网上海公司的言论。言论涉及爱康网北京公司、爱康网上海公司的特许经营体系不成熟、预约挂号收取高额费用、学历可疑、健康评估漏洞百出,并宣称爱康网北京公司、爱康网上海公司是"骗子""打劫卡""画皮""不要脸""狗屁不通""贩毒",康网上海公司肿瘤筛查先后收费高达 2000 元和 3000 元,利润高达 15 倍和 60 倍,相当于"贩毒的暴利"等。据此,法院终审认定:江苏爱康世纪公司违背公认的商业道德,未尽谨慎注意义务,捏造、散布虚伪事实,在爱康维权网上散布具有贬低性和侮辱性的语言,诋毁了爱康网北京公司、爱康网上海公司的商誉。这种评论,已超出正当商业评价、评论的范畴,突破了法律界限,构成商业诋毁,依法应承担停止侵权、赔礼道歉、赔偿损失等民事责任。

3. 浑水摸鱼行为。

随着 WEB2.0 传播手段的兴起,企业同行之间雇佣网络公关公司打击竞争对手,成了不正当竞争的重头戏。"网络水军""网络推手""灌水公司""删帖公司""投票公司""代骂公司""刷帖公司"为主体的非法网络公关公司,也应运而生。恶意网络公关背后是一条灰色利益链,俗称"网络黑社会"或"黑公关"。"黑公关"实际上是网络公关公司的一种,这种公司,本着"拿人钱财替人消灾"的理念,在网站和当事企业、个人之间充当着"掮客"角色。而隐藏在其后的,则是一条由推手、枪手、打水军组成的庞大的邪恶链条。企业商户雇主、网络公关公司、网络写手、推手、刷手等分工合作,谋取暴利。恶意网络公关流程通常为(1)接受订单:可以为企业提供品牌炒作、产品营销、口碑维护、危机公关,也可按客户指令,捏造负面新闻,诋毁竞争对手,并收取暴利。(2)分析心理:为企业炒作时,会事先分析网民的心理,按照愤青、仇富、同情弱者等因素制作网帖。(3)制作帖子:"每个帖子,一定要有错别字,一定要有一句语句不通。"才能让人相信是发帖人在网上敲出来、未经修饰的真实说法。(4)雇用"水军":雇用的发帖手多是大学生、残疾人、闲散人员等,往往一百人为一组;公司中一人负责十组,通常掌握五六十个水军小组,每人每发一贴为三至五角钱,故又称"五毛党"。(5)密集发帖:利用几十万个网络新闻、论坛、博客、视频共享、SNS、QQ 以及网络广告等网络终端,将具有恶炒内容的文字、图片、视频密集发出,"铺天盖地",形成集束效应。发帖能赚钱,删帖也能赚钱,网络公关公司通过恶炒负面贴,然后"守株待兔",收钱、删帖。通过上述操作,网络黑社会可以唱响某企业、某品牌,使之"一夜走红",也可以唱衰某企业、某品牌，使之遭受"灭顶之灾"。前者如"奥巴马女郎""兽兽门""凤姐""犀利哥"等事件，后者如蒙牛陷害门、三聚氰胺奶粉、金浩茶油致癌、丰田质量门等事件。

黑公关实际是网络公关的一种手段．一些网络公关公司本着"拿人钱财替人消灾"的理念，在网络和当事企业、个人之见充当着"搪客"的角色．"黑公关"都以雇主企业利益为核心表现形式多种多样，一是在网络论坛或微博等各种新媒体上以消费者的口吻，发布谣言，攻击竞争对手的产品；二是用金钱买通媒体，这里所说的媒体大多是网络媒体，以明码标价的价格买下新闻的板面，用以发布以攻击竞争对手的产品为目的的蓄意捏造的假新闻；三是雇佣专业的网络"水军"或"枪手"或买通微博"大V"在互联网上删除对雇主企业负面性报道的论坛帖子、微博或者是新闻。黑公关公司不顾事实，颠倒黑白，指鹿为马，随意污蔑公司企业或其产品，严重地误导了消费者，极大程度地扰乱了正常的社会经济秩序；黑公关公司以不实的言论，虚假的所谓"事实"，任意中伤其他企业或其产品，严重了影响了国内企业的正常发展，破坏了健康、有序、理性的竞争氛围；"黑公关"这颗"毒瘤"棒杀品牌、捧红虚无，严重破坏市场竞争程序，社会危害极重、打击难度很大。一方面，由于网络的传播速度快，受害企业如果按照正常的法律程序走，即使打赢了官司，负面信息和恶意诋毁却早已散步到网络的各个角落，对企业品牌造成极大伤害，"赢了官司却输了市场"、丧失了消费者信心。另一方面，由于网络水军广泛分布于各个角落、网络空间又具有虚拟性、广域性、即时性，也给打击网络恶炒带来很大难度。这主要表现在，现行法律对企业的网络诽谤属于民事诉讼范畴，应作为自诉案件由法院直接受理，公安机关一般不立案，致使法律难以追究网民个体的责任。若靠企业自身去调查掌握诽谤证据，则需要耗费巨大人力财力，且结果难测。

案例1：王老吉"降价门"事件。

2013年3月开始，广药旗下王老吉凉茶降价的消息不绝于耳，随后关于其资金链出问题等信息屡见报道。甚至，王老吉的供销商还收到了要求其"自保"的短信，宣称，王老吉经销权要被台湾统一集团接收。一系列的降价、资金链断裂、被收购，让人不禁要问，这个有着185年历史的凉茶鼻祖企业究竟怎么了？对此，王老吉大健康表示，并未出台任何大幅降价促销方案，企业资金运转良好，经营权被接收更是无稽之谈。王老吉大健康产业是广药集团的下属子公司，也是其重点发展对象之一，广药集团作为王老吉的坚强资金支柱，王老吉不可能出现此类问题。随后，《国际金融报》等媒体记者对此事进行了跟进，据报道中称"日前走访上海世纪联华、家乐福、卜蜂莲花等大中型超市发现，目前广药王老吉没有任何促销行为，零售价仍为每罐 5 元左右。"有消息人士透露，这是竞争对手"黑公关"的恶意竞争手段——竞争对手串通部分商超，让这些商超以 2.5 元/罐出售，然后再给予相应价格补偿。与此同时，借助舆论大肆传播王老吉产品价格降半大甩卖假象，欲以假象引发王老吉产品商超、卖场误以为真降价，结果被动降价，以扰乱王老吉凉茶终端价格体系，让王老吉乃至经销商和商超都蒙受损失。

案例 2："蒙牛诽谤门"案。

2010 年 7 月 14 日，蒙牛"未来星"品牌经理安勇与北京博思智奇公关顾问有限公司共同商讨炒作打击竞争对手——伊利"QQ 星儿童奶"的相关事宜，并制定网络攻击方案。2010 年 7 月 16 日，某报刊登了一篇所谓"深海鱼油造假严重"的新闻，随即网上相继出现大量宣传"深海鱼油不如地沟油"的攻击性文章。之后，网络攻击深海鱼油的行动有组织地向深层次发展，攻击添加深海鱼油的产品不能食用，最后矛头直指伊利实业集团股份有限公司生产的"QQ 星儿童奶"，煽动消费者抵制加入了深海鱼油的伊利"QQ 星儿童奶"。随后，相关文章纷纷出现在我国大型门户网站论坛、个人博客和百度等主流网站的问答栏目。伊利集团公司迅速向呼和浩特市公安局经济技术开发区分局报案。

呼和浩特市警方介入调查查明：2010 年 7 月 14 日，博思智奇公司副总经理肖雪梅带领公司网络组职员赵宁、郝历平和综合组职员马野与蒙牛集团"未来星儿童奶"产品经理安勇共同商讨炒作打击"伊利 QQ 星儿童奶"的相关事宜，并制定了《借势〈生命时报〉传播规划》《DHA 借势口碑传播》《鱼油传播精彩效果示意报告》《鱼油传播汇报总结》等资料。《DHA 借势口碑传播》方案分为六部分，文案共分为"背景""策略""手段""传播话题"以及"预算"六个部分。然后寻找网络写手撰写攻击帖子，并在近百个论坛上发帖炒作，煽动网友不满情绪；以儿童家长、孕妇等身份拟定问答稿件，"控诉"伊利；发动大量网络新闻及草根博客进行转载和评述，掀起一浪浪质疑和声讨伊利的网络舆论。该网络恶炒利用了多种网络攻击手段。比如，寻找网络写手撰写攻击帖子，并在近百个论坛上发帖炒作，煽动网民情绪；联系点击量较高的个人博客博主撰写文章发表在博客上，并"推荐到门户网站首页""置顶""加精"等操作，以提高影响力；以儿童家长、孕妇等身份拟定问答稿件，"控诉"伊利乳业公司，并发动大量网络新闻及草根博客进行转载和评述，总计涉及费用约 28 万元。而整个操作链由"蒙牛'未来星'品牌经理安某——北京博思智奇公关顾问公司（郝某、赵某、马某等）——北京戴斯普瑞网络营销公司（张某等）、博主（网络写手）——李某（戴斯普瑞公司合伙人）"这样串联而成。从 2010 年 7 月中旬至 8 月上旬，肖某某、安某等人在网络上利用论坛发帖、新闻发布、新闻推广、博文、网络软文等多种形式发布了 491 篇文章，通过 WIKI 问答发布及维护 352 组及 IM 群 5000 个，其中"抵制伊利集团，让我们的行动救救孩子""无耻伊利"等文章，对伊利集团公司相关产品进行了攻击，网上点击量共计达到 260 多万次。警方经过缜密侦查发现，这起看似商战的事件，确系"一网络公关公司受人雇佣，有组织、有预谋、有目的、有计划，以牟利为目的实施的"损害企业商业信誉案。2011 年 3 月，内蒙古呼和浩特市回民区人民法院对去年发生的"雇佣"网络公关损害伊利商誉案的判决生效，肖某某、安某等 6 名被告人犯损害商业信誉、商品声誉罪，分别被判处有期徒刑、拘役和罚款。

4. 侵犯域名权行为。

域名是指代表国际互联网数字地址的字母数字串。域名的基本功能是区别互联网上不同的计算机，面向的是网络系统本身即将域名作为联机地址使用。计算机网络域名的另一个显著特征，是其在网络环境下产生了与商标、商号等相类似的一种区别域名使用人及其服务的标识性功能，具有一定的经济价值。故企业域名不仅是企业网络经济活动的"名片""门牌"，还是企业的核心竞争力和无形资产。尤其是知名域名，如同驰名商标一样，代表着企业良好的商誉、巨大的商机和巨额经济利益。因此，随着互联网的迅猛发展，越来越多的企业开始注重品牌在互联网空间的传播力和影响。但是，互联网域名资源的稀缺和"先注先得"的国际惯例，严重威胁着企业品牌域名的注册和保护。随之而来的品牌域名抢注、冒用及侵权等问题频繁发生，内容涉及到域名与驰名商标、普通注册商标、企业名称、姓名、商号、知名商品特有名称之间，以及域名与域名之间的各类纠纷。

域名的注册、使用能够为注册、使用人带来一定的经济利益，因此，域名亦具有民事权益的属性，域名与域名使用主体之间的争议也属于人民法院受理域名纠纷案件的范围，并且成为引发网络纠纷最突出、最普遍的诱因。为此，早在 2001 年，最高人民法院就出台了《关于审理涉及计算机网络域名民事纠纷案件适用法律若干问题的解释》。该法列举了域名纠纷主要表现形式：（1）对他人域名注册不享有权益，也无注册、使用该域名的正当理由；（2）故意模仿、篡改在先注册域名、商标、商号或其他商业标识并将其注册为域名；（3）将在先域名抢注为商标；（4）复制、模仿、翻译或音译他人驰名商标来注册域名或者注册与他人商标、域名形同或相近的域名，足以造成相关公众误认；（5）恶意抢注或盗用商号、商标或其他商业标识为域名。与之相关的典型案例有，（美国）杜邦公司诉北京国网信息有限责任公司计算机网络域名侵权纠纷案、杭州都快网络传媒有限公司诉王某侵犯计算机网络域名纠纷案、上海柏丽居货运代理有限公司诉毕某某、上海孚睿吉商务咨询有限公司侵犯计算机网络域名及其他不正当竞争纠纷案等。

另外，该司法解释还明确规定了行为人注册、使用域名行为构成侵权与不正当竞争的四项条件：一是原告请求保护的民事权益合法有效；二是被告域名同原告要求保护的权利客体之间具有相似性；三是被告无注册、使用的正当理由；四是被告具有恶意。在上述四项条件中，值得注意的是相似性和恶意条件。该两个条件分别从客观和主观两个方面对认定侵权的条件进行规定，说明只有当被告域名与原告商标、域名等客观上具有足以导致混淆的相似性，并且被告主观上具有恶意的情况下，被告注册、使用域名等行为才可能被认定为对原告民事权益的侵犯。相似性条件是在传统商标、商号等领域判断侵权是否成立的一般要件，在域名领域同样是必需的。根据国际公约及各国的通行做法，驰名商标和其他注册商标等在相似性判断的条件上是有所不同的，当"被告域名或其主要部分构成对原告驰名商标的复制、模仿、翻译或音译"时，就符合了相似性条件，而被告域名"与原告的注册商标、域名等相同或近似"，则还需具备"足以造成相关公众的误认"这一条件。"恶意"条件体现了域名纠纷案件的特点，说明在域名领域对民事权益的保护应当是谨慎的，只有在被告具有侵权故意的情况下，商标、商号等权利人才可能将其专有权利延伸至域名领域。所谓"恶意"是指为商业目的将他人驰名商标注册为域名的；为商业目的注册、使用与原告的注册商标、域名等相同或近似的域名，故意造成与原告提供的产品、服务或者原告网站的混淆，误导网络用户访问其网站或其他在线站点的；曾要约高价出售、出租或者以其他方式转让该域名获取不正当利益的；注册域名后自己并不使用也未准备使用，而有意阻止权利人注册该域名的；其他具有恶意的情形等。

案例1：马啸天与阿里巴巴集团控股公司网络域名侵权纠纷互诉案。

原告（反诉被告）马啸天诉称，原告于2010年3月8日在注册商北京新网数码信息技术有限公司注册"alijiedai.com"和"alijiedai.net"域名。原告斥巨资将其中的"alijiedai.com"域名的网站用在其独资公司"青岛中青邦德投资管理有限公司"的运营中，包括所有对外宣传，并且在原告所在地中国青岛已经获得了较好的声誉和知名度。然而被告阿里巴巴集团控股公司却于2011年5月向亚洲域名争议解决中心香港秘书处投诉，要求原告将上述域名转移给被告。亚洲域名争议解决中心行政专家组以原告域名与被告商标混淆性相似为由将原告上述两域名裁决给被告是错误的。原告域名注册日期为2010年3月8日，而被告在中国注册的商标"Aliloan"、"阿里贷"公告日期为2010年3月28日，晚于原告域名注册日期。原告拥有域名的在先权利，并没有侵犯被告的商标专用权。为维护原告的合法权益，请求法院确认原告域名alijiedai.com、alijiedai.net未侵犯被告商标专用权，域名alijiedai.com、alijiedai.net归原告所有。

反诉原告（本诉被告）阿里巴巴集团控股公司提出反诉称，阿里巴巴集团公司于1999年创立"阿里巴巴""Alibaba"品牌，并通过其多家子公司经营业务（阿里巴巴集团控股公司及其子公司合称"阿里巴巴集团"）。阿里巴巴集团控股公司对"阿里贷""Alidaikuan""Ali贷""Aliloan"享有注册商标专用权。马啸天未经许可，使用争议域名进行贷款信息和金融咨询服务。在所有网页突出位置使用"阿里借贷"标记，自称"阿里集团"等，误导相关公众将马啸天及其网站与阿里巴巴集团控股公司及在先知名的"阿里贷款"产品、服务进行混淆，利用阿里巴巴集团控股公司的品牌知名度及市场影响力获取不正当利益。马啸天的行为构成《反不正当竞争法》第五条第一款第（三）、第（四）项所禁止的不正当竞争行为，同时也是对阿里巴巴集团控股公司"阿里巴巴""Alibaba"驰名商标、"阿里、Ali"系列商标的侵犯。马啸天使用争议域名，以"阿里借贷"等名义从事金融咨询、金融贷款服务等相关服务的行为还侵犯了阿里巴巴集团控股公司的注册商标权。

综上，请求法院判令：1、马啸天立即停止一切侵犯阿里巴巴集团控股公司所享有的以下注册商标专用权的行为，包括使用"阿里借贷""ALIJIE-DAI"标记提供与金融相关的服务：（1）"阿里贷"商标；（2）"Ali 贷"商标；（3）"Alidaikuan"商标；（4）"Aliloan"商标；2、马啸天停止运营址于http：//www. alijiedai. com、http：//www. alijiedai. net 的网站，并停止在经营活动中使用"阿里借贷""阿里集团""阿里担保""阿里银行""阿里票据""阿里分销平台"等标记、字样；3、马啸天赔偿阿里巴巴集团控股公司为制止侵权和不正当竞争行为而支付的合理开支在内的经济损失共计人民币三十万元；4、马啸天承担本案全部诉讼费用。

法院经审理认为，马啸天注册使用 alijiedai. com、alijiedai. net 域名，侵犯了阿里巴巴集团控股公司的相关民事权益，构成商标侵权及不正当竞争，亚洲域名争议解决中心香港秘书处行政专家组裁决将域名 alijiedai. com、ali-jiedai. net 转移给阿里巴巴集团控股公司，并无不妥。故对马啸天关于其并未侵犯阿里巴巴集团控股公司权利，请求确认争议域名归其所有的主张，不予支持。由于阿里巴巴集团控股公司并未举证证明其因马啸天的行为遭受经济损失，故其要求赔偿侵权损失的诉讼请求，亦不予支持。综上，判决：驳回原告（反诉被告）马啸天的诉讼请求；原告（反诉被告）马啸天于本判决生效之日起立即停止侵权行为，包括停止使用"阿里借贷""ALIJIEDAI"标记提供与金融相关的服务，停止运 http：//www. alijiedai. com、http：//www. alijiedai. net 网站，停止在网站宣传中使用"阿里借贷""阿里集团"

"阿里担保""阿里银行""阿里票据""阿里分销平台"等标记、字样；驳回被告（反诉原告）Alibaba Group Holding Limited 的其他诉讼请求。

案例2：北京趣拿公司诉广州去哪公司擅自使用知名服务特有的名称纠纷及侵犯计算机网络域名纠纷案。

2013年6月，原告北京趣拿信息技术有限公司诉被告广州市去哪信息技术有限公司不正当竞争纠纷一案，由广东省广州市中级人民法院审理终结。

法院审理查明，原告北京趣拿信息技术有限公司旗下网站"去哪儿"网于2005年6月以域名 qunar.com 上线运营，并自2005年起使用"去哪儿"或"Qunar"作为原告公司的代称对外签署合作协议、网络服务合同或进行宣传。2005年至2009年，原告使用的商业标记"去哪儿""qunar.com""去哪儿网"通过较大范围的网络宣传、传播、一定时间的使用，在旅游服务行业内为相关公众所知悉，在中国境内具有一定的市场知名度，属于知名服务特有的名称。被告广州市去哪信息技术有限公司最早是在2009年7月3日之后受让域名 quna.com，并开始经营其网站 www.quna.com。根据2011年3月28日查询结果登记备案在被告名下的网站还有 www.quna.com、www.123quna.com、www.mquna.com。被告在其上述网站首页源代码中使用"去哪儿"、在上述网站中使用了"去哪儿""去哪儿网""去哪""去哪网""quna.com"等标识，而此时原告已经持续使用"qunar.com""去哪儿""去哪儿网"一段时间并具有一定的知名度。被告原告知名服务特有的名称完全一样，使用的"去哪""去哪网""quna.com"的字样，与原告服务名称"去哪儿""去哪儿网""qunar.com"仅相差"儿"字或"r"字母，且"儿"字及"r"字母又是作为语气字使用，并无实际的含义；此等细微的差别普通消费者难以区别。

法院审理认为，被告使用"quna.com""123quna.com""mquna.com"域名的行为构成对原告域名权益的侵害。第一，"qunar.com"是原告网站的域名，是原告的合法利益，也是原告知名服务的特有名称，应给予制止不正当竞争的法律保护。第二，被告注册的域名"quna.com"与原告的域名"qunar.com"仅相差"r"字母。"quna""qunar"并非英文的固有词汇，而是中文"去哪"和"去哪儿"等词的拼音，字母"r"并无实际的意思。如前所述，此等差别普通消费者难以区别，应当认定 quna. com 域名与 qunar. com 域名近似。被告名下的其他域名"123quna. com""mquna. com"均包含有 quna 的主要部分，也与原告域名 qunar. com 近似，且被告利用"123quna. com""mquna. com"实施不正当竞争行为。被告使用上述域名容易导致相关公众对其提供的服务来源的与原告提供的服务来源发生混淆。第三，被告无证据显示其在受让该域名之前对该域名的主要部分"quna"进行过实质性的使用或者对其进行商标注册等，即被告对"quna"并不享有权益，也没有使用该域名的正当理由。第四，虽然 quna. com 域名登记注册的时间为 2003 年 6 月 6 日，但被告受让的时间是在 2009 年 7 月 3 日之后，而此时原告的 qunar. com 域名作为服务名称使用已经具有一定的市场知名度。被告作为同行业者应当熟悉原告 qunar. com 名称的知名度，但被告仍然受让 quna. com 域名并经营与原告构成竞争关系的旅游业网络搜索服务，应当认定：被告受让该域名，意在借原告服务特有名称的知名度，误导并吸引互联网用户访问其以该域名开通的网站，有侵害原告合法权益的主观恶意。被告受让使用 quna. com 域名、被告注册并使用 123quna. com、mquna. com 域名，侵害了原告对 qunar. com 域名所享有的权益。据此法院判令被告广州市去哪信息技术有限公司停止侵权、赔偿损失。

5. 软件不兼容行为。

网络不正当竞争者开发具有不兼容、捆绑、屏蔽、删除、优化等功能的软件，诱导或强迫客户端用户关闭或卸载其他商家软件，以便于搭载或调用自己的产品或服务，从而不正当地贬损竞争对手、谋取更多的交易机会。这种网络软件恶意滋扰是利用自己的软件去攻击他人软件，使得对方的软件不能下载、不能安装或者不能正常使用。网络软件攻击综合运用了软件高技术手段，通过修改他人计算机内存代码、指令、参数等来恶意滋扰、瘫痪对方软件。此类不正当竞争具有如下特点：（1）技术手段隐蔽，经营者往往以软件正常冲突、技术中立等为名掩盖其与竞争对手软件不兼容的主观恶意；（2）主体身份隐蔽，经营者诱导甚至迫使第三人直接实施不当行为以掩盖自己操纵不正当竞争的主体身份；（3）意思表达隐蔽，经营者以免费提供软件的合法形式掩盖其削弱竞争对手而谋取利益的非法目的。典型案例有，百度诉 3721 公司不正当竞争案、瑞星诉奇虎软件"后门"争议案、奇虎公司与金山软件"高危漏洞"纠纷案、奇虎公司与腾讯公司"QQ 窥私"争议案、QQ 诉奇虎 360"扣扣保镖"纠纷案等。

案例 1：搜狗诉奇虎不正当竞争纠纷案。

2015 年 7 月，陕西省西安市中级人民法院对北京搜狗信息服务有限公司、北京搜狗科技发展有限公司诉北京奇虎科技有限公司、奇虎三六零软件（北京）有限公司不正当竞争纠纷案做出一审宣判，判决被告北京奇虎公司停止使用"360 杀毒"软件、"360 安全卫士"软件对北京搜狗公司的搜狗浏览器默认设置实施篡改的不正当竞争行为；在其网站就其不正当竞争行为消除影响；赔偿包括因本案支出的合理费用在内的损失 100 万元。

原告搜狗公司诉称，"搜狗浏览器"是其自主研发的核心软件产品，2013 年 9 月 22 日原告发现被告通过其运营的 www.360.cn 网站向网络用户提供"360 安全卫士"软件、"360 杀毒"软件和"360 安全浏览器"软件的下载，在网络用户运行"360 杀毒"软件进行全盘扫描并对"建议修复项"进行修复时，未经网络用户允许，被告就自动将网络用户原有的搜狗浏览器的默认设置篡改为 360 安全浏览器的默认设置。此外，网络用户在设置搜狗浏览器为默认时，"360 安全卫士"会弹窗提示"有程序正在修改默认浏览器设置"，即使网络用户点击"允许修改"，被告也在未经网络用户允许的情况下，将网络用户原有的搜狗浏览器默认设置篡改为 360 安全浏览器默认设置。原告认为，被告的行为不仅严重干扰了原告搜狗浏览器的正常运行，影响了网络用户对原告搜狗浏览器服务稳定性和安全性的评价，降低了搜狗浏览器的用户流量，损害了原告基于搜狗浏览器的广告收入和运营收益，故诉至法院，请求判令被告立即停止使用"360 杀毒"软件、"360 安全卫士"软件篡改搜狗浏览器默认设置；被告就其不正当竞争行为向原告赔礼道歉，消除影响；连带赔偿原告损失 4500 万元；连带赔偿原告因本案支出的合理费用 50 万元。

奇虎科技公司、奇虎软件公司辩称，原告主张的"360 安全卫士"阻止用户将搜狗浏览器设置为默认浏览器，与北京市第二中级人民法院受理的案件重合；默认浏览器被修改成为 360 安全浏览器，存在两种可能的解释：一是搜狗浏览器自身存在的错误；二是搜狗浏览器主动将 360 安全浏览器修改为默认浏览器。在搜狗自身浏览器存在错误的情况下，用户通过"360 杀毒"软件选择修复，恢复系统默认设置的行为是正当行为。

西安中院审理认为，经营者在市场交易中，应当遵守公平竞争原则和诚实信用原则，并不得损害其他经营者的合法权益。互联网行业作为市场经营主体，网络服务提供者在经营互联网产品或服务时，同样应该遵守上述基本原则。北京二中院（2013）二中民初字第 15709 号民事案件审理的是北京搜狗公司诉北京奇虎科技公司、奇虎软件公司利用"360 安全卫士"软件对搜狗浏览器软件安装和默认浏览器设置进行阻碍的不正当竞争行为；本案审理的是北京搜狗公司诉北京奇虎科技公司、奇虎软件公司使用"360 杀毒"软件、"360 安全卫士"软件篡改搜狗浏览器默认设置的不正当竞争行为。本案与北京二中院相关诉讼不属于重复诉讼。被告向原告实施了不正当竞争行为，依法应承担侵权责任。

案例 2：腾讯 QQ 诉奇虎 360 "扣扣保镖"不正当竞争纠纷案。

2014 年 2 月，最高人民法院对腾讯科技（深圳）有限公司、深圳市腾讯计算机系统有限公司诉被告北京奇虎科技有限公司、奇智软件（北京）有限公司不正当竞争纠纷一案，终审裁判。法院审理查明，用户在安装了奇虎 360 "扣扣保镖"软件后，该软件会自动对腾讯 QQ 软件进行体检，并以红色字体警示用户 QQ 存在严重的健康问题，以绿色字体提供一键修复帮助。同时将"没有安装 360 安全卫士，电脑处于危险之中；升级 QQ 安全中心；阻止 QQ 扫描我的文件"列为危险项目。点击一键修复后，相应计算机页面提示"共有 31 个 QQ 插件，已禁用其中 11 个插件"，禁用了"腾讯搜搜""QQ 书签""企业 QQ""SOSO 搜吧""游戏人生""QQ 网站""QQ 宠物""腾讯对战游戏"等 11 个插件，对话框上部显示"禁用掉您平时不需要使用的插件，让您的 QQ 运行如飞"，下部设有"一键优化"键。点击该"一键优化"功能键或手动模式禁用相关插件后，腾讯 QQ 软件界面上相应的功能按钮则无法使用。同时，扣扣保镖使用 Hook 技术挂钩 LoadlibraryW 函数、Coloadlibrary 函数或 SetWindowsPos 等函数，阻止 QQ.exe 进程加载特定插件、扫描模块以及弹出窗口，从而屏蔽 QQ 软件使用的插件，清理 QQ 软件产生的临时、缓存文件及其他相关文件，过滤 QQ 软件的信息窗口。还有，当用户点击查杀木马时，如果该用户电脑没有安装 360 安全卫士，在相应页面会提示"如果您不安装 360 安全卫士，将无法使用木马查杀功能"，并提供安装 360 安全卫士的相应功能键。一键修复后的保 QQ 安全界面则导致 QQ 软件自有的安全沟通界面被替换成扣扣保镖界面。另查明：奇虎 360 针对腾讯的 QQ 软件专门开发了扣扣保镖，并向网络用户宣称，QQ 软件存在扫描用户隐私的行为，如果网络用户点击"查看 QQ 扫描了哪些文件"的链接后即可调用"360 隐私保护器"。从扣扣保镖的实际运行情况来看，被告预先在软件内部嵌入"一键清理""升级安全模块"等操作提示按键，用户在被告的恐吓和诱导性语句的指引下，按照被告预先设置的逻辑针对 QQ 软件进行修改。同时，扣扣保镖中还预埋了尚未开启的阻止 QQ 进行正常升级和更新、劫持 QQ 浏览器等功能。"针对性开发" + "诱导性提示" + "预制功能逻辑"这一组合证明奇虎 360 不仅实施了恐吓、诱导用户修改 QQ 软件的行为，而且为这种修改提供了实质性帮助，而不是给 QQ 用户提供了技术中立的修改工具。其后果是，奇虎 360 "扣扣保镖"运行后对 QQ 软件进行深度干预，相关用户按照扣扣保镖提示进行相应操作后，使 QQ 软件相关功能键的全部或者部分功能无法使用，会改变 QQ 软件原有的运行方式，破坏了该软件运行的完整性；运用"扣扣保镖"一键修复后，QQ 软件安全沟通界面被替换成扣扣保镖界面，并且"扣扣保镖"具有阻止 QQ.exe 进程加载特定插件、加载扫描模块、弹出窗口等"对 QQ 的软件功能进行破坏、删除、篡改的行为，还具备"屏蔽 QQ 加载模块、替换 360 浏览器、备份和恢复 QQ、拦截 QQ 升级"四项隐藏功能，这破坏了 QQ 软件相关服务安全性并对 QQ 软件整体具有很强威胁性。

根据上述事实，法院认为，奇虎 360 出于商业目的，违反商业道德和诚实信用的主观过错明显，构成帮助用户实施侵权，其"扣扣保镖"破坏了腾讯合法运行的 QQ 软件及其服务的安全性、完整性，使腾讯 QQ 丧失合法增值业务的交易机会及广告、游戏等收入，偏离了安全软件的技术目的和经营目的，主观上具有恶意，构成不正当竞争。

6. 其他不当竞争行为。

网络"浏览率"意味着金钱，吸引公众的注意、提高网站知名度对于网络事业的发展极为重要。为此，各大网站为获得好的名次、提高网站知名度、增加风险投资谈判的资本，拉选票"贿选"等行为日益猖獗，网站作弊行为也越来越隐蔽。他们利用高额奖励或回报引诱、欺诈企业或个人加入网站会员或浏览该网站；通过网站与网民的互动来吸引浏览者（俗称炒人气），以增加知名度，并从知名度中间接或直接获利；甚至出现了大量的假选票。另外，"刷信用""差评师"、不实广告、比较广告、虚假宣传、竞价排名而导致的国内外网络不正当竞争纠纷明显增多，通过贬低别人、抬高自己来引诱消费者购买其产品或服务。这些行为严重违背了自愿、平等、公平、诚实信用的民法基本原则，不但损害了其他经营者的合法权益，还妨害了正常的市场竞争秩序，应受到《广告法》《反不正当竞争法》《消费者权益保护法》等法律的禁止和制裁。

案例1：北京双岛科技发展有限公司与北京迅捷富立兴科技有限公司、重庆电视台虚假广告不正当竞争纠纷案。

原告北京双岛科技发展有限公司（以下简称双岛公司）诉称：我方与被告北京迅捷富立兴科技有限公司（以下简称富立兴公司）均是生产健身器的厂商，具有竞争关系。2004年5月起，富立兴公司在重庆电视台、黑龙江电视台、吉林电视台等多家电视台的卫星频道上发布虚假的、诋毁我方等同行业厂家的广告，欺骗消费者，损害竞争对手的商业信誉。重庆电视台作为广告发布者，没有尽到审查义务，在手续不全的情况下，发布虚假、诋毁我方等同行业厂家的广告，误导消费者，损害了我方等同行业厂家的商业信誉和商品声誉，应当承担连带侵权责任。

经法院审理查明，该广告内容为：主持人介绍：全新第二代舒亦康受到了广大消费者的热烈欢迎，在此，我们表示非常非常的感谢，但是目前市面上的仿冒品，非常非常的多……买回家之后它对你的身体是没有任何帮助的，甚至会造成身体伤害，您在购买的时候要特别注意，这是我们的注册商标，这是"舒亦康"三个字，图形不对或者商标不对，它都是仿冒品。第二，我们的产品会附上专利证书，没有附上这张专利证书的它就是仿冒品。

第三，第二代舒亦康人体拉伸运动器，增加了二项新的功能，一个是腰部调整钮，它可以依据你的要求，将腰部托高，使整个身体确实受到拉引，其次，第二代舒亦康采用最新专利设计的免动手脚步夹持器，两脚轻轻一勾就可自动压住双脚，让你操作免烦恼，不用时只要将双脚略微上抬就可以轻松退出。第二代舒亦康改良型人体拉伸运动器，功能有2变，价格不变，这是我们对消费者的回馈，感谢您的支持。希望广大消费者睁大你的眼睛，要买就指名购买第二代舒亦康改良型。话外音：现在就拨打订购热线：010-83551188。直销广告画面出现一个穿白大褂的专家，说人体一共有37节脊椎骨。话外音：只要十五分钟就可以使老年人还原身高，使青春期的男女快速增高。将人体的37节骨节软骨拉伸，如果每个骨节的生长板增长0.1公分，就可以增高3.7公分，每个骨节增长0.2公分，就可增高7.4公分。一位女子说，说起来骨刺的痛苦一般人是很难体会得到的，非常感谢舒亦康人体拉伸运动器，现在我都不用拐杖了。一位年轻女子说，用了舒亦康人体拉伸运动器之后，你看，我真的是长高了，体形也变得好看了，这可是千真万确的呦。还有人说，舒亦康让我长高了8公分。话外音：第二代舒亦康经过精密的设计，一拉一补完全符合人体的构造，让筋骨可以定位，同时改善因脊椎变形造成的腰酸背痛、骨刺、失眠以及各种不明原因的疼痛。第二代舒亦康品质好服务好，绝不是一般廉价的次级品或仿冒品可以相比，这是国家颁发的专利证书，更获得篮协及多个运动团体指定的保健器材，请大家再看一下，这是名称舒亦康3个字，这是舒亦康的商标。广告中，还出现多个外国人介绍其使用人体拉伸器的感受。最后，话外音为：铧铫集团荣誉出品。

法院认为，涉案广告构成虚假广告、不正当竞争。虚假广告是指商品经营者或者服务提供者利用广告对所提供的商品或服务的质量、成分、性能、用途、生产者、产地以及其他信息，做出与客观实际不相符的欺骗性和误导性宣传行为。我国法律对广告的最基本要求就是其真实性，广告不应存在任何的虚构、隐瞒、不合理夸张等欺骗消费者的情形。虚假广告既损害了消费者的权益，又给有序的市场竞争制造了混乱，损害了其他经营者的利益。本院认为，从涉案舒亦康广告的内容看，其构成虚假广告和不正当竞争：涉案广告采取的用语模糊歧义，宣称"图形不对或者商标不对，都是仿冒品，没有专利证书就是仿冒品。希望广大消费者睁大眼睛，要买就指名购买第二代舒亦康改良型"等，指责其他同行业厂家的产品是假冒、侵权产品，对身体没有帮助，反而会造成身体伤害，从而使得消费者认为只有舒亦康才是有效的，其他的品牌都是伪劣假冒产品，产生对其他经营者的排斥，致使同行业的经营者及其产品和服务在消费者心目中的地位、形象受到贬低，损害了竞争对手的商业信誉和商品声誉。广告对其商品功能做出关键性宣传之际，没有尽到向消费者陈述真情、做出合乎客观事实的解释的义务，而是对商品质量、产地、功效等作引人误解、含义模糊、未有明确科学依据的虚假陈述，如对产品的功效进行超出合理艺术处理范围以外的不适当夸张，宣称人体有 37 节脊椎骨、只要 15 分钟就怎样怎样、成人使用长高了 8 公分等，这些宣传违背了医学常识，被告富立兴公司并未对此提供足够的相关科学依据。作为保健器材却宣传具有医疗效果，违反了广告法等相关法律法规的禁止性规定。"铧鉏公司荣誉出品"的说法使消费者误认为是他人的产品、产地在台湾，而实际的生产厂家却是在广州。关于"第二代"产品，亦无明确的定义和标准。综合以上广告内容来看，采用了不当的心理暗示方式，会使公众产生误解，诱使消费者改变向同行业厂家购买商品的决策，转而购买被告产品。本院认为，涉案广告具有一定的欺骗性和误导性，会使得消费者引起误解，并贬损了其他同业竞争者的声誉，应属虚假广告，构成不正当竞争。被告富立兴公司否认其为广告主，但却未对以上销售热线电话、专利证书、篮球协会证书的出现等做出合理解释，亦未提供其应明确知道的广告主来排除自己的责任，应承担举证不能的后果。故原告双岛公司的证据处于优势地位，本院认定被告富立兴公司为涉案广告的广告主，对于涉案虚假广告引发的不正当竞争，应承担相应的赔礼道歉、赔偿损失等责任。被告重庆电视台是涉案电视广告的发布者。作为广告发布者，其在接受广告主等刊登、播出广告的申请时，应初步审查广告文稿内容的真实性，审查客户提供有关证明文件的真实性。本案中，涉案广告的用语属于虚假广告比较明显，被告重庆电视台应能通过初步形式审查就得出涉案广告属于虚假广告的结论，具有明知或应知的主观状态。在通过虚假广告进行不正当竞争的案件中，广告发布者因审查不严导致虚假广告发布的，如具有主观上的过错，构成对其他经营者的共同侵权，应承担连带责任。被告重庆电视台拒不向本院提供广告主的真实名称，具有过错，被告富立兴公司为广告主的情况下，其应与富立兴公司就其播出虚假广告引发的不正当竞争侵权行为承担连带责任。

案例2：北京史三八医疗美容医院诉北京新时代伊美尔幸福医学美容专科医院有限公司、百度时代网络技术（北京）有限公司等不正当竞争纠纷案。

史三八美容院诉称："史三八"是原告的字号，享有很高的知名度。伊美尔美容院将"史三八"作为关键词通过百度搜索引擎网站发布广告，构成不正当竞争，给原告造成巨大的损失。百度在线公司、百度网讯公司、百度时代公司作为百度搜索引擎的共同经营者，未履行审查义务，应当与伊美尔美容院对原告的经济损失承担连带赔偿责任。故起诉要求伊美尔美容院、百度在线公司、百度网讯公司、百度时代公司：立即停止使用原告企业名称的不正当竞争行为并赔偿原告经济损失。

法院经审理查明：史三八美容院主要经营医疗美容等项目，曾多次获得荣誉证书。伊美尔美容院主要经营医疗美容等项目。域名为 baidu.com 的网站上涉案的"竞价排名服务"由百度时代公司经营。"竞价排名服务"是一种互联网增值服务，即客户预先交纳一定的费用后，取得竞价排名系统的帐户和密码，由客户进入竞价排名系统在线提交关键词、网站的网址、并自行撰写搜索结果标题及网页摘要，竞价排名系统自动将客户提交的关键词与客户网站的网址设置关联，当网络用户通过搜索引擎搜索该关键词时，搜索引擎以一定的算法将该客户网站的链接结果进行排序，并将该搜索链接结果提供给网络用户。伊美尔美容院与百度时代公司签订了《百度竞价排名合同》，约定伊美尔公司向百度时代公司交纳"推广费"，有偿参加"百度竞价排名服务"。该合同的附件中约定百度时代公司审核通过客户提交的关键词后方提供服务。伊美尔美容院提交了关键词"史三八"及其网站的网址，百度竞价排名系统自动将伊美尔美容院提交的该关键词与伊美尔美容院的网站进行了关联设置。在百度搜索引擎网站页面的搜索框中输入"史三八"，在搜索结果页面显示的第一个搜索结果是标题为"史三八幸福"的链接。点击该链接后，进入伊美尔美容院的网站。

　　据此法院认为："竞价排名服务"作为一种互联网增值服务，能直接为经营者带来商业利益，同时也已经在搜索结果中加入了人工干预因素，因此这种服务不能完全等同于搜索引擎网站进行的自然搜索。"史三八"作为史三八美容院的字号，应属于反不正当竞争法保护的企业名称，他人未经许可不得以任何方式擅自使用该字号。伊美尔美容院与史三八美容院同属于美容医疗行业的经营者，两者具有竞争关系。伊美尔美容院与"史三八"三字无任何关系且理应知道"史三八"是史三八美容院的字号，但伊美尔美容院却擅自将该三字作为关键词参加"百度竞价排名服务"，导致欲了解史三八美容院有关信息的消费者在百度搜索引擎中搜索"史三八"三字时，却找到了伊美尔美容院的网站的链接，进而误导消费者进入伊美尔美容院的网站。伊美尔美容院的这种行为势必降低消费者对史三八美容院的访问量，反而提高了消费者对伊美尔美容院的访问概率，显然挤占了史三八美容院在互联网领域的市场利益，也会使史三八美容院在市场中投放的广告效应降低，从而使史三八美容院在市场竞争中处于不利地位。伊美尔美容院主观恶意明显，严重违反了市场竞争中的诚实信用原则，构成了不正当竞争，应当承担侵权的法律责任。另外，尽管百度时代公司与伊美尔美容院签合同时，百度时代公司审查了伊美尔美容院的营业执照、医疗机构执业许可证及域名备案信息的基本情况，尽到了一定的注意义务。但是，就百度时代公司在其搜索引擎网站上公示的"通用条款"中明确的条款而言并未全面准确履行。该条款约定只有百度时代公司审查通过关键词后方提供服务，且对黄赌毒以及侵犯他人版权等权利的关键词也履行审查义务。这就是说，百度时代公司自己承诺了其负有审查关键词是否侵犯他人权利的义务。但本案中，百度时代公司却又辩称其只审查黄赌毒及是否侵犯驰名商标权，而对侵犯一般商标权及字号的情况，其无能力审查，这与其承诺相悖。由于百度时代公司并未尽到其自己承诺的义务，致使与伊美尔美容院无关的"史三八"一词能作为伊美尔美容院的关键词予以使用。综上，本案中，百度时代公司主观上存在过错，客观上帮助了伊美尔美容院实施不正当竞争行为，应当与伊美尔美容院共同承担法律责任。

二、网络不正当竞争法律边界

网络上的不正当竞争与现实环境下的不正当竞争在本质上并无二致。通过司法适用，对市场竞争权益机制、义务机制和责任机制实现行为规制的法定化和强制化，充分发挥反不正当竞争法的秩序保护功能，维护竞争自由和提高市场效率，将促进发展作为法律政策规制的目标，着眼于技术创新和商业创新，更多从提高市场效率的角度进行考量，实现对既有权利、合法权益的延伸性保护与救济。为此，网络不正当竞争的法律规制应坚持从全局出发，立足于国际与国内大局，在侵权救济手段和损害赔偿上逐步与国际接轨，避免因禁令制度缺失、损害赔偿不足不当损害经营者的市场利益。

就规制建设上，可以从以下方面进行立法和实践尝试：提升抽象力，将网络不正当竞争行为进行类型化；更多地适用"诉前禁令"制度，及时地制止互联网不正当竞争行为的损害扩大；将流量、用户数等具有互联网特色的利益纳入损失或收益计算范畴；提高《反不正当竞争法》的法定赔偿额上限，并考虑增加惩罚性赔偿，遏制恶意竞争以及重复侵权；加大对实施不正当竞争行为的当事人、法定代表人、实际控制个人的惩罚及责任追究；明确行业惯例与《反不正当竞争法》的衔接，使行业惯例的效力更加得到强化。

（一）列举与兜底条款相结合

修订前的《反不正当竞争法》缺乏专门针对网络不正当竞争的具体条款，也缺乏"兜底"条款，存在着明显的封闭性缺陷。值得注意的是，《反不正当竞争法》第 2 条规定"经营者在市场交易中，应当遵循自愿、平等、公平、诚实信用的原则，遵守公认的商业道德。本法所称的不正当竞争，是指经营者违反本法规定，损害其他经营者的合法权益，扰乱社会经济秩序的行为"，对该条规定，有的学者认为可以视为兜底条款。但是，根据该款规定，只有"违反本法规定"的行为，即该法明确规定的 11 种行为，才是不正当竞争行为。故该款规定只是一个定义性规范，不具一般条款之功能，无法取代一般条款的地位，且很难在传统不正当竞争 11 种行为之外做扩大解释之用。另外，对该法的司法解释甚少，而相关行政法规、部门规章效力层次又普遍较低、缺乏权威性，这就使得行政执法者、司法裁判者在执法、司法活动中，不得不被动地适用《反不正当竞争法》第二条即所谓的"万用"条款。但是，"万用"并不代表"万能"。在《反不正当竞争法》修订中，可以考虑增加网络不正当竞争规制专章，并采取概括式与列举式并举的立法模式。一方面，在总结行业实践和司法实践基础上，对常见、多发的网络不正当竞争行为进行类型化列举；另一方面，将部门规章、行业自律公约中得到普遍认可的行业规则，上升为法律规范，并结合国际网络立法通例，规定一个"兜底条款"。

1. 列举网络不正当竞争典型行为。

针对软件恶意滋扰、网页抄袭与假冒、恶意网络公关行为、域名混淆、不当链接、网络商业诋毁、弹窗广告、软件攻击等不正当竞争行为，可以吸收国家工商行政管理总局颁布实施的《网络交易管理办法》（2014 年 3 月 15 日生效）第十九条、第二十条的规定，在《反不正当竞争法》修订中应明确列举网络经营者不得从事如下不正当竞争行为：（1）擅自使用知名网站特有的域名、名称、标识或者使用与知名网站近似的域名、名称、标识，与他人知名网站相混淆，造成消费者误认；（2）擅自使用、伪造政府部门或者社会团体电子标识，进行引人误解的虚假宣传；（3）以虚拟物品为奖品进行抽奖式的有奖销售，虚拟物品在网络市场约定金额超过法律法规允许的限额；（4）以虚构交易、删除不利评价等形式，为自己或他人提升商业信誉；（5）以交易达成后违背事实的恶意评价损害竞争对手的商业信誉；（6）不得对竞争对手的网站或者网页进行非法技术攻击，造成竞争对手无法正常经营。这种相对细化的列举方式，能够增强法律的可操作性和针对性，有利于行政执法人员、司法人员适用具体、明确的法律条款，同时，对经营者、广大网络用户也是一种明确的指引。

2. 增加"兜底"条款。

兜底"条款对层出不穷的网络不正当竞争新形式，进行本质性概括，可以起到查漏补缺、纲领指引的作用，故立法兜底条款是不可或缺的。鉴于网络不正当竞争行为，既是传统不正当竞争行为在网络空间的延伸和扩展，又有着借助网络新技术、攫取网络用户资源、实现自身不正当利益最大化的新特点，再结合司法裁判、行政执法实践，可以把"兜底"条款规定为："本法所称的网络不正当竞争行为是指经营者在网络经济活动中，违反自愿、平等、公平、诚实信用原则和公认的商业道德，损害其他经营者或者消费者的合法权益，扰乱社会经济秩序的行为"。

（二）法律应当明确网络不正当竞争中经营者的范围及消费者的权利

1. 扩大不正当竞争"经营者"的范围。

网络交易有着不同于现实交易的诸多新特点。由于网络商品交易空间扩展到通过互联网（含移动互联网）销售商品或者提供服务的经营活动，因而网络经营者的范围也呈现多元化特征。在网络环境中，经营者包括网络商品经营者和有关服务经营者，而有关服务经营者又包括为网络商品交易提供第三方交易平台、宣传推广、信用评价、支付结算、物流、快递、网络接入、服务器托管、虚拟空间租用、网站网页设计制作等营利性服务的经营者。另外，经营者又有企业、事业、机关、社团、合伙组织、个体户、自然人之分，营利性、非营利性之分，登记注册、非登记注册之分，隐名、显名之分等。但是，现行《反不正当竞争法》规定的不正当竞争行为的主体仅是"经营者"，即从事商品经营或营利性服务的法人、其他经济组织和个人。不难看出，现行该法直接保护的是有直接竞争关系的经营者及其利益，故难以涵盖当今网络交易多元化的现状，难以保护具有间接竞争关系的经营者及其利益。另外，在行政执法和司法审判中，往往把经营者限定在具有注册登记资格的经营实体上，这无疑更缩小了经营者的范围。

为此，在《反不正当竞争法》修订中，应扩大不正当竞争主体范围。一方面，把不正当竞争主体责任范围扩大到所有从事网络经济活动者，既包括直接参与商品、服务交易的双方，也包括提供服务的第三方平台。另外，无论是作为社团机构的消费者协会，还是营利性与否的新闻或医疗机构，或者经营者以外的组织或个人，如名人或明星、网络"大V"等网络荐证者、网络有偿新闻推广者等，只要其行为促进或足以促进其他经营者的竞争，不问是否存在直接竞争关系还是间接帮助侵权，皆可视为不正当竞争行为中的主体。总之，不论经营者是否从事营利性活动、是否经过登记注册或备案、是否是单位还是自然人、是否显名还是隐名、是否直接经营还是间接经营，均应视为反不正当竞争的经营者。据此，建议将不正当竞争主体即"经营者"定义为："本法所称的经营者是指从事商品经营、提供服务的法人、其他经济组织和自然人。"同时，增设第 4 款，"经营者以外的法人、其他组织或者自然人违反本法实施的损害经营者或者消费者合法权益，扰乱市场竞争秩序的行为视为不正当竞争。"

2. 扩大保护消费者的权利。

网络市场经济活的参与者，不仅仅是商品或服务的经营者，还包括广大消费者、社会公众。经营者之间恶性不正当竞争行为常常是"城门失火，殃及池鱼"，损害消费者的合法权益。法学界、司法界的主流观点是：反不正当竞争法不仅应该保护单个竞争对手免受不公平竞争，而且旨在保护竞争对手、消费者和其他市场参与者的集体利益以及公众的利益。另外，从国际立法实践来看，在传统反不正当竞争法向现代不正当竞争法转变中，也已将消费者和公众以及他们的利益纳入了反不正当竞争法的保护范围。例如，软件强制捆绑、软件恶意排斥或拦截、泄露用户信息、变相促销、心理强制、误导广告以及不可期待的烦扰等，均为国际反不正当竞争法所禁止，并直接保护消费者的利益。

传统反不正当竞争法与现代反不正当竞争法的主要区别在于保护主体与客体的不同：前者直接保护有直接竞争关系的经营者及其利益；后者在直接保护存在直接竞争关系和间接竞争关系的经营者及其利益的同时，还直接或反射保护与经营者相关的消费者乃至公众以及他们的利益。以国际立法为例，世界知识产权组织（WIPO）《反不正当竞争示范条款》第 1 条中规定："除第 2 条至第 6 条指示的行为外，在工商业活动中违反诚实惯例的任何行为，应构成不正当竞争行为；受到不正当竞争行为损害或者可能受到损害的任何自然人或法人，应有权获得救济。"这表明竞争行为的界定已突破了竞争关系的限制，竞争法不仅保护竞争者的利益，而且保护其他市场参与者、消费者和公众的利益，体现了现代竞争法的价值取向。再如，欧盟 2005 年 6

月 12 日实施的《不正当商业行为指令》，对不存在竞争关系的经营者和消费者提供相应保护，凸显了对消费者权益的保护。匈牙利《禁止不公平市场行为法》、比利时《关于交易行为信息和消费者保护法》、瑞典《市场行为法》和《瑞士联邦反不正当竞争法》、2004 年德国反不正当竞争法等，亦有相同或相似的规定。我国现行《反不正当竞争法》将申诉权主体仅限于从事商品经营活动的法人、其他经济组织和个人，且在执法实践中以是否登记注册作为申诉权主体是否适格的标准，这无疑将广大消费者排除在外。

在修订《反不正当竞争法》适用主体范围时，应当从行为性质而非主体资格出发，尽可能多地把相关主体纳入申诉权适用主体的范围。同时，考虑到与新修订的《消费者权益保护法》相衔接，应在现行的《反不正当竞争法》第二条第二款："不正当竞争，是指经营者违反本法规定，损害其他经营者的合法权益，扰乱社会经济秩序的行为。"修订中，在"经营者"的后面增加"消费者"，以便于消费者成为反不正当竞争行为的当事人或利害关系人，既可以以原告身份，也可以以"民事诉讼第三人"的身份，参加诉讼。消费者代表组织或专门的机构可以对不正当竞争者提起公益诉讼或采取其他责任追究方式，比如意大利、荷兰、英国等国家法律均有此类似规定。我国 2014 年 3 月 15 日新修订后的《消费者权益保护法》，也有类似规定，即消费者可以对网络不正当竞争者提起独立民事诉讼或向工商部门申诉、举报，也可以由消费者协会提起公益诉讼。

（三）技术中立并非免除网络服务商的责任、义务的借口

根据其提供的"服务"不同，网络服务提供者具体可以分为网络接入服务提供者、网络平台服务提供者、网络内容及产品服务提供者。网络服务提供者是网络交易的重要参与者，直接或间接参与市场竞争，其法律责任和义务，理应由法律来调整。我国现行《侵权责任法》《消费者权益保护法》、最高人民法院《关于审理涉及计算机网络著作权纠纷案件适用法律若干问题的解释》《信息网络传播权保护条例》等均涉及到网络服务提供商的法律责任，但在现行《反不正当竞争法》却是空白。这不利于平衡权利人、网络服务提供者和社会公众之间的利益，也有违《反不正当竞争法》"弱保护、宽保护、

兜底保护"的法律角色。诚然,对网络服务提供者法律责任的认定,应综合考虑一国市场经济发展水平、网络技术创新程度、网络交易惯例、不正当竞争状况等因素,而不可一味对他国立法采取单纯的"拿来主义"。但是,不法网络服务经营商直接或间接参与网络不正当竞争,扰乱公平竞争的市场秩序,却是不争的事实。为此,在《反不正当竞争法》修订中,应根据网络服务提供者的性质、特点以及它在网络交易竞争中的地位、参与程度、过错程度、监控能力的强弱等因素,妥善界定其责任和义务。

1. 准确把握市场自由竞争与网络技术创新之间的法律边界。

在网络不正当竞争纠纷中,网络服务运营商总是高举"技术中立"和"市场自由竞争"的大旗,拒绝承担法律责任。在他们看来,自己只是处于网络技术创新的角色,不应该对网络侵权纠纷承担任何法律责任,理由是:要求网络中介服务提供者时刻过滤、检查每天在网络上流通的庞大的信息量未免过于苛刻;其本身并不一定具有相应的法律知识以辨别侵权与否,而且要求其必须具备足够的法律知识也是不现实的;要求网络中介服务提供者承担由于用户而造成的侵权责任会使网络中介服务提供者在网络市场上举步维艰,不利于网络业的发展。但是,他们却忽略了这样一个基本事实,网络中介服务提供者的竞争优势会越来越取决于创新和服务能力,而不是网络技术本身。技术本身是中立的,但并不能由此否认技术会被认为控制,实施网络不正当竞争行为。另外,网络中介服务提供者相对于权利被侵害人而言较容易得知侵权人的不法行为,从技术上讲也较容易防止或阻止不法行为的发生。

因此,基于公平原因,网络中介服务提供者承担责任比受害人自担后果要合情合理;网络中介服务提供者经营行为本身要谋取商业利益,要牟利就要承担一定的法律风险,也是情理之中的事。虽然,互联网的发展有赖于自由竞争和科技创新,互联网行业鼓励自由竞争和创新,但这并不等于互联网领域是一个可以为所欲为的法外空间。竞争自由和创新自由必须以不侵犯他人合法权益为边界,互联网的健康发展需要有序的市场环境和明确的市场竞争规则作为保障。是否属于互联网精神鼓励的自由竞争和创新,仍然需要以是否有利于建立平等公平的竞争秩序、是否符合消费者的一般利益和社会公共利益为标准来进行判断，而不是仅有某些技术上的进步即应认为属于自由竞争和创新。技术创新可以刺激竞争，竞争又可以促进技术创新。技术本身虽然是中立的，但技术也可以成为进行不正当竞争的工具。技术革新应当成为公平自由竞争的工具，而非干涉他人正当商业模式的借口。否则，任何人均可以技术进步为借口，对他人的技术产品或者服务进行任意干涉，就将导致借技术进步、创新之名，而行"丛林法则"之实。当然，经营者非以损害他人合法权益和谋求不正当商业利益为目的，提供尽可能便利消费者选择或者更好满足消费需求的中立性技术工具或者手段，非但不会受到法律禁止，而且还会得到市场激励。某些网络经营者打着"技术中立""技术创新"的名义，有针对性地开发恶意滋扰软件，对他人软件进行片面测评、诋毁他人商誉，恐吓、诱导用户修改他人软件、过滤他人广告和资讯服务，删除和破坏他人的增值服务，这些行为违背了诚实信用原则和公认的商业道德，当属不正当竞争行为。

2. 对网络服务商责任的认定应当兼顾红旗原则、避风港原则，综合认定其明知、应知的主观过错。

网络视频、网络音乐、网络新闻、网络购物、BBS、博客、视频等等这些网络技术，无一不涉及到网络服务商的责任认定问题。在法院受理的案件中，视频分享网站传播影视作品的侵权纠纷、局域网（如网吧、KTV 歌厅）传播影视作品、音像制品的侵权纠纷，数字图书馆侵权纠纷，提供网页快照、歌词快照服务的侵权纠纷，提供搜索引擎、链接服务的侵权纠纷，提供信息存储空间的纠纷、P2P 侵权纠纷等等，均成为社会关注的焦点。

我国《侵权责任法》《信息网络传播权保护条例》《关于审理涉及计算机网络著作权纠纷案件适用法律若干问题的解释》等赋予网络服务商以"避风港"保护规则。避风港规则对网络服务提供者承担责任范围做出界定并予以限制，使得网络服务提供者在满足避风港规则情况下可以免除法律责任，不至于卷入无限的诉讼纠纷中，保证了网络环境下各方利益的平衡，有利于促进新兴网络产业的发展。该规则规定网络服务提供者为服务对象提供信息存储空间，供服务对象通过信息网络向公众提供作品、表演、录音录像制品，并具备下列条件的，不承担赔偿责任：明确标示该信息存储空间是为服务对象所提供，并公开网络服务提供者的名称、联系人、网络地址；未改变服务对象所提供的作品、表演、录音录像制品；不知道也没有合理的理由应当知道服务对象提供的作品、表演、录音录像制品侵权；未从服务对象提供作品、表演、录音录像制品中直接获得经济利益；在接到权利人的通知书后，删除、断开、屏蔽权利人认为侵权的作品、表演、录音录像制品。另外，在接到权利人的通知书后，网络服务提供者删除、断开、屏蔽权利人认为侵犯其名誉权、隐私权、商标权、财产权等其他权利的网页信息，也不承担赔偿责任。但是，网络服务提供者在享受"通知—移除"这一"避风港规则"保护的同时，亦不得无视"红旗规则"。

"红旗"规则是"避风港"规则的例外适用，红旗规则是指如果侵犯信息网络传播权的事实是显而易见的，就像是红旗一样飘扬，网络服务商就不能装作看不见，或以不知道侵权的理由来推脱责任，如果在这样的情况下，不移除链接的话，就算权利人没有发出过通知，我们也应该认定这个设链者知道第三方是侵权的。换言之，网络经营服务商在明知侵权者明显侵权事实的情形下，网络服务提供者应尽必要的合理的注意义务，防止不正当竞争行为的恶意蔓延。比如，网络服务提供者对被诉的侵权内容主动进行选择、整理、分类、上传，或者被诉的侵权行为的内容明显违法，并置于首页或其他可为服务提供者明显所见的位置，或者采取关键词竞价排名，并直接获取利益等情形，足以认定网络服务提供者应负法律责任。再如，网络服务提供者通过网络参与、教唆、帮助他人实施不正当竞争行为；明知网络用户通过网络实施不正当竞争行为；经权利人提出确有证据的警告，仍不采取删除、屏蔽、断开链接等措施；对权利人要求其提供不正当竞争行为人在其网络的注册资料以追究行为人的责任，无正当理由拒绝提供；明知专门用于故意避开或者破坏他人知识产权技术保护措施的方法、设备或者材料，而上载、传播、提供的，均可追究网络服务商的法律责任。

无论适用"避风港规则"，还是适用"红旗规则"，都无法回避对网络服务网主观注意程度的认定问题，即如何认定网络服务商主观上"知道""明知""应知"的程度问题。这也是法学界、司法界争议颇多的焦点问题。尤其是对于"应知"的判断则更多依赖于法官依据个案情况的不同而进行自由裁量，由此便产生了司法裁判的分歧。比如，中凯公司诉腾讯公司侵犯信息网络传播权一案。一审法院认为，腾讯公司作为信息存储空间的网络服务提供者，每天面对存储空间的海量上传信息，要求其对每一个上传视频内容进行事先的版权审查，无论是技术上还是商业上都是不可行的，这将导致信息存储空间此项互联网新业务无法正常开展。腾讯公司接到起诉状后已删除了该剧。认定腾讯公司明知或应知用户上传的作品侵权，事实和法律依据不足。但二审法院却认为，腾讯公司在其视频分享网站上设置了创造、娱乐、音乐、影视、游戏等栏目，此设置不仅便于注册用户分类上传内容，也便于腾讯公司审核注册用户上传的内容。影视作品的制作需要花费大量的人力、物力、财力等，通常情况下影视作品的权利人不会将其影视作品在互联网上免费上传供公众无偿下载或播放。因此，腾讯公司作为专门从事影视、娱乐等视频分享网站的服务商，应当对用户上传的影视作品负更高的注意义务，但腾讯公司未尽其应有的审查注意义务，在主观上存在应知的过错。另外，也出现了某些司法判例，以未尽一般性事先审查义务，而判令网络服务商担责。例如，上海大众搬场公司诉百度公司关"键词竞价排名"不正当竞争纠纷案中，法院认为，百度网站有义务也有能力在存在侵权可能性的情形下，审查注册用户使用该关键词的合法性。也应当知道原告大众搬场公司是上海地区的知名企业，百度网站应当审查其网络客户是否具有合法的经营资质或其与原告大众搬场公司是否有关联。据此判令百度公司与实施直接侵权的第三方网站构成共同侵权。

对网络服务商是否承担法律责任的矛盾判决，突显了司法裁判中综合考量的重要性。为此，在司法裁判中应当坚持主客观相统一的原则，不仅要考查网络服务商是否存在恶意无视、故意漠视、视而不见、予以放任的主观恶意，还要考查其客观上造成的侵权事实是否明显、侵权结果是否严重、侵权时间持续长短等综合因素。这在很大程度上取决于法官的自由裁量，也考验着法官的法律素养。

第九章

网络服务商侵权责任思辨

（甘肃省兰州大学　龙　玥[①]　73000）

内容摘要：司法遵循合法、必要、正当原则保护个人敏感信息，但不涉及网络服务商对个人敏感信息的收集、加工、转移、删除等具体行为的合法性审查。网络服务提供商对网络用户发布的内容无事先审查义务，但对发布后的内容负有"必要注意义务"；被诉侵权行为的网络服务器所在地不作为管辖地；网络服务商的告知义务是相对的，且享有法定抗辩事由；对网络服务商侵权过错的认定应坚持主客观相统一的原则。

关键词：网络服务商、侵权责任、法律

一、网络侵权呼唤法律

网络正焕发出不可估量的生命活力和创造力，对人类世界产生了积极的影响。但网络是一把"双刃剑"，在给人们带来巨大便利的同时，也带来了一系列的法律问题。比如，网络知识产权保护、个人信息保护、网络犯罪的惩治以及利用信息网络侵害人身权益的治理与预防等等。从法院审判实践看，利用网络侵害自然人、法人民事权益的案件类型不断涌现，尤其是利用网络侵害他人名誉权、隐私权、肖像权以及企业名誉及商品信誉的案件呈上升趋势，部分案件甚至引起了较大的、有时也是恶劣的社会影响，成为社会

[①]　龙玥，甘肃省兰州大学，法律硕士，主要从事法律适用研究。

热点问题。在网络空间实施的侵犯公民民事权益的行为，包括但不限于网络侵犯公民生命权、健康权、姓名权、名誉权、荣誉权、肖像权、隐私权、婚姻自主权、监护权、所有权、用益物权、担保物权、著作权、专利权、商标专用权、发现权、股权、继承权等人身、财产权益。在各项民事权益中，人身权益是最重要的民事权益之一，它涉及公民的生命权、健康权、姓名权、名誉权、荣誉权、肖像权、隐私权、婚姻自主权、监护权等基本人格利益，严重的甚至涉及生命权，且利用互联网侵害人身权益造成损害后果的深度、广度和速度都与传统侵权手段不可同日而语，本文将探讨的焦点主要集中在网络侵犯公民人身权益上。

当前，网络民事侵权呈现出新形式、新特点，主要表现在（1）网络数字化技术，使得网络侵权证据失去原始性。网络中存在的数字化信息都是由0和1所代表的物理状态组成的离散信号，不存在连续性，对其所做的修改和删除难以发现和鉴别，具有不稳定性和易变性，因此网络中信息的证据能力难以识别。（2）侵权主体复杂隐秘。网络服务提供者是网络环境下所特有的主体，网络的运行离不开网络服务提供者的参与，因此网络服务提供者往往会卷入大量的网上侵权纠纷中。而且在网上人们可以自由使用根据自己爱好所起的名字甚至匿名，这就给实践中侵权人的认定带来了技术上的难题。（3）侵权后果瞬间扩散，后果严重。网络的万维性，突破了现实生活中仍然存在的地理限制，模糊了领土和国家的界限，沟通了地球上的每一个角落；网络的交互性和实时性使网上信息的传播更加方便快捷。网上侵权行为的后果会在全世界迅速蔓延，而权利人却只能望洋兴叹。（4）司法管辖关联点繁多，管辖困难。互联网将全球的计算机及其网络连为一体构成了一个独特的网络空间，同一侵权行为往往同几个地点相联系，物理位置在网络空间中的意义微乎其微，从而使传统管辖权的基础在网络空间中发生了动摇。

为此，迫切需要法律出台来制约、规范网络侵权的暴虐行为。目前，我国规制互联网侵权行为的法律、司法解释主要有：2009年12月，全国人民代表大会常务委员会颁布了《中华人民共和国侵权责任法》；2012年12月，全国人民代表大会常务委员会颁布了《关于加强网络信息保护的决定》；2012年12月，最高人民法院制定了《关于审理侵害信息网络传播权民事纠纷案件适用法律若干问题的规定》；2014 年 10 月 9 日，最高人民法院发布了《关于审理利用信息网络侵害人身权益民事纠纷案件适用法律若干问题的规定》。这标志着我国有关互联网民事法律问题的规则体系已基本形成，对于规范网络行为、建立良好的网络秩序，保障公民民事权益有着重要意义。在法律适用上，如何运用法律规制网络民事侵权？目前还存在着诸多争议和难点，比如，现行法律关于网络侵权的规定比较原则，在针对性和操作性上，需要细化；根据现行法的原则发展出有效的裁判规则，需要指引；网络技术日新月异的发展速度对民事裁判提出了更高的要求，在技术上需要跟进。

二、网络服务商的侵权责任

我国《侵权责任法》适应我国现阶段的社会发展需求，对网络侵权、隐私权保护、等新生问题予以了规范，力求实现个人的权益诉求与秩序的整体目标二者之间的平衡。《侵权责任法》第三十六条规定了网络侵权责任，主要针对的是因网络而引起的对著作权、肖像权、名誉权、隐私权、荣誉权、专利权、商标权等的侵权行为。

本条第一款规定"网络用户、网络服务提供者利用网络侵害他人民事权益的，应当承担侵权责任。"本款规定了网络用户和网络服务供者的直接侵权责任。

所谓直接侵权责任，是指行为人自己的行为本身构成侵权法上的侵权行为。网络服务提供者的行为一般可以分为两类：一类是为网络用户提供信息通道服务或信息平台服务的行为，例如提供网络接入、信息传输、存储空间、信息搜索、连接等，与之相对应的网络运营提供商称之为网络服务提供商（简称 ISP）；另一类是为网络用户提供内容服务的行为，即直接向网络用户提供信息、产品及其他服务，与之相对应的网络运营提供商称之为网络内容提供商（简称 ICP）。这两类行为有着本质的区别。前者只是提供通道或平台，本身并不对传输或存储的信息进行主动编辑、组织或修改，全部内容都是由网络用户提供。后者自身直接向网络用户提供内容或者产品服务，其提供的内容和产品是该网络服务提供者自己主动编辑、组织、修改或提供的。立法对这两种行为规定了不同的规制模式。对于前者，则需要适用第二款和第三款的规定。本条第一款的意义在于，它明确了网络空间如同现实空间一样受到法律的规制，网络用户和网络服务提供者利用网络服务实施的侵权行为，如同他任何侵权行为一样，应当承担侵权责任。对于后者，由于其网站的信息内容都是该网络服务提供者自己主动编辑、组织或提供的，当然应该由该网络服务提供者自己负责，造成侵害他人权益的，应该承担直接侵权责任。

本条第二款规定："网络用户利用网络服务实施侵权行为的，被侵权人有权通知网络服务提供者采取删除、屏蔽、断开链接等必要措施。网络服务提供者接到通知后未及时采取必要措施的，对损害的扩大部分与该网络用户承担连带责任。"本款实际上为网络服务提供者设立了"避风港"和不真正连带责任的限制。这里的网络服务提供者是指那些提供信息平台或者信息通道服务，如信息存储、搜索、链接服务的网络服务提供者。对于提供内容或产品服务的网络服务提供者则不适用本条规定避风港和责任限制。如果某个网络服务提供者可能既实施了提供网络内容服务的行为，又实施了提供信息通道或者信息平台服务的行为，则需要区分不同的行为类型分别适用本条的不同规定。

（1）"避风港"规则：本款前半句的规定，被侵权人如果发现网络用户利用网络服务侵害其合法权益，有权向网络服务提供者发出通知，要求其采取必要措施。如果网络服务提供者采取了必要措施，则不承担侵权责任。这就为网络服务提供者设立了免于承担侵权责任和违约责任的"避风港"。

（2）网络服务提供者的责任限制：如果网络服务提供者在收到被侵权人的通知之后未采取必要措施，或者采取的措施不合理，造成损害后果的扩大的，网络服务提供者只对因此造成的损害的扩大部分与实施直接侵权行为的网络用户承担连带责任。这是因为，网络服务提供者的主要作用在于为信息交流提供技术支撑，提供的是一种平台或者通道服务，它对于信息的传达、信息的内容记忆信息的接收通道并不进行主动组织、筛选和审查。另外，对于网络上海量的信息而言，筛选和审查也超出了网络服务提供者的能力范围。

本条第三款规定："网络服务提供者知道网络用户利用其网络服务侵害他人民事权益，未采取必要措施的，与该网络用户承担连带责任。"本条第三款规定了提供信息接入或信息平台服务的网络服务提供者的间接侵权责任。所谓间接侵权责任，是指网络服务提供者的行为本身不构成侵犯他人权利，但是对直接侵权人的行为起到了诱导、帮助作用，因此，应承担侵权责任。在这种间接侵权责任中，实施直接侵权责任的是网络用户而不是网络服务提供者，网络服务提供者只是因为未采取必要措施，客观上对直接侵权行为起到了帮助作用。

三、网络服务商的法律角色

《侵权责任法》法律适用效果，并未如立法者所愿。网络侵权"逆势而上"。造成此种状况的原因是多方面的，但对该条理解和适用上的偏差也是一个重要原因。为此，如何深度理解和适用该条三款规定，成为制约该条法律适用实效性的瓶颈因素。

（一）网络服务商的事先审查义务与事后"必要注意义务"

与传统媒体的根本区别在于，网络服务提供者对于网络用户在网络上发表言论没有事先审查义务。虽然，最高人民法院在司法解释规定，报刊、期刊、电视台、广播台等传统媒体对其发表的稿件负有事先审查的审慎注意义务，未尽审查义务，造成侵权结应承担侵权责任。这种规定的客观理由在于传统媒体都有编辑部专职人员把关，对发表的作品要进行审查和编辑。如果传统媒体发表的文章审核不严、审核不当、审核不实，均可因其未尽必要的注意义务而构成侵权并承担侵权责任。但是，网络服务提供者是指通过信息网络向公众提供信息或者为获取网络信息等目的提供服务的机构，包括网络上的一切提供设施、信息和中介、接入等技术服务的个人用户、网络服务商以及非营利组织。因此，网络服务提供者不同于传统媒体，网络服务提供者为网络用户提供的是一种网络技术服务、网络接入服务提供者、网络平台服务。这种网络服务是开放自由的，且在网络平台上发布的海量面前，网络服务商不可能也无能力来逐一审查每一条信息的合法性。"法不强人所难"。如果让网络服务提供者承担与期刊编辑部一样的责任，科以事先审查义务，是很不现实的、不客观的，也是不公平、不合理的，也势必造成网络"言路堵塞"，给互联网发展造成灭顶之灾。

虽然，网络服务商不负事先审查义务，但并不意味着其对网络上恶意肆虐的民事侵权行为可以不管不问。维护社会善良风俗，是网络服务商的社会责任，诚实信用是网络交易的最大原则，网络服务商也不例外。更何况网络服务商也有充分的技术能力，对网络不良信息采取删除、屏蔽、断开链接等措施。故针对网络谣言、网络人肉搜索等侵犯公民人身权的不法行为，法律应科以网络服务商必要的注意义务。必要的注意义务之所以必要，是指要综合各种因素，对考网络服务商注意义务进行必要的限定。一般情况下，对于他人之权力和利益负有一般义务的人，应当尽到一个"诚信善意之人"的注意义务；对于他人之利益负有特别义务的人，应当尽到法律法规、操作章程等所要求的特别注意义务。根据相关法律规定及司法实践，我国网络服务商主要承担的注意义务有：对于明显含有色情、淫秽、暴力、犯罪的违法信息，有一般注意义务；对于网络使用者有告知网络用户使用方法、付费方法、应当注意的事项的义务；向政法机关提供加害人登录资料的义务等。

另外，网络服务商还有必须遵守"红旗原则"对有害不良信息有删除、屏蔽、断开链接，防止损害的扩大的义务。"红旗原则"是美国《数字千年版权法》以及欧盟《电子商务指令》中确立的认定网络运营商侵权责任的基本原则，是指如果侵权行为非常明显，像一面鲜亮的红旗在网络服务商面前公然飘扬，以至于一个相同情况下合理的人都能意识到侵权行为的存在，则即使受害人没有就侵权的事实通知网络服务商，网络服务商也负有主动采取删除或屏蔽措施的注意义务。

我国法律移植了"红旗原则"法律概念。《侵权责任法》第36条第3款亦规定：网络服务提供者知道网络用户利用其网络服务侵害他人民事权益，未采取必要措施经济与法的，与网络用户承担连带责任。对于此处的"知道"，可以包括"明知""已知""应知"等情形。若是"明知""已知"的情形，则需要被侵权人提供充分的证据予以证明，在司法实践中较容易认定；若属"应知"的情形，则需要法官发挥自由裁量权，从网络服务商的类型、不同的商业模式、被侵权信息的具体情况以及保护对象的范围等方面进行综合判断。这考察着法官的智慧和法律素养。以最高人民法院 2014 年公布的典型案例之一为例：

徐杰敖与北京新浪互联信息服务有限公司侵犯名誉权纠纷案——转载者的责任：专业媒体应承担更大的注意义务。

该案的基本案情：2003 年 11 月 14 日华商晨报发表"持伪证、民告官、骗局被揭穿"一文；同日，北京新浪互联信息服务有限公司在其经营的网站中转载了上述文章，并长达八年之久。另案生效判决认定华商晨报社侵犯了徐杰敖的名誉权并赔偿精神抚慰金 2 万元。2006 年 6 月 9 日华商晨报社在当日报刊尾版夹缝中刊登了对徐杰敖的致歉声明，但是字数、篇幅确实过小，不是很显著。徐杰敖以新浪公司未及时更正为由请求其承担侵权责任。裁判结果：北京海淀区法院认为，新浪公司在其网站上转载华商晨报的侵权文章并无不妥，但在法院于 2004 年年底认定华商晨报的行为构成侵害原告名誉权且 2006 年 6 月 9 日华商晨报在报纸刊载致歉声明后，新浪公司仍未更正或删除该信息，但因华商晨报的致歉声明篇幅过小且位置不显著，因此新浪公司虽不具有主观恶意但却具有过失，应当承担相应的民事责任。原告主张数额明显过高，应当根据具体案情以及新浪公司的侵权过错程度、持续时间等情节酌情判定新浪公司赔偿原告经济损失人民币八万元及精神损害抚慰金人民币二万元。该案裁判的典型意义：自媒体的发展及成熟是互联网时代的一大特征，但是这并不意味着专业媒体与自媒体之间就应当同等对待。本案的判决说明，在认定互联网时代最普遍的转载行为的法律责任时，应当区分专业媒体和非专业媒体，专业媒体的注意义务应当高于一般自媒体。所以，转载他人信息未更正仍需承担侵权责任。

该案例突出显示了司法实践中应当如何认定网络服务商"知道"的问题。目前，互联网行业已经进入了内容、社区和商务高度结合的形态，很多网络服务提供者尤其是我国较大的网络服务提供者都已经或者正在发展为平台运营商。在这种背景下，认定网络服务商"知道"的主观过错状态，需要更加慎重。如果司法裁判中认定的标准过严，会造成网络服务提供者承担责任过重，并可能会促使网络服务提供者自我审查过严，经营负担加大，并进而影响合法信息的自由传播，不利于互联网的发展。但是，如果司法裁判中的标准过宽，则会导致网络服务提供者怠于履行必要的注意义务，放纵甚至主动实施侵权行为。因此，在兼顾两者的前提下，应采取多个抽象因素来综合认定网络服务提供者是否"知道"这有利于法院根据具体案件情况、互联网技术的发展现状与时俱进地做出判断，有利于实现权益保护和信息自由传播二者之间利益的平衡。特别是微博、微信等近几年迅猛发展的社交网络以及由此产生的自媒体，与传统媒体相比，有着影响范围更广、即时性更强、情感色彩更浓、更加捷足先登等等特点。针对这些特征，司法实践应当根据转载主体的类型、影响范围来判断其注意义务，并结合转载信息侵权的明显程度以及转载者的客观行为判断其过错程度，这也符合民事责任应当与主体的类型、影响范围和获益程度相适应的原则。

（二）对网络服务商侵权责任的有限限定与先天不足

侵权责任法仅仅对网络服务商非法披露公民个人信息的行为承担责任，并未规定网络服务商非法获取、非法买卖、非法使用用等侵犯公民个人信息的行为。2012年全国人大常委会通过的《关于加强网络信息保护的决定》确立了个人信息尤其是个人电子信息保护的基本原则，即合法、正当、必要的三原则，开创了我国网络信息立法的先河，但是，这一立法比较原则和抽象，需要进一步深化、细化。鉴于《侵权责任法》重点在于规范利用信息网络，非法披露公民信息，侵害公民人身权益等非法行为，因此在调整的行为上，《侵权责任法》仅调整利用信息网络公开个人信息的行为，而未涵盖收集、利用等侵权行为类型。这样做的原因在于，民事司法保护个人信息，有其内在的制度要求，例如，针对非法收集、利用个人信息的行为，如果在立法上无集体诉讼制度、公益诉讼等制度辅助，则实践中通过民事诉讼方式实现权益保护就比较困难。再如，仅违法收集个人信息造成何种损害、做出何种赔偿、是通过行政手段治理更加有效还是通过民事诉讼手段更加合理，也需要立法上予以明确，等等。但是，通过信息网络非法公开个人信息的案件，在实践中已经发生，在法律上也应当承担侵权责任，这已经在理论界、司法界取得共识。

对"反通知－恢复"规则及程序未明文规定，该规则也不适于保护公民人身权益，但该规则适于保护民事财产性权益，特别是保护信息网络传播权。有人认为，在网络侵权责任的法律规定中设置了"通知—取下"规则，就必须配置"反通知—恢复"规则，否则就会造成网络关系中各方当事人的利益不平衡，并应当进行详细阐释和说明，以全面平衡以网络服务提供者为中心，由侵权网络用户、被侵权人和其他网络用户三方利益主体构成的"一个中心三个基本点"的复杂利益关系。① 所谓"反通知——恢复"规则是指网络服务提供者根据被侵权人的通知采取了必要措施后，侵权网络用户认为其涉及侵权的信息未侵犯被侵权人的权利，或者其他网络用户认为网络服务提供者采取的必要措施侵害了自己的合法权益，向网络服务提供者提出要求恢复删除、取消屏蔽或者恢复链接等恢复措施的权利。反通知的义务主体是网络服务提供者，因此反通知的基本效力，就是网络服务提供者依照反通知的要求，对已经采取必要措施的网络信息撤销删除、屏蔽或者断开链接等恢复措施，使侵权网络用户在网络上的行为得以恢复，使其他网络用户受到损害的后果得到恢复。但是，公民人身权不同于公民财产权，特别是在网络侵权情况下，这种差别更明显。

具体来说，"反通知－恢复"规则不符合人身权益保护即时性的要求。在知识产权领域，侵权行为造成的后果主要是财产权益的损失，大多可以通过赔偿损失来弥补。但在名誉权、隐私权等人身权益领域，网络用户反通知后网络服务提供者恢复相关信息这种程序，恰恰会造成难以弥补的损害后果。另外，不采纳反通知程序并不会置网络用户的权利于不顾，被采取措施的网络用户仍有维护自己权益的途径。一是被采取措施的网络用户有权要求网络服务提供者提供通知内容。不同于网络服务提供者主动向网络用户提供

---

① 杨立新，李佳伦：论网络侵权责任中的反通知及效果，法律科学（西北政法大学学报）2012 年第 2 期。

通知内容的做法，主要是考虑到海量信息、网络匿名导致网络用户常常无法通知等现实因素。应该说，网络用户请求后才披露通知内容，避免了网络服务提供者的过重负担，实现了网络用户的权益保护。二是网络用户因通知人的错误通知而被错误采取措施的，则可以针对通知人根据《侵权责任法》第六条第一款有关过错侵权的规定，提起诉讼。至于在网络侵犯公民财产权，特别是在网络传播侵权中，反通知规则是应当普遍适用的。

比如2013年12月颁布的《信息网络传播权保护条例》第十五条"网络服务提供者接到权利人的通知书后，应当立即删除涉嫌侵权的作品、表演、录音录像制品，或者断开与涉嫌侵权的作品、表演、录音录像制品的链接，并同时将通知书转送提供作品、表演、录音录像制品的服务对象；服务对象网络地址不明、无法转送的，应当将通知书的内容同时在信息网络上公告。"；第十六条"服务对象接到网络服务提供者转送的通知书后，认为其提供的作品、表演、录音录像制品未侵犯他人权利的，可以向网络服务提供者提交书面说明，要求恢复被删除的作品、表演、录音录像制品，或者恢复与被断开的作品、表演、录音录像制品的链接。书面说明应当包含下列内容：（一）服务对象的姓名（名称）、联系方式和地址；（二）要求恢复的作品、表演、录音录像制品的名称和网络地址；（三）不构成侵权的初步证明材料。服务对象应当对书面说明的真实性负责。"；"第十七条网络服务提供者接到服务对象的书面说明后，应当立即恢复被删除的作品、表演、录音录像制品，或者可以恢复与被断开的作品、表演、录音录像制品的链接，同时将服务对象的书面说明转送权利人。权利人不得再通知网络服务提供者删除该作品、表演、录音录像制品，或者断开与该作品、表演、录音录像制品的链接。"

在信息网络传播权保护中，规定了"反通知——恢复"规则及其程序，主要有两个理由：第一，网络服务提供者虽然在其权限范围内将涉及侵权的信息采取了必要措施，尽到了"善良管理人"的义务，对被侵权人的损失可以免责，但是被侵权人如果通知不实，该不实通知极有可能损害网络侵权用户以及其他网络用户的合法权益，而网络服务提供者则要承担无端删除自己用户的不侵权信息的责任。"通知—取下"规则不能为网络服务提供者的违约责任提供免责依据，这使得网络服务提供者在采取"取下"的必要措施时持有一种"前怕狼，后怕虎"的两难境地。没有"反通知—恢复"规则，就难以克服上述网络侵权责任确认中的困境。在网络侵权责任规则中，只有通知权利和反通知权利相互结合，"通知—取下"规则和"反通知—恢复"规则相互配置，才能构成一个衡平的制度体系，平衡好四方当事人的利益关系。第二，"通知—取下"和"反通知—恢复"规则的设置在于保护网络当事人的合法权益不受侵害，同时保护公众的言论自由，促进网络服务产业的健康发展。在权衡被侵权人权益的保护和公众言论自由的同时，也应考虑到人们日常生活对网络的依赖以及网络对社会发展的积极作用，如果苛以网络服务提供者沉重的枷锁，那么其时刻有蒙受诉讼及承担侵权责任的危险，将严重影响网络服务提供者所经营的网络平台的运营情况，我们应尽力避免由此导致的整个网络服务行业的萎缩，否则与法律的最终追求相违背。"通知—取下"和"反通知—恢复"规则充分考虑了被侵权人、侵权网络用户、其他网络用户与网络服务提供者在遏制侵权和维护公众言论自由方面各自的便利条件和优势。这主要体现在，该规则将主动发现和监督侵权行为的责任分配给被侵权人；网络服务提供者能够有效利用互联网技术手段制止侵权行为；侵权网络用户对证明自己的行为不构成侵权最为合理和便利，其他网络用户证明自己的民事权益受到侵害也最为方便；网络服务提供者作为三方利益冲突的中心，作为中立的主体，最适合对侵权网络用户和被侵权人之间的争议初步判断。

四、认定网络服务商侵权责任应注意的问题

2014 年 10 月，最高人民法院出台了《关于审理利用信息网络侵害人身权益民事纠纷案件适用法律若干问题的规定》。《规定》立足司法解释的功能定位，严格按照侵权责任法的精神，结合审判实践中遇到的难点问题，在充分考虑互联网技术的特点、发展现状和未来趋势的前提下，为民事主体权益保护提供充分的司法手段。该《规定》进一步具体细化有关司法适用中的难点和争议。比如，应如何理解和把握该条中的"及时""扩大部分""通知"

"必要措施""连带责任""知道""网络服务提供者"等法律概念，如何界定网络服务提供者的"注意义务"等。

（一）坚持主客观相统一的原则来认定网络服务商侵权过错

《规定》第 9 条：人民法院依据侵权责任法第三十六条第三款认定网络服务提供者是否"知道"，应当综合考虑下列因素：（1）网络服务提供者是否以人工或者自动方式对侵权网络信息以推荐、排名、选择、编辑、整理、修改等方式做出处理；（2）网络服务提供者应当具备的管理信息的能力，以及所提供服务的性质、方式及其引发侵权的可能性大小；（3）该网络信息侵害人身权益的类型及明显程度；（4）该网络信息的社会影响程度或者一定时间内的浏览量；（5）网络服务提供者采取预防侵权措施的技术可能性及其是否采取了相应的合理措施；（6）网络服务提供者是否针对同一网络用户的重复侵权行为或者同一侵权信息采取了相应的合理措施；（7）与本案相关其他因素。

另外，利用自媒体等转载网络信息行为的过错及程度认定问题，《规定》第 10 条做出规定："人民法院认定网络用户或者网络服务提供者转载网络信息行为的过错及其程度，应当综合以下因素：（一）转载主体所承担的与其性质、影响范围相适应的注意义务；（二）所转载信息侵害他人人身权益的明显程度；（三）对所转载信息是否做出实质性修改，是否添加或者修改文章标题，导致其与内容严重不符以及误导公众的可能性。"这些规定体现了对网络服务商侵权过错的认定应坚持主客观相统一的原则，具体而言：鉴于互联网行业已经进入了内容、社区和商务高度结合的形态，如何对电商"知道"主管过错的认定，需要更加慎重。如果司法裁判中认定的标准过严，会造成网络服务提供者承担责任过重，可能会使网络服务提供者自我审查过严，经营负担加大，进而影响合法信息的自由传播，不利于互联网的发展。如果司法裁判中的标准过宽，则会导致网络服务提供者怠于履行必要的注意义务，放纵甚至主动实施侵权行为。因此，司法认定上应当坚持主观和客观相统一，合理、适度地认定网络服务商"知道""明知""应知"的主观过错程度。司法裁判对于"明知"的认定分歧不大，但对于"应知"的判断则更多依赖于法启'对个案情况的自由裁量。

　　不同案件，甚至同一案件，不同法官对网络服务商"应知"的主观注意程度的认定把握各不相同，并由此引发了司法裁判的分歧，甚至是矛盾的判决。因此，在认定网络服务商的侵权责任上，除根据明显的侵权事实能够认定网络服务提供者具有明知或者应知的情形外，追究网络服务提供者的侵权赔偿责任应当妥善处理好有关网络服务提供者免责与归责、侵权过错与一般侵权过错的差别等关系，要根据信息网络环境的特点和实际，准确把握网络服务提供行为的侵权过错认定。在司法裁判中应当坚持主客观相统一的原则，不仅要考查网络服务商是否存在恶意无视、故意漠视、视而不见、恶意放任、知情不举的主观恶意，还要考查其客观上造成的侵权事实是否明显、侵权结果是否严重、侵权时间持续长短等综合因素。这在很大程度上取决于法官'的自由裁量，也考验着法官的法律素养。

　　另外，对于网络服务提供者采取措施是否及时的判断标准，也应结合多个因素综合判断，但不应采用固定标准，否则既不能与多样态的网络服务相适应，在海量信息的背景下，也可能会为互联网企业造成不合理的负担并产生不必要的纠纷或诉讼，更重要的是，固定期间可能会阻碍合法信息的自由快速传播。特别是微博、微信等近几年迅猛发展的社交网络以及由此产生的自媒体，在传播范围、影响力等各个方面均有超出传统媒体之势。比较而言，在传播的及时性上，专业媒体或传统媒体所具有的优势在减弱。在信息传播的主体上，现在往往是自媒体先发出声音，产生影响后，传统媒体再跟进，这也与以往大不相同。在信息传播的形态上，以社交网络为媒介的转载等二次传播，影响巨大。针对这些特征，应当根据转载主体的类型、影响范围来判断其注意义务，应当结合注意义务、转载信息侵权的明显程度以及转载者的客观行为判断其过错程度。故坚持主观客观相统一的原则来衡量认定网络服务商的主观过错状态，在自媒体时代，符合民事责任应当与主体的类型、影响范围和获益程度相适应的原则。

　　还有，基于互联网的传播功能，利用互联网侵害法人或其他组织商业信誉的案件也在增加。特别是利用微博、微信等社交网络，发布虚假信息，做出不当评论，并借助互联网传播的特点，损害其他经营主体的商业信誉、降低公众对其产品或者服务的社会评价，进而达到降低竞争对手市场份额，提升自己市场占有率，这种行为呈现上升趋势，甚至有产业化的苗头。此种行为构成侵权，应承担赔偿责任。这也需要评判认定正常的批评与恶意的诋毁诽谤的区别，并结合案件的具体情况、社会的一般标准等因素综合判断网络运营商的主观恶意程度，不能"一刀切"。换言之，面对网络的海量信息，网络服务商客观上没有能力、也无必要对每条信息进行审查，故在把握网络服务提供行为的侵权过错认定时，应以侵权事实明显并综合多种因素来认定其"知道"的过错程度，而不应使网络服务商承担事先审查义务和过度的注意义务。

（二）个人敏感信息的收集、加工、转移、删除等具体行为不是侵权责任的认定范围

敏感个人信息是指涉及到个人极其私密的领域，与公共利益没有直接关系同时又直接攸关人格利益的个人信息，比如，裸照、性生活信息、重大生理缺陷及严重疾病信息、恋爱信息等。再如，《欧盟数据保护指令》和英国的《数据保护法》将"敏感个人信息"规定为：宗教信仰、政治倾向、种族、血缘、基因、性生活等资料皆属于敏感个人信息。Google 隐私中心将"敏感个人信息"规定为：我们所知的与保密的医疗信息、种族、政治或宗教信仰或性别有关的且与个人信息紧密关联的信息。这些敏感个人信息一经披露，就会对公民人格尊严、社会评价或精神造成消极影响，因此需要保密，未经允许不得擅自收集、披露和利用。

根据个人信息的保密、隐私程度，可分为一般个人信息和敏感个人信息，并据此采取不同程度的保护措施。虽然 2012 年全国人大常委会颁布的《网络信息》确立了个人信息尤其是个人电子信息保护的基本原则，即合法、正当、必要的三原则。但是，在互联网时代，个人信息尤其是个人电子信息的保护正面临着诸多挑战。这主要表现在：在个人信息的收集上，现行法律环境和互联网的发展导致个人信息的收集几乎无处不在；在个人信息的利用上，其广度、深度上都发生了实质性的飞跃，大数据技术已经成为互联网发展的重要推动力；在个人信息的范围上，其的内涵、外延都在发生着深刻的变化，它的内涵越来越丰富，范围越来越广。

另外，由于互联网的开放性和共享性，特别是"人肉搜索"中，当事人的个人信息往往会被公布在网友面前，而个人住址的公布会给当事人带来极大的心理压力甚至人身伤害。如果个人的手机号码、身份证号码等信息被泄露的话，轻则受到骚扰，重则危及人身和财产安全。以此为背景，《规定》第 12 条"网络用户或者网络服务提供者利用网络公开自然人基因信息、病历资料、健康检查资料、犯罪记录、家庭住址、私人活动等个人隐私和其他个人信息，造成他人损害，被侵权人请求其承担侵权责任的，人民法院应予支持。但下列情形除外：（1）经自然人书面同意且在约定范围内公开；（2）为促进社会公共利益且在必要范围内；（3）学校、科研机构等基于公共利益为学术研究或者统计的目的，经自然人书面同意，且公开的方式不足以识别特定自然人；（4）自然人自行在网络上公开的信息或者其他已合法公开的个人信息；（5）以合法渠道获取的个人信息；（6）法律或者行政法规另有规定。"

上述规定重点在于规范利用信息网络侵害人身权益的行为，因此在个人信息方面，主要针对利用信息网络侵害他人信息权益的行为。在调整的行为上，仅调整利用信息网络公开个人信息的行为，而未涵盖收集、利用等行为类型。针对非法收集、利用个人信息的行为，如果在立法上无集体诉讼制度、公益诉讼等制度辅助，则实践中通过民事诉讼方式实现权益保护就比较困难。仅违法收集个人信息造成何种损害、做出何种赔偿、是通过行政手段治理更加有效还是通过民事诉讼手段更加合理，也需要立法上予以明确。但是，通过信息网络非法公开个人信息的案件，在实践中已经发生，在法律上也应当承担侵权责任，应无异议。特别是一些较为敏感的个人信息，司法解释强调其保护的重要性。基因信息、病历资料、健康检查资料、犯罪记录、家庭地址等，都属于比较敏感的个人信息。这些信息一旦向社会公开，不仅会造成个人难以弥补的损害，而且很多情形下会造成整个社会的不安。

但本条规定不适用于国家机关公开个人信息的行为，该行为涉及到行政法、行政诉讼法的相关内容，不宜通过民事诉讼加以解决。另外，目前有近 40 部法律、30 余部法规，以及近 200 部规章涉及个人信息保护，其中包括规范互联网信息规定，医疗信息规定，个人信用管理办法等。但仍然难以阻止个人信息的泄露，其关键原因在于行政治理的缺失和刑法制裁的力度不足，未能从根本上、从源头上斩断个人信息泄露背后的灰色利益链，故仅仅通过民事司法解释来阻却非法收集、利用个人公民信息的行为，也是不可能、不现实的。

（三）侵权管辖地问题

《规定》第 2 条"利用信息网络侵害人身权益提起的诉讼，由侵权行为地或者被告住所地人民法院管辖。侵权行为实施地包括实施被诉侵权行为的计算机等终端设备所在地，侵权结果发生地包括被侵权人住所地。"

在网络普及背景下，利用网络侵害他人民事权益的案件，在管辖上有着特殊性。我国民事诉讼法及其司法解释，规定侵权案件由侵权行为地或者被告住所地人民法院管辖。利用互联网尤其是利用移动互联网发布侵权信息侵害他人人身权益，会导致管辖法院变得更加广泛和不确定。在理论上，侵权结果发生地可以无处不在。但是，在管辖法院确定问题上，仍然要坚持民事诉讼法所确定的"方便当事人诉讼、方便人民法院审理"的"两便"原则，同时要考虑互联网的技术特征，将侵权行为实施地包括实施被诉侵权行为的终端设备所在地，侵权结果发生地包括被侵权人住所地，作为司法管辖地。

但是，值得注意的是实施被诉侵权行为的网络服务器所在地不作为管辖地，这主要因为云计算技术的发展、分布式服务器技术的采用等，导致以此作为管辖地具有某些不确定性，并不符合"两便"原则。网络侵权案件的另外一个特征是发布侵权信息的侵权人身份往往难以确定，但不能因此就减轻对被侵权人的保护。当然，在能够确定侵权人且网络服务提供者请求追加其为共同被告或第三人时，人民法院应予准许。这既是侵权责任法关于网络用户和网络服务提供者责任承担规定在程序上的逻辑延伸，也是方便被侵权人起诉、方便当事人维权的合理选择。另外，允许追加能够确定的侵权人为共同被告或第三人，也有利于人民法院查明事实和实现实体责任的公平。

（四）网络服务商享有法定抗辩事由，其告知义务是相对的

《规定》第 4 条："原告起诉网络服务提供者，网络服务提供者以涉嫌侵权的信息系网络用户发布为由抗辩的，人民法院可以根据原告的请求及案件的具体情况，责令网络服务提供者向人民法院提供能够确定涉嫌侵权的网络

用户的姓名（名称）、联系方式、网络地址等信息。"该规则的目的是为了使可能受到侵权的原告，能够在技术上明确谁是侵权信息的发布者，并进而通过诉讼维护自己的权益，并不是为网络服务提供者设定一般的披露义务。也并非只要原告人提出，网络服务商就必须提供相关信息，人民法院要对原告的这种请求做出审查和判断，最终由人民法院确定网络服务提供者是否需要提供。另外，网络服务提供者有相应的抗辩事由，比如，相关信息已经超过法定的保存期限、在技术上不可能等等。

这一规则的制定主要考虑到网络侵权案件中，网络服务提供者往往处于左右为难的境地。一方面，网络服务提供者负有对网络用户个人信息的保密义务；另一方面，被侵权人不少情形下又只能经网络服务提供者获得发布涉嫌侵权的网络用户的个人信息，进而确定被告并对其提起诉讼。所以，如果允许原告有权直接要求网络服务提供者向其提供网络用户的个人信息，则很容易发生借维权之名获取他人个人信息的现象，网络服务提供者也会违反相应的保密义务。但是，在不少情形下，如果网络服务提供者不提供相关个人信息，则被告就无法确定，原告维权就更加困难。因此，已经对网络服务提供者提起诉讼的原告，可请求人民法院依据案件情况，责令网络服务提供者提供涉嫌侵权的网络用户的有关个人信息。具体来说，人民法院要考虑网络服务提供者是否以涉嫌侵权信息系网络用户发布作为抗辩事，要考虑由原告的此项请求是否合理，与案件审理的相关性，要考虑原告此项请求的可实现性，在技术上的可能性等等，来责令网络服务提供者提供相关信息。网络服务者无正当理由拒不提供的，人民法院可以对其采取相关处罚措施。

总体而言，要求网络服务提供者提供涉嫌侵权的网络用户个人信息的请求做出的一种司法上的审查，符合人民法院依职权调查取证的规则，也防止了个别人滥用权利，也利于网络服务提供者履行法定保密义务。这里，人民法院有权对网络服务提供者采取处罚措施，不会对网络服务提供者科以较重的义务。

参考文献

（1）从立先：《网络版权问题研究》，武汉大学出版社 2007 年版。

（2）陈秀峰：《线上个人隐私之保护》，载《月旦法学》，2002 年第 2 期。

（3）林群丰，徐淑林：《网络社会法治化的现实困境与制度重构》，载《华北电力大学学报（社会科学版）》，2015 年第 5 期。

（4）〔美〕劳伦斯·莱斯格：《代码 2.0：网络空间中的法律》，李旭，沈伟伟译，清华大学出版社 2009 年版

（5）〔美〕E·博登海默：《法理学—法哲学及其方法》，邓正来译，中国政法大学出版社 2004 年版。

（6）齐爱民，刘颖主编：《网络法研究》，法律出版社 2003 年版。

（7）孙午生：《网络社会治理法治化研究》，法律出版社 2014 年版

（8）王云斌：《互联法网—中国网络法律问题》，经济管理出版社，2001 年版。

（9）王全弟，赵丽梅：《论网络空间个人隐私权的法律保护》，载《法学论坛》，2002 年第 2 期。

（10）薛虹：《网络时代的知识产权法》，法律出版社 2003 年版。

（11）于雪锋编著：《网络法律应用指南》，法律出版社 2010 年版。

（12）杨立新主编：《电子商务法》，知识产权出版社 2005 年版。

（13）杨芳：《网络问题浅析》，载《金卡工程·经济与法》，2009 年第 1 期。

（14）朱子勤等著：《网络中的国际私法问题研究》，人民法院出版社 2006 年版。

（15）张秀兰：《网络隐私权保护研究》，北京图书馆出版社2006年版。

（16）张玉瑞：《互联网上知识产权—诉讼与法律》，人民法院出版社2000年版。

（17）中国信息通信研究院互联网法律研究中心，腾讯研究院法律研究中心：《网络空间法治化的全球视野与中国实践》，法律出版社2016年版

（18）曾宁：《警惕"正义"光环下的网络行为》，载《团结》，2009年第4期。

（19）张广良：《网络环境下的知识产权纠纷及相关法律问题》，载《知识产权》，2000年第2期。

（20）于雯雯：《网络治理法治化是依法治国的应有之义》，载《学习时报》，2017年第7期。

跋

马云曾表示，未来30年属于"用好互联网技术"的公司、国家和年轻人，未来社会由智慧驱动。未来没有人会拒绝互联网，没有一个人可以离开网络而存在。互联网技术革命，解放了脑力，数据成为核心资源。未来，数据是生产资料，计算是生产力。过去是知识驱动，未来是智慧驱动；过去把人变机器，未来把机器变人。

但是，网络是把"双刃剑"，网络时代既是伟大的时代，也是糟糕的时代。网络跟现实世界是一样的，其行为都要受到法律的规范和制约。网络并非法律飞地。网络需要法律的规制。可喜的是，我国网络法律治理取得了积极进展，例如，在治理网络造谣方面，《中华人民共和国刑法修正案（九）》中增加了相关内容，同时最高人民法院和最高人民检察院也发布了司法解释，利用互联网进行诽谤等行为被纳入依法治理的范围，在实践中也按照这些司法解释进行执法。我们的规范体系在不断完善，网络安全法的出台就是很好的例证，同时在法律实施方面，执法力度和措施也在不断增强。特别是，对互联网犯罪的打击、对公民个人信息的保护力度在不断加大，群众使用互联网的安全性大大增加，使用互联网的获得感也在进一步增强。从网络空间规范体系的构建到实际的管理效果都在向好的方向发展，网络空间的环境正在清朗化。同时，我们也要看到，网络黑客、电信网络诈骗、侵犯公民个人隐私等违法犯罪行为仍旧猖獗，依法管网、依法办网、依法上网，确保互联网在法治轨道上健康运行仍旧任重道远。"没有网络安全就没有国家安全，就没有经济社会稳定运行，广大人民群众利益也难以得到保障。网络空间是亿万民众的精神家园。要压实互联网企业的主体责任，决不能让互联网

217

成为传播有害信息、造谣生事的平台。"①

　　为此，要高举法治利剑，扎紧网络法治的牢笼。当前，我国加快了网络立法进程，形成了集群性强、层级较高、保障有力和理念创新的互联网法律规范体系，涵盖互联网基准、互联网管理、网络犯罪打击和网络经济促进等领域。网络法治治理除了通过刚性规则来惩治、威慑互联网违法犯罪行为之外，更注重的是发挥法治的引领和规范作用，按照全民守法的要求引导网民遵法守法，做中国守法好网民。本书仅从网络侵权中网络服务商的法律角色、网络不正当竞争法律分析、著作权网络侵权法律思辨、网络环境下公民个人信息的刑法保护、"微信"红包法律规制、网络淫秽电子信息入罪、网络犯罪刑法规制、新型网络诈骗法律分析等方面对网络法治前沿问题进行梳理和思辨，但相对于众说纷纭、日渐滋长的网络法律问题而言，这不过是冰山一角，尚待研究和探讨的问题实在太多，比如，网络游戏、电子商务、知识产权、反垄断、电子证据、虚拟财产、网络借贷、网络游戏外挂、云计算、网络金融、人肉搜索、网络购物等法律规制问题，仍需花更大精力进一步深入研究和探讨。本书作者向致力于研究中国网络法治进程的学者、专家、科研人员致敬，感谢他们的研究成果给本书著述带来源源不断的启发和动力。

---

　　①　2018 年 04 月 20 日，习近平总书记在全国网络安全和信息化工作会议上的讲话。